L'HUMEUR DE DANY

DU MÊME AUTEUR

Le Gauchisme, remède à la maladie sénile du communisme, avec Gabriel Cohn-Bendit, Seuil, 1969

Le Grand Bazar, Belfond, 1975

Nous l'avons tant aimée, la Révolution, Barrault Éditions, 1986

Une envie de politique, avec Lucas Delattre et Guy Herzlich, La Découverte, 1998

Petit Dictionnaire de l'euro, avec Olivier Duhamel, Seuil, 1998

Forget 68 (entretiens), Éditions de l'Aube, 2008

Que faire ?, Hachette, coll. « Tapage », 2009 et coll. « Pluriel », 2010

La Gouvernance en révolution(s), entretien, Charles Léopold Mayer, 2012

Debout l'Europe !, avec Guy Verhofstadt, André Versaille éditeur, 2012

Pour supprimer les partis politiques !? Réflexions d'un apatride sans parti, Montpellier, Indigène éditions, coll. « Ceux qui marchent contre le vent », 2013

DANIEL COHN-BENDIT

L'HUMEUR DE DANY

Chroniques

ROBERT LAFFONT

Ouvrage publié sous la direction de Betty Mialet

« L'humeur de Dany », animée par Daniel Cohn-Bendit,
est une émission quotidienne diffusée à 7 h 50 sur Europe 1.
Les présentes chroniques ont été données chaque matin
sur Europe 1 du 28 août 2013 au 30 mai 2014.
Elles ont été transcrites et mises en forme
pour en faciliter la lecture.

ISBN 978-2-221-14602-6

Merci à Thomas Sotto, mon complice d'Europe 1

Certains se demandent sans doute ce qui m'a pris d'accepter une chronique quotidienne sur Europe 1. Je dois dire que les choses se sont passées de manière très simple.

J'étais dans le studio d'Europe 1, invité par Bruce Toussaint. C'était l'hiver de l'année 2012. Nous avions longuement discuté de ma décision de ne plus être candidat aux élections européennes de 2014 ni d'ailleurs de briguer un quelconque autre mandat. Bruce m'a alors interrogé sur mes projets. Je lui ai répondu que j'avais pas mal d'idées et que j'avais reçu plusieurs propositions de la part de médias. Rien de particulièrement concret à l'exception du road-movie que je tournerai pendant la Coupe du monde de football au Brésil.

L'interview terminée, je m'apprête à monter dans un taxi quand je reçois un appel du directeur d'Europe 1, Fabien Namias. Il demande à me voir lors de mon prochain passage à Paris. Il a une proposition à me faire.

Quinze jours plus tard, nous nous retrouvons à Paris. Il sollicite ma collaboration et m'invite à animer une chronique dans la matinale.

J'avoue être tombé des nues. Je lui ai demandé un peu de temps pour y réfléchir. J'en parle autour de moi. Mes copains, mes amis intimes, ma famille, tous me disent que c'est complétement insensé. Une chronique tous les matins, c'est vraiment beaucoup de boulot et d'énergie. Évidemment, tout le monde sait que je suis un « joueur ». Plus chacun y mettait du sien pour me décourager, plus ma fibre joueuse me titillait.

J'ai fini par accepter sans trop savoir ce que cela voulait dire..

C'est ainsi que l'histoire est née.

Chaque matin, depuis le mois d'août 2013, j'expérimente cette forme d'expression, d'autant plus fascinante que au-delà du commentaire de l'actualité, je cherche à partager les émotions qui me traversent en racontant ce qui se passe dans le monde.

Je suis libre de choisir mes sujets, qu'ils soient politiques, cinématographiques, footballistiques... Bref, tout ce qui est susceptible de m'interpeller dans le flux quotidien d'informations.

C'est clair, je suis accro à l'info. Je traque en permanence les informations sur le Web. Je lis au moins cinq quotidiens par jour, français, allemands, mais aussi italiens et anglais.

Cette facette de ma personnalité est sans aucun doute ce qui m'a poussé à accepter le pari. J'avoue que j'étais également très curieux de savoir jusqu'à quel point une radio comme Europe 1 m'accorderait une liberté totale au moment de raconter mes humeurs et de laisser parler mon imagination.

Je dois dire que, sur ce point, ils m'ont carrément surpris. Au début, j'étais relativement contracté. Chose incroyable, je rédigeais mes textes pour être certain de tenir mes trois minutes. Manifestement, la chaîne n'attendait pas de moi un rôle de chroniqueur traditionnel. Aussi étrange que cela puisse paraître, ce sont eux qui m'ont demandé de me « lâcher ». Car c'est ce qu'ils attendaient de moi. Ils voulaient que je fasse avant tout parler ma spontanéité.

Aucune clause masquée dans le contrat.

Ma liberté est effectivement totale. La veille, on discute des sujets d'actualité et c'est moi qui décide de parler de celui qui me branche.

En règle générale, nous sommes littéralement noyés par le flot d'informations. Pour moi, le but du jeu, c'est d'en extraire l'événement qui aura altéré mon humeur, éveillé ma curiosité, suscité une émotion que je ferai partager aux auditeurs.

Et c'est d'ailleurs assez marrant d'entendre ces mêmes auditeurs me dire qu'ils sont surpris par la manière dont je m'approprie l'actualité et présente le sujet.

Surprendre, avoir une humeur qui n'est pas convenue, modifier les perspectives sur un sujet, mettre en scène différemment l'info, faire vaciller les évidences, bousculer la torpeur des esprits, évoquer des tas de choses tout en parlant de l'actualité, autant d'aspects de cette chronique qui me stimulent évidemment !

Mon truc, c'est d'être là où l'on ne m'attend pas ou de ne pas être là où l'on m'attend...

D.C.-B.

Ça m'énerve

Lundi 26 août 2013

La situation en Syrie reste très tendue et, derrière l'avalanche de déclarations de tous bords, l'impuissance de l'ONU m'énerve.

L'ONU est un tigre en papier.

Rappelons-nous qu'en 2005 et 2006, l'ONU a décidé d'une nouvelle stratégie qui s'appelle « la responsabilité de protéger ». L'ONU a la responsabilité de protéger une population quand son gouvernement n'est plus capable de le faire.

Ce qui est très exactement ce qui se passe en Syrie.

Pourquoi l'ONU ne bouge-t-elle pas ?

Parce que, aujourd'hui, l'ONU, c'est le Conseil de sécurité dont les membres disposent d'un droit de veto.

Quand il s'agit d'intervenir en Syrie, la Chine et la Russie s'y opposent.

Quand il s'agit de condamner Israël, les États-Unis s'y opposent.

Chacun brandit son droit de veto dans ce Conseil de sécurité tout-puissant dont la composition date de l'après-guerre.

Le problème, c'est que nous ne sommes plus en 1945.

Nous sommes en 2013 et le Conseil de sécurité doit être à l'image du monde d'aujourd'hui.

Le monde d'aujourd'hui, ce sont les cinq membres historiques : États-Unis, Russie, Chine, Angleterre et France, auxquels il faudrait ajouter le Brésil, l'Afrique du Sud, l'Inde, etc.

Et il faut abolir le droit de veto.

Il faut penser le monde à l'horizon 2025.

De combien de drames syriens devrons-nous être les témoins impuissants avant de comprendre que l'organisation du monde ne fonctionne pas ?

Si nous n'apprenons pas la leçon de la Syrie, comme nous n'avons appris ni celle de l'Irak ni celle de l'Égypte, le monde ne pourra que sombrer dans toujours plus de violence.

On parlait de Manuel Valls

Mardi 27 août 2013

Manuel Valls nous fait savoir qu'il est à Marseille. Il tient à ce que ça se sache. Il veut qu'on en parle, qu'on le filme, qu'on le photographie. Copé fait pareil, Fillon aussi.

Hier, j'étais invité à participer au Grand Journal de Canal +, mais le ministre de l'Intérieur a dit qu'il voulait être seul sur le plateau. J'ai été poliment convié à rester chez moi. Ce n'est pas important, mais c'est symptomatique d'un comportement propre aux hommes politiques français atteints de ce que j'appelle « le virus de la présidentielle ».

Entouré de ses communicants, notre ministre de l'Intérieur se façonne une image de présidentiable. Il se doit d'être au-dessus du lot. Jeune et mordant, il aime afficher publiquement son opinion sur tout et sur tout le monde. Important et conquérant, sa fonction ministérielle n'est plus que l'instrument de son ambition présidentielle. Ce qui est intéressant dans cette étrange maladie, c'est qu'au moment où je vous parle, une cinquantaine de Français et de Françaises pensent qu'ils peuvent être président ou présidente de leur pays.

Ils peuvent l'être, ils veulent l'être dans trois ans, dans huit ans, dans treize ans, dans dix-huit ans. Cette obsession narcissique casse le débat démocratique. Pire, à l'intérieur de tous les partis, 350 à 400 personnes, femmes et hommes, rêvent d'être les meilleurs candidats de leur famille politique et y travaillent souvent au détriment du travail démocratique à l'intérieur de leur parti.

Le pompon : Jean-Luc Mélenchon, le procureur implacable de la Ve République, le Robespierre de la VIe, appelle le peuple français à prendre le pouvoir en ornant ses affiches de sa propre photo. « Prenez le pouvoir, leur dit-il, et je serai votre président. »

« Peut-on faire autrement ? » me direz-vous.

Je vous raconterai une autre fois l'histoire de José Mujica, président de l'Uruguay, qui vit avec 700 euros par mois dans une banlieue de Montevideo.

Oui, on peut être président autrement.

Foot business

Mercredi 28 août 2013

Le Real Madrid va s'offrir le footballeur Gareth Bale, moyennant un chèque de 100 millions d'euros. Gareth Bale a vingt-quatre ans, deux jambes, deux pieds, une tête, deux épaules et il joue au football. Il gagnera environ 15 millions d'euros par an. Cette année, le PSG a dépensé près de 100 millions d'euros pour recruter quelques-uns des meilleurs joueurs de la planète. Monaco, 70, Barcelone, 80, le Bayern, 70...

Je sais, je sais, je vous soûle avec tous ces chiffres. Moi aussi, la tête me tourne.

Je ne sais pas si ces sommes vous dérangent, mais moi je les trouve indécentes.

D'accord, ces jeunes hommes nous offrent un spectacle qui émerveille des millions de téléspectateurs. Un spectacle qui génère des recettes considérables que s'approprient les financiers, les propriétaires de clubs, les sociétés de com, les médias, et il est juste que ces acteurs du football reçoivent leur part. Mais comme la folle rapacité des financiers a fait vaciller l'équilibre économique de notre monde, la folie qui gangrène le football va tuer le sport le plus populaire de la planète.

J'en appelle à un des rares responsables du football qui ose s'élever contre cette dérive.

Je dis : Michel Platini, au secours, où est ton fair-play financier ?

Comme pour les banques, comme pour les marchés, comme pour l'évasion fiscale, il faut réguler le football. Un spectacle mais à dimension humaine, pas un capitalisme du sport qui répond à la logique des marchés. Sinon, la tentation d'acheter, non plus seulement des joueurs, mais des arbitres, des matchs, va dévorer ce sport que nous aimons tant.

Michel, descends dans l'arène, avec l'UFA et ta FIFA, mets fin à cette folie, mets fin à cette dérive.

Merkel est fascinante

Jeudi 29 août 2013

Angela Merkel va probablement rester chancelière. Elle est formidable, Angela. Elle saute en hélicoptère de meeting en meeting, parle simplement, ne dit absolument rien, ne propose pratiquement rien, mène sa campagne à sa guise, sans douter un seul instant. Et pourtant, comme l'a très bien décrit le philosophe allemand Jürgen Habermas, elle a pratiquement tout faux. Elle a toujours été en retard de plusieurs métros. Elle a relancé le nucléaire en Allemagne puis, prise à contrepied par la catastrophe de Fukushima, elle a décidé d'en finir avec cette filière énergétique, pour enfin se mettre au diapason de l'opinion publique allemande. Elle hésite, louvoie, se contredit sur l'Europe, change d'avis sur l'aide à la Grèce, au Portugal, à l'Espagne. Comme on dit en Allemagne, mais je vous le dis en anglais : «*Too late, too little*», «Trop tard, trop peu». Et pourtant, elle domine les débats publics. Elle a réussi un tour de passe-passe extraordinaire et génial. Elle dit aux Allemands : «N'ayez pas peur de l'euro, car l'euro est allemand et nous sommes aux commandes. Autant d'Europe que nécessaire, et pour le reste, je vous protège de l'Europe.» Elle gagne d'un coup le soutien des eurosceptiques, celui des nationalistes allemands, et celui des proeuropéens en donnant, au dernier moment, un coup de pouce à l'Europe.

Elle a réussi à redéfinir la fonction de chancelière. Elle s'est présidentialisée. Laisser à ses ministres le soin de faire le job et arbitrer en coulisse, son portable à la main, car c'est une malade des SMS, elle envoie des SMS toute la journée.

François Hollande en rêve.

Angela Merkel a convaincu sans rien dire. Je suis fasciné. Un petit sourire, une anecdote, et puis c'est fini.

Reste une question très contemporaine : Peut-on gagner une élection et la légitimité de décider qui s'y attache en oubliant de parler aux citoyens de la réalité qu'il faut affronter ?

Aidons les réfugiés de Syrie

Vendredi 30 août 2013

Le monde entier s'émeut de la situation en Syrie et s'apitoie sur le sort des civils. Nous sommes choqués, les images sont terribles. Plus de deux millions de personnes, femmes, enfants, vieillards, cherchent refuge aux frontières de leur pays, en Turquie, en Irak, et en Jordanie.

Et nous, Européens ? Que faisons-nous ?

Nous, nous refusons catégoriquement d'ouvrir nos frontières.

Aucun gouvernement, aucune majorité au Parlement européen ne propose d'activer la directive européenne qui stipule qu'en cas de drame humanitaire provoquant un afflux massif de personnes, l'Union peut s'accomoder de normes minimales pour l'octroi d'une protection temporaire, donc pour un permis de séjour temporaire. Cette directive a un nom, c'est la directive de 2001, directive européenne, n° 55.

Pire, en France, non seulement on ne donne pas de visa aux Syriens, même temporaire, mais on leur refuse une simple autorisation de transit. Si vous n'avez pas un visa de transit, vous ne pouvez pas atterrir à Roissy pour changer d'avion et aller jusqu'à New York. La France a durci sa position face à ceux qui fuient.

Député européen, je demande que la Commission active immédiatement la directive de 2001, obligeant du même coup les États européens à donner des visas temporaires aux réfugiés syriens.

L'esprit munichois, un faux débat

Lundi 2 septembre 2013

Ce week-end, Harlem Désir, le patron du PS, a dénoncé un esprit munichois chez les hommes politiques de droite qui émettent des réserves au sujet d'une action militaire de la France en Syrie et demandent un vote de l'Assemblée.

Je crois que c'est un faux débat.

Pour moi, les choses sont claires. Bachar al-Assad a commis un crime – un crime contre l'humanité – en utilisant l'arme chimique. La réponse militaire, même si elle est plus symbolique que décisive, est nécessaire car ne rien faire serait pire.

La question n'est pas Munich ou pas Munich. La question est de savoir comment un gouvernement démocratique décide ou non de rentrer en guerre. C'est aux représentants du peuple de prendre cette décision, même si la démocratie est un risque. Cameron nous a donné l'exemple. Aux États-Unis, Barack Obama va demander au Congrès de se déterminer sur ce point. Il y aura un débat et il y aura un vote. En Allemagne, la Constitution est sans équivoque : toute intervention, ou participation militaire, doit être précédée d'un débat et d'un vote au Bundestag.

La droite française, qui s'émeut aujourd'hui des intentions du gouvernement d'engager militairement la France en Syrie, aurait été bien inspirée de demander la même chose quand Nicolas Sarkozy a décidé seul d'intervenir en Libye.

Comme les écologistes et d'autres le demandent depuis très longtemps, il faut réformer la Constitution française sur ce point. Il doit être écrit dans la Constitution qu'un chef de l'État ou son gouvernement ne peut décider d'entrer en guerre qu'après un vote des représentants du peuple.

Et si la décision doit être prise au niveau européen, il faudra, de la même manière, un vote du Parlement européen.

Le chantage de Berlusconi

Mardi 3 septembre 2013

Condamné par la justice, Silvio Berlusconi veut une réforme de la loi qui lui permette de continuer à faire de la politique.

En troisième instance, il vient d'être condamné à quatre ans de prison ferme pour fraude fiscale (peine commuée, vu son âge, à l'arrêt en résidence surveillée) et déchu de ses droits civiques. La loi italienne est sans équivoque : condamné, le sénateur Sylvio B. doit renoncer à son siège mais le Sénat doit confirmer la sentence.

Formalité ou non ? *That is the question.*

Le parti de Berlusconi (le Peuple de la liberté, donc de toutes les libertés y compris la fraude fiscale de grande envergure), menace. Si la majorité vote la *deca* (c'est comme ça qu'on appelle le vote sur la perte du droit de siéger au Parlement), Berlusconi ne pourra plus siéger, il ne sera plus un homme politique. Le Peuple de la liberté, bien ancré dans le pays et qui a quasiment gagné les élections, menace carrément les institutions : « Si vous votez la *deca*, nous ferons tomber le gouvernement. »

Deca du monde politique italien, du système politique même, tout cela est vraiment très très effrayant.

La bonne nouvelle, c'est que le 9 septembre débute le débat au Sénat. Ça durera deux, trois semaines, et ce sera la fin du cauchemar Berlusconi. Car je fais ce pari : le Peuple de la liberté, aussi puissant soit-il, ne prendra pas le risque de nouvelles élections et ce sera donc la fin du règne de Berlusconi.

Je vous le dis : fin septembre, ce sera fini.

Europe, une mémoire commune

Mercredi 4 septembre 2013

C'est une des images fortes du jour. Les présidents français et allemand ont posé, main dans la main, à Oradour-sur-Glane, sur les lieux mêmes où les nazis, en 1944, ont massacré 642 habitants dont 205 enfants.

Pour le président allemand, Joachim Gauck, cette commémoration s'impose naturellement. Né en janvier 1940 à Rostock, ce pasteur protestant a toujours milité pour la liberté. Il a participé activement au mouvement d'Allemagne de l'Est qui a fait tomber le mur de Berlin.

Pour lui, l'histoire allemande impose un devoir de mémoire et de savoir. La société allemande doit être consciente de son histoire. Elle doit comprendre sa responsabilité dans les deux totalitarismes qui ont ensanglanté le XXe siècle, même s'ils ont été très différents : la barbarie nazie et la dictature communiste.

Cette visite à Oradour-sur-Glane n'est pas une figure imposée, mais une conviction intime. Encore et toujours, l'Allemagne doit se confronter à son histoire, expliquer aux générations d'aujourd'hui qu'il existe une responsabilité mémorielle.

Ce qui m'a toujours frappé en Allemagne, c'est ce travail collectif sur la mémoire. Bien sûr, il existe aussi dans l'Allemagne d'aujourd'hui des dérives racistes et antisémites, mais la société, dans son ensemble, a accepté le défi de la responsabilité historique.

C’est moins évident en France.

Encore moins évident au niveau européen.

Il est vrai qu’il existe un manuel d’histoire franco-allemand, publié en 2006, qui a justement mis en commun une vision. Et ça, c’est très important.

Laissez-moi rêver d’un manuel d’histoire commun à toute l’Europe.

Un livre écrit par des historiens européens qui mettraient en lumière une mémoire commune européenne. Un livre qui nous parlerait de la rafle du Vél’ d’Hiv, qui nous parlerait d’Oradour-sur-Glane, qui nous parlerait de Katyn, qui nous parlerait de massacres commis par les uns et les autres, qui nous parlerait de la responsabilité des uns et des autres.

Voilà une entreprise qui nous projetterait dans un avenir commun enraciné dans une mémoire commune.

Poutine : « Le droit, c'est moi »

Jeudi 5 septembre 2013

M. Poutine reçoit le monde à sa table aujourd'hui et demain. C'est son G20, organisé à Saint-Pétersbourg, dans l'ancienne résidence d'été de Pierre le Grand, preuve, s'il fallait, que le nouveau tsar de Russie voit les choses en grand.

Depuis qu'il est arrivé au pouvoir, Vladimir Poutine a une idée fixe : que la Russie redevienne la grande puissance capable de tenir tête aux États-Unis. Agent du KGB en Allemagne de l'Est, il a vécu comme un calvaire l'implosion de l'Union soviétique.

Aujourd'hui, son droit de veto au Conseil de sécurité lui donne à l'échelon mondial la force de frappe destructrice dont il a besoin. Il s'autodésigne grand défenseur du droit international et envoie au monde entier un message clair : « Le droit, c'est moi, et non vous. »

Inutile de lui rappeler qu'en 2008, quand il a fait entrer les chars en Géorgie, il ne s'est pas soucié du droit international. Pas davantage quand il a bombardé, massacré et meurtri la Tchétchénie. Peu lui importe.

On sait qu'il peut du jour au lendemain laisser tomber le régime de Bachar al-Assad, si on lui permet de maintenir sa présence militaire et économique dans la région.

Poutine respecte la force, c'est un judoka. Il n'aime pas les faibles. Il les écrase. Pour lui, le G20 est une arme interne dont il use pour dire à son peuple : « Voyez, la Russie est grande et je suis un grand. »

Là où le bât blesse, c'est qu'il est contesté, très contesté en Russie, à cause de la corruption, de l'essoufflement économique, du bâillonnement de toute une opposition.

Poutine est très malin. Grâce au G20, il entend démontrer que la corruption et tout ce qui en découle est une réalité globale, mondiale, et non un problème spécifique à la Russie. Il se place à la pointe du combat global contre la corruption. À coups d'interviews, de déclarations, il renforce son image personnelle. Il le dit, il le proclame : « Moi, Poutine, je suis le président d'une grande Russie qui se veut juste et qui s'impose dans le monde. »

Il ne manquerait plus qu'il se fasse sacrer « Vladimir le Grand » à Saint-Pétersbourg.

Au secours à Gibraltar

Vendredi 6 septembre 2013

Gibraltar vaut-il une guerre ?

La tension monte depuis quelques semaines entre l'Espagne et l'Angleterre.

L'Espagne n'accepte pas que les Anglais aient installé dans la baie de Gibraltar soixante-dix blocs de béton empêchant ainsi l'accès des pêcheurs espagnols à cette zone riche en fruits de mer. Furieux, le gouvernement de Madrid impose un contrôle douanier pour entrer et sortir de ce territoire anglais au prétexte de lutter contre la contrebande de cigarettes. (Les contrôles entre Gibraltar et l'Espagne sont légaux parce que l'Angleterre et donc Gibraltar n'appartiennent pas à l'espace Schengen. Ça leur apprendra !) Ulcérés, les Anglais envoient la frégate *Westminster*, canons brandis, dans la baie d'Al-Jazeera. Et de plus, le ministre en chef de Gibraltar, M. Picardo, compare l'Espagne à la Corée du Nord. Pas moins que ça.

Les choses sont dites, les choses sont faites et les services d'espionnage sont mobilisés pour voir quelles sont les intentions criminelles des uns et des autres.

Tout ça pour un territoire de 7 kilomètres carrés qui compte 28 750 habitants.

Ils sont complètement malades.

Et ça ne s'arrête pas là.

Le gouvernement de Downing Street, déçu de ne pas pouvoir abolir les contrôles, menace de poursuivre l'Espagne devant la Cour de justice européenne.

De son côté, Madrid s'est mis d'accord avec l'Argentine pour porter le contentieux des Malouines et de Gibraltar devant le Conseil de sécurité.

On peut raisonnablement penser que l'Angleterre va s'unir au Maroc et porter les problèmes de l'enclave espagnole de Ceuta et Mellila devant le Conseil de sécurité.

L'Espagne, soutenue par l'Algérie, rétorquera en posant la question du Sahara occidental devant le Conseil de sécurité.

Moi, je suggère une résolution immédiate du Conseil de sécurité pour arrêter l'escalade entre deux États européens.

Au secours ! Au secours ! Que les Casques bleus s'installent entre Gibraltar et l'Espagne.

Tokyo, pas si sûre

Lundi 9 septembre 2013

Le CIO a choisi Tokyo pour organiser les Jeux olympiques de 2020.

Pourquoi pas ?

J'avoue avoir tiqué quand le président du Comité olympique allemand, M. Bach (qui sera vraisemblablement le prochain président du Comité international), a dit que le Comité avait choisi Tokyo parce que c'était la ville la plus sûre.

Rappelons que les problèmes de Fukushima ne sont pas réglés (l'implosion nucléaire continue), et que Fukushima est à 200 kilomètres de Tokyo.

Dire que Tokyo est la ville la plus sûre me paraît un peu léger.

J'aurais préféré Istanbul qui vient d'être retoquée pour la cinquième fois consécutive.

Imaginez qu'on ait choisi cette très belle ville d'Istanbul pour accueillir des dizaines de milliers de jeunes sportifs, des spectateurs. Ce choix aurait contraint M. Erdoğan et l'AKP, le parti islamiste au pouvoir, à arrêter sa stratégie rampante d'islamisation de la vie quotidienne.

Et je trouve qu'au moment où les turbulences mondiales sont quand même très fortes, donner à cette magnifique ville les Jeux olympiques aurait été un signe de fraternité mondiale qui allait au-delà de ce qu'on a fait avec Tokyo.

SEPTEMBRE 2013

On va me dire que l'olympisme n'a rien à voir avec la politique et que les Jeux d'hiver 2014 se dérouleront à Sotchi sans remettre en question les pratiques politiques condamnables de Poutine.

Si M. Poutine dit qu'il ne tolérera aucune manifestation à Sotchi, il y a deux solutions : soit on boycotte, soit on organise un grand rassemblement politique où tout le monde pourra s'exprimer.

Il faut tout faire pour que l'olympisme cesse de faire le jeu des dictatures.

Syrie, la girouette internationale

Mardi 10 septembre 2013

En Syrie, les lignes bougent en permanence et les certitudes d'un jour sont chassées par les doutes du lendemain, ouvrant la porte à toutes les manipulations médiatiques.

Dimanche dernier, le grand quotidien allemand, *Bild*, qui vend chaque jour plus de 3 millions d'exemplaires, nous apprend que les services de renseignement allemands ont écouté des discussions au cours desquelles un général syrien regrettait que Bachar al-Assad ne réponde pas à sa demande d'utilisation de l'arme chimique. Pourquoi sortir cette information maintenant alors qu'elle date de plusieurs jours ? Tout simplement parce que le groupe *Springer* est un grand soutien de Mme Merkel et que la chancelière peine à se décider sur ce dossier. À Saint-Pétersbourg, elle refuse le soir de signer une résolution des Européens qu'elle accepte de signer le lendemain matin sans qu'on comprenne pourquoi. Le *Bild* se précipite à son secours. On y lit : « Elle hésite parce que c'est compliqué », et hésitation devient sagesse.

L'information est incomplète. Ou Bachar al-Assad a donné son accord loin des oreilles des services secrets du genre : « Allez-y, mais ce n'est pas moi » ; ou il n'a pas donné l'ordre et le général qui a agi de sa propre autorité doit être traduit par Assad devant une cour de justice militaire ; ou tout simplement Assad n'a plus le pouvoir en Syrie. Alors qu'on le dise.

Sur ce dossier comme sur tant d'autres, Merkel a agi en fonction des considérations de politique intérieure, ne se souciant que des prochaines élections.

Dans cette affaire, on se demande qui croire aujourd'hui.

Barack Obama et François Hollande – pardon de la familiarité – paraissent aussi paumés que nous.

Ils le sont.

Kerry, hier, a lancé une bouée : « Si on met l'arme chimique sous contrôle international, ça change la donne. »

Deux heures après, Moscou nous informe : « Nous proposons de mettre l'arme chimique sous contrôle international. »

Les médias s'agitent, oubliant de rappeler que, il y a un an, la Russie a opposé son veto à une résolution du Conseil de sécurité qui demandait justement de mettre l'arme chimique sous contrôle international.

Contrairement à ce que prétendent les médias, il n'y a pas consensus. Ce n'est pas une proposition des Russes. Les Américains, intelligemment ou naïvement, ont lancé une bouée que les Russes ont reprise au vol parce que l'éventualité d'une intervention militaire les contraint à trouver une solution politique. Ce qui est bien. Ce qui prouve que la mobilisation militaire les oblige à bouger.

Les journalistes ne le disent pas.

Comme disait Jean-Luc Godard, la liberté des médias aujourd'hui, c'est donner cinq minutes à Hitler et cinq minutes aux Juifs.

Je trouve ça impardonnable.

Une retraite en deux temps

Mercredi 11 septembre 2013

On ne s'y retrouve plus : quarante ans de cotisation... quarante-deux ans ?... quarante-trois ans ?... Départ obligatoire à la retraite à soixante-deux ans... à soixante-trois ans ?... à soixante-quatre ans ?...

Figés dans des schémas de pensée obsolètes, les partenaires sociaux s'affrontent sur la réforme des retraites.

Ils oublient que toute décision sur ce problème si important pour nos contemporains ne peut plus être prise sans tenir compte de l'évolution de l'espérance de vie.

Depuis une dizaine d'années, une nouvelle tranche de vie active s'est ouverte dans les pays développés. Les hommes et les femmes du XXIe siècle vont devoir réinventer leur manière d'occuper leur temps de vie et de travail entre cinquante et soixante-dix ans.

Nous ne sommes pas égaux devant ce problème. Tout dépend de notre travail, de la pénibilité de ce travail, de notre santé, de nos désirs. Les gens peuvent être âgés sans être vieux. C'est ça, la différence.

À partir de là, il faut revoir complètement notre réflexion sur les retraites.

Je trouve complètement idiot de prétendre que vous pouvez travailler jusqu'à soixante ou soixante-cinq ans comme si vous en aviez trente et que le jour de vos soixante-cinq ans, vous êtes vieux et pouvez illico profiter de votre retraite, alors que vous avez encore les capacités de travailler.

Il faut moduler l'âge légal du départ à la retraite.

À partir de cinquante ans, il faut réduire d'une heure l'horaire légal du temps de travail hebdomadaire.

À partir de soixante ans, il faut pouvoir continuer à travailler à mi-temps ou à quart temps pour transmettre son expérience tout en apprenant à profiter de sa retraite.

Nous devons pouvoir combiner notre temps de vie, notre capacité de travail, notre volonté d'organiser nos loisirs, notre souci de préserver notre activité parentale ou sociale, tout en respectant les contraintes physiologiques de notre âge.

Nous pouvons le faire.

Construisons l'équipe de France de demain

Jeudi 12 septembre 2013

Les Bleus ont gagné contre la Biélorussie et nous avons encore une chance d'aller au Brésil participer à la Coupe du monde au mois de juin prochain.

Le spectacle que nous offre l'équipe de France depuis quelques mois ne me rassure pas. Quel que soit le parcours à venir, le football français, tous acteurs confondus, a peur. On a peur de la Croatie, on a peur de la Grèce, on a peur de la Suède, on a peur de tomber sur le Portugal en match de barrage... Imaginez qu'on se qualifie et qu'on aille au Brésil, on aura peur du Cap-Vert, du Costa Rica, des États-Unis, de l'Égypte... On a peur, peur, peur... Voilà ce qu'on entend, voilà ce qu'on lit.

Moi, je prétends qu'il faut repenser toute la séquence, sinon on ira en enfer et on sera tous déçus.

Soyons audacieux : il faut oublier le Brésil et préparer l'avenir.

Rappelez-vous Aimé Jacquet. Il a zappé l'Euro de 1996. Il n'a pas sélectionné Éric Cantona, qui était le meilleur buteur du moment, parce qu'il a préféré sacrifier les maigres chances de l'équipe de France à l'Euro 96 pour préparer son équipe à la Coupe du monde de 1998. Il a pris le risque de titulariser un certain Zinedine Zidane, alors que ce joueur était blessé et sortait d'un accident de voiture. Il l'a intégré à l'équipe en disant : « Ce joueur peut me faire gagner la Coupe du monde. » Il avait raison.

Aujourd'hui, nous avons des jeunes joueurs qui ont été champions du monde des moins de vingt ans. Nous avons des jeunes joueurs qui étaient en finale de l'Euro, des moins de dix-neuf ans, et qui ont éliminé l'Espagne.

Je dis : construisons l'équipe de 2016 car en 2016 il y aura l'Euro en France. Il vaut mieux gagner l'Euro en France qu'être ridicule au Brésil en ayant peur, peur, peur.

On a des jeunes joueurs talentueux.

On peut construire une équipe pour demain.

Arrêtons de miser sur des joueurs qui sont vidés psychologiquement et physiquement.

L’amitié israélo-palestinienne en musique

Vendredi 13 septembre 2013

J’aime la musique.

Je crois qu’une amitié israélo-palestinienne est possible.

Ô bonheur, j’apprends ce matin qu’un groupe israélien et un groupe palestinien se sont unis dans la fraternité metal. Orphaned Land sera en tournée en Europe en septembre et novembre prochains. Pendant trois semaines, ce groupe israélien de folk metal sera accompagné par des métalleux palestiniens. Le groupe Khalas, dont le nom signifie en arabe « assez », viendra (je les cite parce que c’est très beau) ajouter ses rythmes et paroles arabes sensuels aux rythmes metal agressifs.

Citoyens métalleux européens de Toulon à Dublin, en passant par Rome et Montpellier, ne ratez pas cette occasion.

Devenez spectateurs (et acteurs) d’un grand rêve de paix.

L’initiative n’est pas unique.

En 1999, Daniel Barenboim, musicien israélien né en Argentine d’une famille juive russe, a fondé avec l’intellectuel et musicologue palestinien Edward Said le West-Eastern Divan Orchestra, qui réunit à égalité des musiciens israéliens et palestiniens. Ils ont joué à Ramallah, à Tel-Aviv, ils ont été invités par le secrétaire général des Nations unies, Kofi Annan.

Alors, encore un effort, folk metal.

À New York, vous serez invités par le Conseil de sécurité le jour du vote de la résolution sur la Palestine que nous espérons tous.

Chalom.

Inch'Allah.

L'extrême droite norvégienne, modèle pour le FN

Lundi 16 septembre 2013

Beaucoup à l'UMP se creusent la tête pour savoir comment s'allier avec le Front national sans collaborer officiellement tout en lorgnant sur son électorat.

Marine Le Pen, j'en suis persuadé, les attend au tournant et rêve avec délectation d'un scénario à la norvégienne.

Dans ce beau pays nordique, Mme Solberg, chef du Parti conservateur, envisage de se pacser avec Siv Jensen, représentant le Parti du progrès. Ce parti de droite, nationaliste, un tant soit peu xénophobe, a engrangé 17 % des votes aux dernières élections et, si les autres partis de droite traînent un peu les pieds pour rejoindre la coalition nécessaire pour former un gouvernement, les négociations vont bon train.

Dans cette Norvège nantie, riche d'une manne pétrolière et gazière impressionnante, le programme du Parti du progrès est très simple : protéger les Norvégiens de souche, refouler l'émigration et la refuser même totalement si l'économie en a besoin. Bref, non à l'Europe et non à l'euro. Ce n'est pas la crise qui fait le beurre de l'extrême droite, mais l'égoïsme d'une partie de la société qui veut se protéger de la pauvreté du monde.

Marine Le Pen – qui a bien noté les déboires de Geert Wilders, le Hollandais d'extrême droite qui a cru qu'il suffisait de soutenir le gouvernement pour rejoindre la cour des grands – observe avec gourmandise la tentative du Parti du progrès de rentrer au gouvernement.

Si ça marche, Siv Jensen aura prouvé que l'extrême droite peut être un parti du gouvernement.

Sauf que...

La grande différence entre la France et la Norvège, c'est le mode de scrutin. Proportionnel en Norvège, il est largement, complètement majoritaire chez nous, à l'Assemblée nationale.

Le problème est de taille. En Norvège, on vote et après on négocie. En France, le scrutin majoritaire impose une négociation, circonscriptions comprises, avant l'élection.

L'UMP est-elle capable de se pacser avec Marine Le Pen ?

Marine Le Pen préférera-t-elle tout miser sur une victoire aux présidentielles ou jouer la carte de l'alliance au risque de perdre son âme nationale dans les concessions qu'impose la pratique gouvernementale ?

Le feuilleton va nous accompagner encore longtemps.

Les écologistes sont les grands cocus des gouvernements

Mardi 17 septembre 2013

On peut reprocher aux écologistes un manque de réussite et de résultats et s'étonner du coup de gueule que vient de pousser Pascal Durand, secrétaire national d'Europe Écologie Les Verts.

Laissez-moi vous rappeler quelques faits :

En 2007, Nicolas Sarkozy a dit : « Il faut une profonde révision de nos impôts et de nos taxes. L'objectif est de taxer plus les pollutions et de taxer moins le travail. Plus nous taxerons la pollution et plus nous pourrons alléger les charges qui pèsent sur le travail. Je souhaite qu'on aille le plus loin possible sur la taxe carbone. »

Alors, il a créé une commission de haut niveau présidée par Michel Rocard qui a proposé une taxe carbone intéressante, assortie d'une compensation intelligente. Le patronat a toussé, exit la contribution climat énergie. Chantal Jouanno, alors secrétaire d'État à l'Écologie, a dû avaler la couleuvre.

Depuis, on a créé une commission présidée par le professeur de Perthuis qui ne sert visiblement à rien.

Il faut comprendre une chose : les écologistes portent la transition écologique et énergétique à bout de bras. Mais que le pouvoir soit à droite ou à gauche, ils sont apparemment toujours les grands cocus des pratiques gouvernementales.

Néanmoins, quand Hollande, sous la pression d'un Pascal Durand très remonté, donne raison aux écologistes, c'est un pas en avant. La fiscalité écologique n'est pas un cadeau aux écologistes mais une révolution fiscale, un cadeau à l'environnement. La fiscalité écologique doit remplacer, je dis bien remplacer, d'autres taxations, et permet de réduire la consommation d'énergie. Et donc la fiscalité écologique, c'est aussi moins de fiscalité.

Je dis à Pascal Durand qu'un parti qui dispose d'un groupe parlementaire à l'Assemblée, d'un groupe au Sénat et de deux ministres au gouvernement doit proposer des alternatives.

Je comprends son ras-le-bol. Mais en jouant solo il prive les écologistes d'une véritable stratégie convaincante pour faire comprendre à la société qu'il faut peser sur le gouvernement.

Je dis aux gens de droite (à Chantal Jouanno, à Jean-Louis Borloo, à NKM) comme aux gens de gauche (les écologistes d'Europe Écologie et les dirigeants du PS) : notre combat est le même. Il faut sortir la France du traditionalisme béat d'un siècle dépassé, montrer que la fiscalité écologique permettra de moderniser l'économie hexagonale, comme c'est le cas en Allemagne.

Pour cela, il faut le souffle d'un coureur de fond.

Rien ne sert de faire des conférences sur l'environnement, de faire des commissions qui siègent pendant un an si c'est Bercy qui décide seul.

Écologistes de tous les bords, de droite comme de gauche, unissez-vous.

L’Élysée se fourvoie sur Angela Merkel

Mercredi 18 septembre 2013

François Hollande se réjouit, dit-on, de la victoire attendue d’Angela Merkel dimanche en Allemagne et du soutien qu’elle lui apportera dans son combat pour faire progresser les institutions européennes.

Il a tort car Angela Merkel fonctionne sur l’Europe en pilotage automatique.

Elle croit à la nécessité de l’Europe, mais ce n’est pas vraiment sa tasse de thé. Elle fonctionne en respectant l’humeur de la majorité de son électorat. Pendant la campagne électorale, personne n’a parlé de l’Europe. À part l’Alternative pour l’Allemagne qui veut sortir de l’Europe, aucun parti, les Verts compris, n’a vraiment parlé de l’Europe. On fait l’Europe en catimini et, visiblement, on n’ira pas plus loin aujourd’hui que ce qu’on a fait jusqu’à présent.

À TF1, François Hollande a parlé pendant quarante-cinq minutes. A-t-il parlé une fois d’Europe ? A-t-il parlé du projet européen nécessaire pour sortir de la crise de la mondialisation ? Quand il pense l’avenir de la France, François Hollande dit : « Il faut renforcer la souveraineté nationale et non renforcer la souveraineté européenne et la démocratisation de la souveraineté européenne, parce que sinon on ne se sortira pas de la crise et on n’arrivera pas à répondre à la mondialisation. »

C’est la même chose en Allemagne.

En fait, Allemands et Français continueront à bricoler.

François Hollande et Angela Merkel, ce sont des eurobricoleurs.

Mais le bricolage ne suffit pas. C'est bon pour un artisan, mais c'est insuffisant pour construire l'Europe de demain.

Si nous ne construisons pas l'Europe de demain, chaque nation européenne, incapable de lutter seule contre la mondialisation, perdra jour après jour et par lambeaux cette souveraineté si jalousement gardée.

Ensemble, les Européens ont une chance de résister aux dangers des mutations en cours, mais il faut savoir la saisir, et je n'ai pas le sentiment que les eurobricoleurs en soient capables.

L'Europe comme joujou électoral, il fallait y penser

Jeudi 19 septembre 2013

Je vais vous parler d'une histoire dont je ne sais si elle est affligeante ou énervante, mais l'Europe comme joujou électoral, il fallait y penser.

Le fait est vite raconté.

Les élections européennes auront lieu le 24 mai prochain et la loi du 7 juillet 1977 relative à l'élection européenne est claire. Quinze jours avant la consultation, l'État doit assurer et prendre en charge l'envoi des documents de propagande électorale. Des petits malins au ministère de l'Intérieur et au Budget envisageraient de supprimer purement et simplement l'envoi des professions de foi et les bulletins de vote au domicile de chaque électeur. Évidemment, le tout sous couvert d'économie (entre 26 et 27 millions, par les temps qui courent, c'est pas mal). Dans l'absolu, pourquoi pas, au temps de la dématérialisation des papiers, formulaires, etc. (Que je sache, les adresses mail des électeurs sont inscrites sur les listes électorales. Donc, on ne sait pas où toucher les électeurs. Naturellement, on pourrait demander aux services américains NSA de régler le problème pour le ministère de l'Intérieur.)

Là où le bât blesse, c'est qu'aucune décision de ce type n'est envisagée pour les élections municipales qui ont lieu en mars 2014.

Sans être parano, j'ai l'impression que Manuel Valls et compagnie se sont dit que, avec les élections européennes (scrutin peu mobilisateur), il y avait un tour à jouer aux électeurs les plus âgés ou ceux des zones rurales. Et, plus généralement, à tous ceux qui ne sont pas rivés à leur boîte mail. Tous ceux pour qui cet envoi postal est justement un rappel important qu'il y a des élections. J'ai l'impression que le PS se protège et protège peut-être aussi l'UMP en faisant de telle sorte qu'il n'y ait pas de forte mobilisation pour les européennes.

On pourrait en rire, mais c'est à pleurer.

Penser que l'Europe n'est qu'un joujou, je trouve ça dommage, alors qu'il faudrait doubler la mise, il faudrait appeler les jeunes à s'inscrire sur les listes électorales, il faudrait vraiment mobiliser les citoyens pour qu'il n'y ait pas trop de Le Pen au Parlement européen.

La Conférence environnementale, remake de 2007

Vendredi 20 septembre 2013

Aujourd'hui, an 2 de la Conférence environnementale, le président Hollande est au pied du mur. Il s'engage ou il se ridiculise.

Les enjeux sont clairs. Il faut faire maintenant quelque chose de fondamental pour que nous réduisions notre dépendance aux énergies fossiles.

Ou la Conférence sur l'environnement avance dans cette direction ou elle est inutile.

Pourquoi est-ce si difficile ?

C'est que nous sommes dans une société de l'immédiateté.

La transition écologique, l'écologie, c'est préparer l'avenir. Nos sociétés, et donc les politiques, ont extrêmement de mal à parler et à préparer l'avenir.

On a besoin de résultats tout de suite.

Mais si on avance, par exemple, que la dégradation climatique va créer des problèmes insurmontables dans vingt ans, eh bien les gens se disent : « On a le temps. » Ils ont tort, nous n'avons pas le temps. C'est ça qui est fondamental.

Par ailleurs, la transition écologique implique des changements de comportements. Les partis traditionnels disent : « Votez pour nous, tout ira mieux », et les écologistes : « Votez pour nous et ça sera plus difficile. » Ça sera plus difficile parce que nous allons devoir changer de mode de vie, il faut qu'on consomme moins d'énergie.

Tout ça, ce n'est pas vendeur et c'est difficile. Mais si on ne le fait pas, eh bien, c'est nos enfants qui trinqueront.

C'est ça, le grand pari de l'écologie : être capable d'expliquer l'avenir.

Peut-être que les écologistes ne sont tout simplement pas bons.

La reine Angie

Lundi 23 septembre 2013

L'Allemagne a plébiscité Angie.

Angela Merkel a gagné.

Elle incarne d'une manière incontestable l'état d'esprit de l'Allemagne d'aujourd'hui. Une identité nationale, une fierté nationale prudente et non conquérante, reposant sur le fait d'avoir accompli l'essentiel, un pays dans lequel on peut être heureux de vivre.

« Les inégalités, les injustices, le racisme qui tue... Tout cela est vrai, nous dit la paisible chancelière. Je vais réformer ici et là, comme je l'ai fait en sortant du nucléaire, mais sans remettre en cause les fondamentaux d'une économie dynamique. »

Il n'empêche qu'elle n'a récolté que 41,5 % des voix selon les tout derniers résultats. Les libéraux ayant explosé en vol, il va lui manquer quelques sièges pour décrocher la majorité absolue. Elle va donc former un gouvernement de coalition, ce qui n'est jamais plaisant pour un parti qui se veut et se sent majoritaire.

Elle va devoir composer avec ses adversaires et tenir compte du parti des eurosceptiques, l'Alternative pour l'Allemagne, qui vient d'échouer de peu à la porte du Bundestag. Ce sont des professeurs d'économie, ultra-libéraux, ce sont des intellectuels ultra-conservateurs, ils menacent Mme Merkel maintenant sur sa droite. Et si elle ne les craint pas, elle en tiendra compte.

Elle va faire une coalition, vraisemblablement avec les sociodémocrates, et elle ne va pas changer de cap. Ça sera toujours l'Allemagne en Europe. Et la politique allemande en Europe, c'est-à-dire la solidité financière avant la solidarité.

Dans sa grande coalition, elle peut avoir l'intelligence machiavélique de proposer le président actuel du Parlement européen, Martin Schulz, comme président de la Commission. Ce serait un tour de passe-passe extraordinaire. Schulz mènerait une politique à la Merkel tout en étant un socialiste et Paris regarderait passer les trains et ne saurait pas quoi faire, car la politique se déciderait à Berlin.

La rencontre irano-américaine

Mardi 24 septembre 2013

Au cours de l'Assemblée générale des Nations unies à New York, Barack Obama et le nouveau président iranien, Hassan Rohani, vont se croiser, sans doute se serrer la main, et peut-être même qu'ils se parleront. Ce qui constituerait une grande première entre les deux pays depuis la révolution islamique de 1979.

Rappelons-nous qu'il y a treize ans, dans des circonstances similaires, Bill Clinton a attendu dans les couloirs de l'enceinte de l'ONU pour serrer la main au président iranien, mais en vain. À l'époque, l'ayatollah suprême, Khamenei, n'avait pas donné son accord.

Aujourd'hui, la situation est totalement différente. Le nouveau président iranien, Hassan Rohani, a été élu à la surprise générale parce que la grande majorité du peuple iranien souffre des sanctions économiques de l'embargo et souhaite en finir avec cette confrontation. Alors, Rohani écrit à Obama : « Nous devons en finir avec une rivalité malsaine et des interférences qui alimentent des violences et qui nous séparent. » Aujourd'hui, le nouveau président a la bénédiction de l'ayatollah suprême, Ali Khamenei. L'économie iranienne, au bord de l'implosion, étouffe un peuple qui n'en peut plus. La religion ne se mange pas. Alors, le prudent négociateur Rohani prend l'initiative d'un rapprochement négocié. Le président Obama envoie son secrétaire d'État, Kerry, sonder le terrain, car un deal négocié avec l'Iran sur les projets nucléaires pourrait sauver la présidence du Prix Nobel de la paix.

Il ne s'agit pas de se démobiliser, mais de donner une vraie chance à la diplomatie et aux négociateurs. Aucun conflit, de la Syrie à l'Afghanistan, en passant par le Liban, Israël et la Palestine, ne peut se résoudre sans la participation diplomatique de l'Iran.

Deux ans avant la chute du mur de Berlin, personne ne pouvait croire que la perestroïka amènerait à la chute du mur de Berlin. Rien n'empêche l'Occident de jouer à fond et sans arrière-pensée la carte de Rohani. Aider l'Iran à sortir de son splendide isolement, c'est aussi aider les Israéliens et les Palestiniens à sortir de leur terrible enfermement dans un conflit qui semble sans issue.

Pensons à la vieille blague juive. Quand tu n'as que deux solutions, choisis toujours la troisième. Entre les guerres froides et chaudes, la diplomatie. Il faut être lucide et prudent, mais déterminé.

Rappelez-vous : quand l'imagination prend le pouvoir, l'espoir pointe à l'horizon.

Inch'Allah.

Je partage le ras-le-bol de Noël Mamère

Mercredi 25 septembre 2013

Noël Mamère vient d'annoncer dans une interview au *Monde* qu'il claque la porte de notre parti.

Je comprends sa décision.

Je partage son ras-le-bol.

Noël incarne toute la contradiction de l'écologie politique. Maire réformiste qui, à petits pas, essaie de changer, de faire avancer sa ville de Bègles, il est, en même temps, ce député jusqu'au-boutiste qui se veut, à l'échelon national, un haut-parleur de l'humanisme écologiste radical.

L'écologie politique est en crise.

Les Verts allemands se déchirent après l'échec relatif aux élections législatives de dimanche dernier. La débâcle des Verts hollandais se décline dans plusieurs autres pays.

L'écologie politique doit se réinventer.

Face aux crises auxquelles nous sommes confrontés, l'écologie politique ne peut plus se contenter d'un réformisme qui voudrait uniquement peser sur les décisions sans avoir un projet politique un tant soit peu visionnaire et qui fasse rêver ! Du moins, un peu...

L'écologie cherche ses marques, l'écologie cherche ses repères.

La démission de Noël Mamère est aujourd'hui l'expression de ce désarroi.

Comment va la Grèce ?

Jeudi 26 septembre 2013

La Grèce souffre.

La société grecque souffre. 26 % de sans-emploi, 3,4 millions de pauvres sur 11 millions d'habitants. Chaque jour, les conséquences tragiques des politiques d'austérité se font sentir sur la santé publique, le logement, l'enseignement. Derrière ces chiffres abstraits, il y a des malades qu'on ne soigne plus, des sans-abri toujours plus nombreux, des enseignants qu'on ne paie plus, des familles sans ressources, des enfants qui ne mangent qu'une fois par jour.

Parce que la Grèce a accepté pendant des décennies une corruption enracinée au plus profond de sa société, parce que la Grèce a adopté un système politique parasitaire et clientéliste, la Grèce est responsable des maux qui l'accablent.

Mais la Grèce, c'est l'Europe.

Et nous l'avons voulu.

Les remèdes proposés par l'Europe ne sont ni efficaces ni justes ni légitimes.

Aujourd'hui, l'Europe doit oser prendre des décisions inédites.

Par exemple, elle peut, pendant une période de transition de deux ans, assurer aux Grecs une protection sociale minimum. C'est-à-dire financer des hôpitaux, financer l'éducation, offrir aux Grecs un minimum de sécurité.

Sinon ?

Sinon, c'est l'Aube dorée. L'Aube dorée qui monte dans les sondages, l'Aube dorée qui tue, qui assassine. C'est un parti antisémite, c'est un parti raciste.

Il y a danger.

L'Histoire nous a appris qu'un pays qui va mal peut chavirer d'un coup et basculer dans l'horreur.

L'Europe a une responsabilité, celle de protéger les Grecs en les obligeant à faire des réformes, sinon la perspective du fascisme est une perspective réelle en Grèce.

Hulot aurait été le meilleur candidat à la présidentielle

Vendredi 27 septembre 2013

Dans son livre *Plus haut que mes rêves*, Nicolas revient sur son aventure politique.

C'est un bon livre, sincère, où Nicolas se rêve en briseur de glace, en médiateur entre une société hésitante et l'urgence écologique. Le monde est sa maison, dit-il, mais en même temps sa famille lui est restée étrangère.

C'est un écologiste qui veut sauver notre écosystème menacé par la civilisation industrielle.

Il nous raconte comment les Indiens d'Amazonie, de Colombie, par leur détresse, l'ont décidé à se lancer en politique. Nous le suivons dans ses contacts politiques avec Jacques Chirac, Nicolas Sarkozy, DSK, François Bayrou, Jean-Louis Borloo. Il nous rappelle comment après avoir été candidat à la présidentielle, après le coup du Pacte écologique en 2007, il a hésité avant les européennes de 2009, et, comment, au dernier moment, il n'est pas venu avec nous.

Il n'est pas tendre à mon endroit et je sais que je l'ai blessé.

Je n'ai pas aimé son film *Le Syndrome du Titanic*, que j'ai trouvé anxiogène et esthétiquement discutable. Je l'ai dit publiquement, le soir de la première. C'était méchant et inutile. Depuis, il se méfie de moi, un peu, beaucoup, passionnément. Et il croit toujours que je vais lui tendre des pièges. Mais son livre vaut beaucoup plus que ces quelques pages de politico-paranoïa, car c'est un beau et grand cri du cœur.

Quant à nous, nous nous sommes trompés, à l'époque. Europe Écologie s'est trompé. Il aurait été le meilleur candidat, le plus crédible politiquement, de l'écologie aux dernières présidentielles.

Nous avons raté un grand rendez-vous avec lui.

Il a raté un grand rendez-vous avec nous.

C'est notre faute.

Notre maison brûle

Lundi 30 septembre 2013

Avec les précautions d'usage, les experts du GIEC nous annoncent que la température de la planète devrait grimper de 0,3 à 4,8 degrés d'ici 2100.

Apolitique et prudent, le rapport du GIEC est quand même explicite et les chiffres sont alarmants.

Néanmoins, entre 0,3 et 4,8 degrés, la marge est d'importance. Comment expliquer une telle fourchette ? Ce réchauffement est dû à la conjonction des phénomènes naturels et à l'activité des sociétés humaines. C'est là que se situe la marge de manœuvre où peuvent agir les responsables politiques. Si nous maintenons l'intensité des émissions de gaz carbonique d'aujourd'hui, le réchauffement sera de 3,7 degrés en 2100 et les océans monteront de 67 centimètres avec toutes les conséquences dramatiques prévisibles.

Je rappelle qu'en 2015 Paris accueillera la grande conférence onusienne sur le climat. Dans cette perspective, je propose de réunir en conclave tous les ministres de l'Environnement des dix dernières années : d'Alain Juppé (UMP) à Philippe Martin (PS), en passant par Jean-Louis Borloo (UDI), Kosciusko-Morizet (UMP), Chantal Jouanno (UDI), Dominique Voynet (Europe Écologie), Yves Cochet (Europe Écologie), Ségolène Royal (socialiste), Delphine Batho (socialiste), et je ne sais qui encore.

Tous convoqués.

Et comme pour l'élection du pape, ils ne pourront se séparer qu'après avoir proposé au président de la République, à l'Assemblée nationale et au Sénat un plan d'action pour la France, et une proposition française pour l'Europe.

La lutte contre le réchauffement climatique nécessite une mobilisation de tous et de toutes au-delà des clivages politiques traditionnels, sinon on ne s'en sortira pas.

Il ne faut pas sacrifier l'avenir de nos enfants et de nos petits-enfants pour des petites combines politiques. Le climat vaut plus que ça.

Tous en conclave, et la fumée blanche quand vous aurez une solution.

Sinon, vous ne sortez pas.

Ça vous fera du bien.

L'esclavage moderne au Qatar

Mardi 1er octobre 2013

En 2010, un footballeur marocain Abdeslam Ouaddou est parti jouer au Qatar où il a gagné le championnat national avec son équipe, le club qatari Lekhwiya. Puis son club a décidé de le vendre et l'a abandonné à son sort en attendant un hypothétique transfert. Coupé de toutes relations avec qui que ce soit, obligé de s'entraîner seul par plus de 40 degrés au soleil, Abdeslam s'est révolté et a voulu quitter le pays. Impossible. Au Qatar, un travailleur immigré, qu'il soit footballeur, ouvrier du bâtiment, femme de ménage ou cuisinière, ne peut quitter le pays sans l'autorisation de son patron.

Pour les ouvriers venant du Népal ou du Bangladesh, c'est bien pire. Si j'en crois le *Guardian*, 44 ouvriers népalais sont morts au Qatar, victimes de conditions de travail effroyables sur les chantiers préparant la Coupe du monde 2022.

Les organisations humanitaires dénoncent depuis des années les conditions de travail de ces nouveaux esclaves, mais les affaires continuent.

Grâce à la rente pétrolière, les Qataris peuvent tout acheter, des gratte-ciel, des entreprises, des villes entières, des clubs de football... et des êtres humains. Ils ne s'en privent pas.

Ces modernes trafiquants d'esclaves sont partis à la conquête d'une reconnaissance mondiale que nos dirigeants leur accordent volontiers.

Ils ne sont pas obligés.

La FIFA peut décider aujourd'hui de retirer l'organisation de la Coupe du monde au Qatar. M. Blatter et les présidents des fédérations européennes peuvent le faire. Combien de temps allons-nous continuer à accepter d'être complices de ces grands spectacles sportifs au service des dictatures contemporaines ?

De Pékin à Sotchi, du Qatar à la Russie, l'argent de la rente pétrolière, l'argent des milliardaires russes ou qataris bafouent toute éthique du sport.

Il est temps de dire : « Basta, ça suffit ! »

J'oubliais, la Coupe du monde de football de 2018 doit avoir lieu en Russie.

Honni soit qui mal y pense, tout s'achète, la vie n'est qu'une marchandise.

Dany a mal à la démocratie

Mercredi 2 octobre 2013

Les systèmes démocratiques connaissent aujourd'hui de curieux ratés.

Aux États-Unis, Obama a promulgué, sur le modèle de notre Sécurité sociale, une loi de protection sociale qui doit bénéficier à 45 millions d'Américains. La Cour constitutionnelle a reconnu la légitimité de cette loi. Réélu, le peuple a confirmé son désir de voir appliquer l'Obamacare. Aujourd'hui, les républicains clament qu'ils ne voteront pas le budget si Obama ne retire pas sa loi. Obama refuse et l'immense pays que sont les États-Unis est bloqué. (Le *Financial Times* dit avec raison qu'il est plus efficace pour Obama de discuter avec le président iranien, Rohani, qu'avec les talibans du Tea Party, le groupe minoritaire de l'opposition qui bloque complètement les États Unis.)

Dans le même temps, en Italie, Berlusconi, condamné à quatre ans de prison pour évasion fiscale, doit être démis de son siège au Sénat. L'opposition refuse ce strict respect de la loi et sort du gouvernement, plongeant le pays dans la confusion et le marasme.

Dans les deux cas, ce sont deux démocraties, deux belles démocraties, qui agonisent.

Dans les démocraties, les minorités qui ont perdu les élections s'opposent à la majorité qui a été choisie pour gouverner le pays. Ce conflit légitime et nécessaire entre deux forces politiques s'exerce au cœur d'une structure de débat délimitée par les

Constitutions. Il peut y avoir rupture des négociations, mais, en dernier ressort, les parties sont obligées de trouver un accord dans le respect de l'intérêt général.

À partir du moment où l'intérêt général est oublié au profit de l'intérêt d'une seule personne (Berlusconi) ou au profit d'un groupe minoritaire (le Tea Party) qui retient en otage la majorité de l'opposition, le fonctionnement de la démocratie (c'est-à-dire l'idée qu'en dernier ressort il est obligatoire de trouver un compromis) est en danger.

La porte est alors largement ouverte aux démagogues de tous bords qui vont pouvoir s'infiltrer dans cette faille béante des systèmes démocratiques et replonger les peuples dans les aventures désastreuses dont le XXe siècle nous a laissé de cuisants souvenirs.

Il faut défendre le principe d'une majorité solide et d'une opposition forte.

Il faut s'engager et participer au vrai débat démocratique.

Il faut refuser la paralysie et l'affaiblissement des cultures démocratiques pour ne pas voir triompher la démagogie imbécile et les populismes de toute nature.

L’échec de la police européenne des frontières

Jeudi 3 octobre 2013

Des hommes, des femmes, des enfants, originaires de la corne de l’Afrique, sont morts noyés devant Lampedusa.

Ce ne sont pas les premiers. Depuis vingt ans, selon l’office des migrations internationales, vingt-cinq mille êtres humains sont morts en tentant de franchir les portes de l’Europe.

Les scènes apocalyptiques de Lampedusa symbolisent dans toute leur horreur l’échec de la politique européenne concernant l’immigration. Nous avons construit une maison européenne, mais nous avons oublié les portes. Ceux qui, par désespoir, tentent de venir chez nous passent par la fenêtre. Ils viennent de Somalie où des criminels terrorisent la population. Ils viennent d’Égypte, de Libye, de Syrie, d’Érythrée.

Je sais, nous ne pouvons pas accueillir tous les malheurs du monde, on nous l’a assez répété. Alors, l’Europe invente Frontex, une pseudo-police des frontières.

L’Europe dresse des murs dignes du mur de Berlin autour des enclaves espagnoles de Melilla et de Ceuta. L’Europe signe des accords de refoulement de réfugiés avec tous les États du sud de la Méditerranée, sans se soucier de leur situation. Les populistes de tous bords aboient en nous disant que nous sommes submergés par une vague de miséreux qui menacent notre identité, notre confort et nos privilèges. Alors, nous renforçons tous les jours la forteresse européenne.

Je le dis haut et fort, la politique commune d'immigration et d'asile est naïve et dangereuse. Et, comme nous l'avons vu hier à Lampedusa, mortelle et inhumaine.

Comprenons que la forteresse européenne ressemble à un gruyère. Comprenons que nous avons besoin de portes. Il faut créer et ouvrir ces portes. Donnons des visas à multiples entrées aux gens qui veulent tenter de trouver du travail. Disons : « Vous pouvez venir une fois et si vous ne trouvez pas de travail, vous repartez. »

À certains moments, en Allemagne, en Belgique, en Hollande (en France un peu moins), on a besoin d'immigration et nous devons maîtriser cette demande et cette offre. Notre incapacité à réguler les flux migratoires crée un problème insoluble. Les populismes font leur beurre là-dessus, parce que les ministres de l'Intérieur disent : « Nous savons maîtriser les flux migratoires », et que, quotidiennement, ils démontrent qu'ils n'en sont pas capables.

Une politique régulant l'ouverture des frontières introduirait un peu d'humanisme dans un système qui en a bien besoin.

C'est l'histoire d'une Allemande, d'une Française et d'une Belge

Vendredi 4 octobre 2013

Les livres qui parlent de l'Europe ne se vendent pas, tous les éditeurs vous le diront.

Et pourtant, deux livres passionnants relèvent le défi.

Gesine Schwan, une socialiste allemande, deux fois candidate du SPD à la présidence de la République, et une Belge, Isabelle Durant, écologiste, aujourd'hui vice-présidente du Parlement européen, ont écrit à quatre mains cet *Hymne pour une Europe insoumise*.

De son côté, une Française, Sylvie Goulard, députée européenne du MoDem et Madame Régulation financière du Parlement, nous donne ce pamphlet au titre évocateur : *Europe : amour ou chambre à part ?*

Trois histoires, trois destins, trois femmes qui osent par les temps qui courent s'afficher européennes, qui osent avouer leur fascination pour un projet qui vacille, mais qui est déterminant pour notre avenir.

C'est un hymne, un soupir intellectuel alliant raison et émotion. Toutes les trois reprennent la rengaine : « Europe, je t'aime, moi non plus. »

N'allez pas croire qu'elles soient naïves.

Non, non et non.

Elles déconstruisent sans complaisance, avec humour et lucidité, les dysfonctionnements de la construction européenne. Elles placent la démocratie au centre de leurs réflexions. Elles racontent, elles expliquent, elles reprennent les moments clés de la jeune histoire européenne. Elles nous font comprendre pourquoi des cultures politiques si différentes peuvent s'entendre à condition de ne pas se tromper de diagnostic et de rester sans complaisance idéologique ou nationale.

Trois femmes courageuses qui osent s'affirmer européennes, bravant la tempête eurosceptique. Cela méritait de ma part un coup de chapeau.

Courez acheter (chez votre libraire, pas sur Amazon) ces deux ouvrages indispensables et revigorants : *Hymne pour une Europe insoumise* (éditions Luc Pire) *et Europe : amour ou chambre à part ?* (éditions Flammarion).

Entre indignation et mutisme

Lundi 7 octobre 2013

Toute la presse européenne de ce week-end revient en long et en large sur la tragédie de Lampedusa. Les témoignages s'accumulent, plus terrifiants les uns que les autres. Celle qu'on appelle désormais l'héroïne de Lampedusa, Grazia Migliosini, se trouvait sur un bateau avec des amis. Ils ont entendu des cris de désespoir, ils ont repêché 47 personnes, des corps englués d'huile, puis, leur voilier risquant de chavirer, ils ont dû laisser les autres naufragés à leur mort certaine. « J'entends encore ces voix qui crient : "Prenez au moins nos enfants", raconte-t-elle. J'en pleure encore. » Les pêcheurs lampédusiens racontent que quelques-uns d'entre eux ont été condamnés, il y a quelques mois, à des amendes pour avoir sauvé des naufragés et ainsi facilité leur entrée clandestine en Italie.

Les médias s'indignent, les opinions s'émeuvent, les ONG se mobilisent et demandent qu'enfin l'Europe, les États européens remettent en question la forteresse européenne. Mais en fait, les politiques sont aux abonnés absents.

L'explication est simple. Les politiques gouvernent les yeux rivés sur les sondages. Ils savent qu'une majorité de citoyens se sent menacée, à tort ou à raison, par une émigration sauvage. Alors, ils ferment les yeux et demandent un renforcement de la police européenne des frontières pour refouler plus efficacement, plus rapidement.

Nous sommes tous, d'une certaine manière, responsables.

Une politique d'asile humaine signifie ouverture régulée, accueil organisé et intégration maîtrisée. La politique doit définir un droit de fouler le sol européen. Entre l'émotion et les sondages, le cœur ne doit plus balancer. Nous sommes tous à la recherche de la raison perdue. Le spectre du Front national paralyse la classe politique, démocratique et républicaine.

Réveillons-la, libérons-la.

Le Caire dans une spirale de violence

Mardi 8 octobre 2013

Le Printemps arabe que nous avons tant admiré agonise.

En 2011, de jeunes Égyptiens, s'inspirant de l'exemple tunisien, ont lancé au Caire le mouvement du 6 avril et, en quelques mois, ont expulsé Moubarak du pouvoir. S'en est suivie une élection présidentielle dont le vainqueur devait assurer au pays une transition démocratique. À peine élu, Mohamed Morsi s'est allié avec une partie de la police politique de Moubarak et a laissé les bandes organisées des Frères musulmans terroriser les mécréants.

Un putsch constitutionnel a donné les pleins pouvoirs au régime islamique de Morsi, entraînant la création du mouvement Tamarod, qui mobilise des millions d'Égyptiens qui exigent la démission de Morsi. Vous connaissez la suite. Le président Morsi se barricade derrière la légitimité de son élection, il refuse. Les affrontements entre les Frères musulmans, les sympathisants et les opposants Tamarod se font de plus en plus violents. Lynchages, viols, tortures des uns et des autres sont à l'ordre du jour. L'armée arrête le président et installe « l'ordre démocratique ». Les porte-parole de Tamarod jubilent, le cauchemar de la dictature islamique s'éloigne.

Entre l'armée et l'islamisme radical dans le pays, faut-il choisir ?

Docteur, quelle est la dictature qui fait le moins mal ?

El-Baradei, Prix Nobel de la paix, qui dans un premier temps avait soutenu le putsch militaire pour en finir, je le cite, avec l'année la plus noire de l'histoire de l'Égypte, s'est détourné des pseudo-libérateurs et condamne la stratégie des nouveaux pouvoirs militaires. Aujourd'hui, il se cache, vit en exil, recherché pour trahison. Ahmed Maher, du mouvement du 6 avril, justement de 2011, qui a provoqué la chute de Moubarak, mène les premières petites manifestations contre le prolongement de l'État d'exception. Et il nous dit : « Il nous faut beaucoup plus de courage que nous n'en avions le 25 avril 2011. » Ces jeunes rêvent d'une révolution démocratique. Pour eux, le général Al-Sissi n'est qu'un clone de Moubarak. Pour Ahmed, ce n'est qu'un éternel début, son combat continue pour que son rêve n'agonise pas totalement.

Plaidoyer contre le football moderne

Mercredi 9 octobre 2013

Entraîneur de football pas tout à fait comme les autres, Christian Gourcuff privilégie la manière au résultat.

Aujourd'hui, il n'a plus le moral.

Le courant ne passe plus entre lui et son président, Loïc Féry. Trader de formation, ce financier de choc considère qu'un club est une entreprise qui doit gagner de l'argent. Disposant d'un budget restreint, Lorient doit former des joueurs pour les revendre. C'est un commerce. C'est la loi du marché.

Gourcuff n'a pas digéré la vente d'un de ses jeunes, Mario Lemina, qu'il voulait conserver parce que son équipe en avait absolument besoin. Mais l'argent proposé par Marseille a fait tourner la tête de ce jeune de vingt ans.

« On ne peut pas juste considérer le joueur comme un capital », s'écrie Gourcuff.

Lui qui défend l'authenticité de son sport et la passion du beau jeu vient de prendre la logique du capitalisme financier en pleine figure.

Le football est en train de changer d'échelle. Certains clubs n'ont plus besoin de s'appuyer sur une logique économique. Les joueurs appartiennent désormais à des fonds d'investissement. Les grands clubs européens sont rachetés par des milliardaires qui recherchent dans le football autre chose que le profit financier tout en créant une bulle financière qui, un jour ou l'autre, leur explosera au visage. Les télévisions se ruinent pour retransmettre les compétitions. Le pactole est redistribué aux clubs en fonction de leur classement. Les grands clubs riches deviennent plus riches et les petits clubs sont asphyxiés. Cette spirale est dévastatrice pour l'esprit de compétition.

Gourcuff dit : « Le sport doit rester un mélange d'esthétisme, de moralité et de compétition. »

Il est en train de perdre beaucoup d'illusions.

C'est vraiment dommage.

Lettre ouverte à Jean-Marc Ayrault

Jeudi 10 octobre 2013

Salut Jean-Marc.

Par les temps qui courent, je sais trop combien il est difficile de gouverner pour devenir un adepte du « y a qu'à » si cher aux hommes politiques du Café du commerce. Quand même... franchement... je ne suis visiblement pas le seul à ne pas tout comprendre. François Hollande a gagné les primaires avec un aplomb à toute épreuve et il a réussi quelque chose en proposant une grande réforme fiscale qui se voulait la pierre angulaire de la reconstruction démocratique du pays. L'économiste Thomas Piketty était passé par là et j'avoue avoir été scotché par la lucidité du propos. La perspective était un impôt efficace économiquement, juste socialement, protecteur écologiquement, transparent pour tous les citoyens. Qu'est devenue cette belle ambition ? Aujourd'hui, ton gouvernement propose une myriade de réformettes fiscales avec sûrement de bons arguments pour chacune d'elle. Mais le tout est incompréhensible, déroutant, et opaque pour le commun des mortels. François Hollande avait un deuxième projet excitant. Il prétendait réorienter, rééquilibrer l'Europe qui en a vraiment besoin. À Strasbourg, d'où je t'écris ce matin, nous sommes nombreux à attendre l'offensive politique de ton gouvernement, censé prendre le Parlement européen comme allié pour bouger les chefs de gouvernement et la Commission européenne. Où est le budget européen digne de ce nom, capable de réorienter socialement et économiquement la solidarité européenne ?

Vous devez expliquer aujourd'hui pourquoi vous n'avez pas su ou pu tenir certaines promesses. Vous devez sortir des forteresses ministérielles, écouter les griefs, les doutes des citoyens. Non parce qu'ils ont toujours raison – souvent, c'est même le contraire –, mais parce qu'en démocratie on ne peut pas et on ne doit pas mener une politique qui n'est pas comprise par la majorité des citoyens. Un gouvernement qui ne cherche pas à convaincre en parlant vrai, qui ne cherche pas la transparence, quitte à expliquer les erreurs qu'on s'efforce de corriger, restera un gouvernement de technocrates froids.

Et puis, j'oubliais, Jean-Marc, si tu rencontres ton copain ministre de l'Intérieur qui a prétendu hier que j'exécrais la nation, rappelle-lui que ce coup, on me l'a déjà fait. Georges Marchais, Jean-Pierre Chevènement, Jean-Marie Le Pen, Marcellin...

Une fois pour toutes, en ce qui concerne la nation, je suis polygame.

Ciao, Jean-Marc, courage...

Marine Le Pen dicte le tempo du combat politique

Vendredi 11 octobre 2013

Marine Le Pen dicte le tempo du débat politique. Elle surfe sur des résultats électoraux impressionnants et des sondages ravageurs. Non seulement les 24 % la propulsent momentanément premier parti de France, mais surtout plus de 40 % de l'électorat ouvrier se prononce pour elle. Le Front national se présente comme le seul parti qui propose une alternative radicalement différente. Le poulailler politique s'affole, et des apprentis sorciers de tout genre apportent de l'eau à son moulin. Le Front national alimente un imaginaire national efficace et simple. Pour vous protéger, on sort de l'euro, on sort de l'Europe, on ferme les frontières, on produit et on mange français et on fait un bras d'honneur tonitruant à la mondialisation.

Les sondés qui se prononcent pour elle, comme ceux qui votent pour le Front national, n'en ont cure, qu'elle soit d'extrême droite, ils envoient tout simplement un message de ras-le-bol. Plus ils s'expriment et plus une partie de la classe politique commence une danse du ventre effrénée autour des thèmes du Front national. Y a qu'à oser Front national et vous êtes sûrs d'être écoutés et de faire peur. Il fallait y penser. C'est diabolique.

Face à cet effroi qui saisit les partis politiques, il faut réagir et, tout d'abord, accepter cette évidence : le Front national fait partie du paysage politique.

Il faut confronter Marine Le Pen à ses incohérences politiques, économiques et sociales.

Il faut concevoir et faire partager un projet mobilisateur et crédible.

Il faut, par l'Europe, réguler la mondialisation pour la mettre au service du bien-être de tous.

Il faut libérer les énergies des citoyens, des artistes, des intellectuels, des entreprises, petites, moyennes et grandes.

Il faut promouvoir une éducation qui prépare la jeunesse aussi bien au travail qu'à la vie.

Il faut penser le travail de demain, donner aux salariés le moyen, par la formation continue, d'accepter l'évolution industrielle et salariale.

Bref, il faut répondre aux angoisses légitimes qui minent le corps social.

Le Front national cultive le désespoir des pauvres et la crainte de déclassement de beaucoup.

La réponse doit être sereine, ambitieuse, mobilisatrice et crédible.

Tout un programme.

Quand les Munichois ne veulent pas des JO

Lundi 14 octobre 2013

Plusieurs villes se sont déjà portées candidates aux Jeux olympiques d'hiver de 2022.

Munich, qui a déjà accueilli les Jeux d'été en 1972, vient, par référendum, de refuser d'être candidate pour les Jeux d'hiver en 2022.

La Bavière est une région prospère et 84 % des Bavarois s'estiment satisfaits de leur situation économique.

Munich est une ville florissante dont la qualité de la vie est exceptionnelle. Ses jardins de bière pullulent et le monde envie le spectacle effarant de la fête de la bière, où, pendant quinze jours de folie, des millions de litres coulent à flots.

Ce sentiment si violent du bien-être a poussé les électeurs à dire non aux Jeux et à la manne financière qu'ils sont censés déverser sur la ville. Mélangeant conservatisme et principes de précaution, les citoyens ont exprimé un rejet de cette folle course au changement. Ras le bol du modernisme à tout prix. À Stuttgart, on manifeste contre l'enfouissement de la gare centrale. À Berlin et Francfort contre l'extension des aéroports. Les Bavarois veulent bénéficier de la modernité, mais de grâce, qu'elle ne me dérange pas.

En refusant de participer à la compétition que se livrent tous les quatre ans les grandes villes du monde, Munich a clairement désavoué la politique du Comité olympique international.

Les Munichois ont fait un bras d'honneur à Poutine et Sotchi, à la FIFA et la Coupe du monde au Qatar. Ils ont fait un bras d'honneur à la corruption, au gigantisme, à la perversion du sport dans le monde moderne. Gigantesque machine à fric, les Jeux modernes fascinent des millions, des milliards de spectateurs et, en même temps, cette fascination bascule quand filtrent les dessous économiques et politiques de ces grandes manifestations sportives.

En devenant les laquais des Poutine de ce monde, des milliardaires qataris et du marché publicitaire, les bureaucrates olympiens dénaturent une belle idée : la rencontre sportive de la jeunesse mondiale. L'important, ce n'est pas de participer mais de faire du business.

Les Bavarois ont tout simplement dit non.

La rose a le blues

Mardi 15 octobre 2013

Après la baffe de Brignoles, la débâcle de Marseille et l'effondrement dans les sondages du président Hollande, le peuple de gauche déprime.

L'incohérence de la politique menée en désespère plus d'un.

Pourquoi promettre 20 milliards d'euros au patronat pour lui en reprendre aussitôt une partie et la lui rendre sous une autre forme ? Résultat : le patronat est mécontent (il est toujours mécontent), la gauche du gouvernement grogne et l'électorat socialiste envisage d'aller à la pêche.

Démocratie sociale oblige, on négocie une réformette des retraites sans satisfaire qui que ce soit, et on doit l'imposer en légiférant. Après une valse-hésitation presque comique où l'on accepte de faire un petit pas vers la transition énergétique, ce qui calme les écolos.

Puis EDF semble imposer un prolongement de la vie des centrales nucléaires et le gouvernement hésite à fermer les deux plus anciennes centrales, Fessenheim et Bugey. Les écolos sont tout près de l'apoplexie et ils crient à la trahison.

Rien ne va plus, le gouvernement prend l'eau.

Hollance n'a plus le choix. Il doit assumer son social-libéralisme.

Je ne suis pas persuadé que ce soit la meilleure carte à jouer, mais maintenant, pour lui, c'est quitte ou double.

Qu'il s'explique franchement.

Qu'il annonce crânement sur la Une, sur la Deux, Europe 1, RTL et tutti quanti, que les réformes sont indispensables et qu'entre la popularité et la France, il a choisi la France. Que comme le chancelier Schröder avec sa réforme du marché du travail, il est prêt à se suicider politiquement pour le bien de son pays.

De deux choses l'une : ou il a raison et l'économie française se redressant, il triomphe; ou il a tort et sa majorité implose et il explose en même temps.

Qu'il arrête les compromis incompréhensibles.

Il doit dire ses choix et tenter de les imposer avec force aux Français.

Comme le disait Churchill : « Quand on ne supporte pas la chaleur, on doit sortir de la cuisine. »

Ça passe ou ça casse.

Chômage, pauvreté, violence : des ghettos inchangés

Mercredi 16 octobre 2013

C'était il y a trente ans.

Nous sommes à l'automne 1983.

À la suite de la percée historique du Front national à Dreux, de violents affrontements opposent dans certaines banlieues des jeunes et des policiers, enclenchant une spirale de haine et de violence. C'est alors que des jeunes de la banlieue lyonnaise, soutenus par un père catholique et un pasteur protestant, se rendent à Marseille pour entreprendre, à travers la France, une marche à pied pour l'égalité. Un millier de kilomètres et deux mois plus tard, ils sont accueillis à Paris par une foule de plus de 100 000 personnes. Suivant l'exemple du mouvement pour les droits civiques américains, ils revendiquent l'égalité des droits sociaux et politiques et veulent rejoindre le camp de ceux qui bénéficient du pacte républicain censé donner une cohérence à la société française.

Trente ans plus tard, certaines banlieues sont devenues de véritables ghettos. Le chômage, la pauvreté, l'incompréhension, la violence, le désordre rongent le corps social et ravagent les corps et les esprits. Avec en plus une religion, l'islam, qui semble mobiliser de part et d'autre les fantasmes les plus dévastateurs.

Impuissants, les politiques brandissent le pacte républicain qui devient le passe-partout vide de sens du débat. Pour les uns, il est synonyme de l'autorité organisée autour du consensus laïc ; pour les autres, un devoir de solidarité et d'intégration s'inspirant de l'idéal révolutionnaire de l'histoire de France.

Dérisoire symbole.

Nous vivons désormais dans un espace multiculturel. La société multiculturelle, ce n'est pas une société idéalisée, utopique, non, c'est une réalité, qui s'est imposée depuis près d'un demi-siècle, en France et en Europe. Il nous faut renouveler ce fameux pacte démocratique, redéfinir la laïcité à l'aune des religions, quelles qu'elles soient, inventer une nouvelle identité, face aux intégrismes quels qu'ils soient. Réfléchir à ce que peut être et doit être la démocratie multiculturelle. Nous devons rassembler l'énergie républicaine, l'initiative républicaine. Bref, mobiliser l'imagination démocratique.

Trop souvent, nous oublions que pendant plus de cent cinquante ans, les femmes étaient exclues en France du pacte républicain. Le droit de vote des femmes fut imposé par de Gaulle en 1944. Cela montre qu'un pacte républicain doit évoluer avec l'Histoire. Les marcheurs du 15 octobre 1983 témoignent encore aujourd'hui de cette nécessité. Une société en marche, c'est une société qui respire, qui rit, qui pleure, qui vit, cela s'appelle la démocratie républicaine.

Réponse à Nadine Hourmant

Jeudi 17 octobre 2013

Hier matin, sur cette antenne, Nadine Hourmant a violemment accusé les instances européennes d'être responsables des graves difficultés que rencontre son employeur, l'éleveur de poulets Doux. Venant d'une syndicaliste informée, l'accusation peut surprendre.

La faillite du groupe Doux et les difficultés de l'abattoir Gad découlent de l'absurdité des politiques d'industrialisation des filières volaille et porcine en France. L'industrialisation agricole a développé une agriculture hors-sol se voulant mondialement compétitive. Doux, par exemple, a fonctionné sous perfusion européenne en engrangeant plus d'un milliard d'euros d'aides ces quinze dernières années. En 2012, encore 54,9 millions d'euros d'aides. Les salariés de Doux vivent une catastrophe sociale annoncée. La France exporte de la volaille industrielle congelée de piètre qualité. 40 % de la consommation interne est importée.

La filiale porcine, elle aussi radicalement industrialisée, se heurte à deux murs. Le mur environnemental, le nitrate lié à l'épandage, véritable catastrophe environnementale pour l'eau, pour la mer – je rappelle les algues vertes –, donc pour le tourisme. Et le mur commercial mondial, aussi bien de l'élevage que de l'abattoir, hors-sol délocalisable. L'entreprise américaine Smith and Field, qui gère près de 100 millions de cochons de par le monde, vient d'être achetée par les Chinois. La viande n'est qu'une matière première, un business international, sans goût ni saveur. Sa production, par exemple, est soumise à tous les dumpings sociaux imaginables et inimaginables. Et la France elle-même a pratiqué jusqu'à présent cette forme de dumping. Cela s'appelle l'aide à l'exportation qui asphyxie les marchés des pays les plus pauvres.

Ce modèle est suicidaire. Il faut retrouver une agriculture à échelle humaine, revenir à des circuits courts, s'appuyer sur la qualité du terroir, la qualité agricole, du vin à la volaille, du fromage au cochon, ça peut s'imposer sur le marché européen. D'ailleurs, ça réussit. Reprendre la bataille du plafonnement de l'aide européenne par ferme. Vous savez, aujourd'hui, 20 % des entreprises et fermes agricoles touchent 80 % des subventions européennes. Voilà la clé économique : reconquérir, par la qualité, le bio, le marché européen, produire des poulets de qualité en abattoir en Bretagne pour le marché européen et non exporter des poulets je ne sais où. Oui, il faut arrêter. On peut subventionner la reconversion agricole, arrêter cette industrialisation qui rend tout le monde complètement dingue. Vous connaissez la musique : vache folle, agriculture folle.

Et pour la petite histoire, la coopérative d'Assas, dans le Languedoc, vient de vendre à une entreprise chinoise 150000 bouteilles de rouge de qualité AOC à 6 euros la bouteille, ce qui est un bon prix de vente. Vous savez combien les Chinois la revendent ? 70 euros la bouteille. La qualité, ça paie !

Nous sommes tous des Roms lycéens

Vendredi 18 octobre 2013

Je soutiens le mouvement des lycéens parisiens qui manifestent en faveur de Leonarda et de leurs camarades de classe menacés de reconduite à la frontière.

Nous sommes tous des Roms lycéens. Nous sommes tous des enfants d'émigrés. Ça me rappelle quelque chose. Quand j'ai été expulsé il y a cent cinquante ans, deux siècles, trois siècles, je ne sais plus, ils criaient : « Nous sommes tous des Juifs allemands. » En fait, cette jeunesse montre qu'elle est capable de sursauts. Ils ne sont plus égoïstes, ils sont altruistes, ces jeunes, ils disent : « Leonarda, elle est lycéenne comme nous, nous sommes lycéens comme Leonarda », et ils veulent qu'elle revienne. Je trouve ça extraordinaire, je trouve ça formidable. C'est la beauté, la solidarité à l'état pur. Ces jeunes disent : « On ne comprend pas notre ministre de l'Intérieur, qui prétend que Leonarda ne veut pas s'intégrer alors qu'elle va à l'école tous les matins. Qu'est-ce que c'est que d'aller à l'école si ce n'est s'intégrer ? » Bref, vraiment, cette jeunesse interpelle directement le président et son ministre de l'Intérieur. À quand la réponse ?

Prudence, me dit-on, il paraît que le père de Leonarda tabasse sa fille, qu'il tabasse sa femme, qu'il tabasse son autre femme, qu'il a menti. Et alors ? Doit-on, parce que le père est un violent, renvoyer toute la famille à Mitrovica pour qu'il puisse continuer à tabasser sa fille ? Non, non, vraiment, ce n'est pas sérieux ce qu'on est en train de faire.

Il faut que Leonarda revienne. Il faut que Leonarda puisse vivre. C'est ça l'idée de la République française.

Et pour finir, il faut enlever la Coupe du monde au Qatar. C'est ignoble ce qui se passe là-bas.

Angela Merkel, représentante des patrons

Lundi 21 octobre 2013

C'est un don qui fait du bruit en Allemagne. La CDU, le parti de la chancelière Angela Merkel, vient de recevoir trois chèques de la famille des actionnaires de BMW.

La mère, la fille, le fils se sont fendus chacun d'un chèque de 230000 euros pour entrer dans les normes de la loi sur les dons aux partis politiques. Et ça, après les élections.

Il faut savoir que la chancelière ferraille dur contre la Commission européenne et le Parlement européen pour empêcher que de nouvelles normes d'émissions de CO_2 soient définies par l'Europe. En fait, elle veut empêcher que les grosses voitures allemandes soient pénalisées. Pour respecter la norme de 95 grammes par kilomètre, BMW devrait revoir toutes ses chaînes de montage.

Les constructeurs des grosses cylindrées hurlent et Merkel s'exécute.

Ne parlons pas de corruption. C'est un cadeau, un remerciement de gens reconnaissants. Ils reconnaissent en elle celle qui défend le mieux leurs intérêts.

Quant à la dégradation climatique, on n'en a rien à cirer ! Le réchauffement climatique, on n'en a rien à cirer ! Cela pourra attendre... il est important que la voiture allemande s'impose en Europe.

Ah ! on vient d'apprendre que la CSU, les chrétiens-démocrates de Bavière, vient de recevoir un chèque de 580 000 euros du patronat de Bavière.

Le patronat allemand est quand même sympa et sait rendre à Mme Merkel ce qu'elle fait pour lui.

Il paye.

Évra et Hollande, dans le même sac

Mardi 22 octobre 2013

Entre les déclarations de Patrice Évra et celles de François Hollande, on ne sait plus où donner de la tête.

Évra n'est pas très malin et aurait pu se dispenser de tacler méchamment les consultants qui commentent le football à la radio et à la télévision. François Hollande aurait pu se dispenser de s'exprimer comme un ministre de la Famille ou un responsable de la DDASS. Ce n'est pas son rôle. Un président doit présider.

Évra comme Hollande ont parlé sous la pression des médias.

Il faut chauffer un public de plus en plus indifférent. Alors, on rentre dedans. Quel rôle peuvent prétendre jouer les médias dans l'affaire Leonarda ? Faut-il sonder les sondages ? Faut-il écouter son cœur ? Apparemment, il est plus facile de dégommer François Hollande.

Patrice Évra... Vous avez vu la vidéo ? Il a mis des minutes à résister, il ne voulait pas parler, il n'en avait pas envie. Pourtant, il l'a fait et, poussé par les journalistes, il a dit des conneries.

Je crois qu'aujourd'hui tout le monde a peur et que la peur est toujours mauvaise conseillère.

On se défoule sur Hollande, sur Évra, parce qu'on a perdu toute confiance dans l'avenir. Ce n'est pas aux médias d'en rajouter. Leur rôle est d'expliquer et non de jouer aux bêtes et aux méchants.

Le mythe du nucléaire

Mercredi 23 octobre 2013

Hier matin, Henri Proglio, en se félicitant du contrat record qu'il vient de signer avec les Anglais, nous a appris qu'une centrale nucléaire coûte aujourd'hui 8,5 milliards d'euros. C'est à peu près deux fois le prix de l'estimation initiale de Flamanville, passons... La facture du frère finlandais de Flamanville atteint aujourd'hui les 10 milliards d'euros, passons.

Le mythe du nucléaire, énergie la moins chère, vient de voler en éclats. Aucune entreprise privée ne s'engage dans le nucléaire.

Enfin, enfin, la vérité des prix et des coûts parle. Le nucléaire est la seule énergie dont les coûts de production augmentent. Les dettes d'EDF : 50 milliards d'euros. Il faudra 50 milliards supplémentaires pour maintenir à flot le parc nucléaire au cours de la prochaine décennie. À ce prix, une entreprise privée devrait mettre la clé sous la porte. Nous sommes au royaume de la rente étatique. Les consommateurs font vivre des géants énergétiques dans un système énergétique centralisé, rentier, opaque et menteur. EDF est un État dans l'État, EDF est le dernier grand bastion du socialisme d'État.

Ne me dites pas qu'il faut protéger l'emploi. À investissement égal, nous pouvons créer quatre à cinq fois plus d'emplois en développant des énergies renouvelables, éoliennes et photovoltaïque, et en améliorant l'efficacité énergétique et les économies d'énergie. Les Allemands, en passant en une vingtaine d'années de

2 % d'énergie renouvelable à 23 % aujourd'hui, ont créé plus de 300 000 emplois. Oui, c'est important de créer des emplois. Mais en investissant dans le nucléaire et en construisant des centrales, de par le monde, on ne peut pas investir dans une autre filière énergétique.

Il faut choisir : faire vivre des géants énergétiques dans une logique du passé ou miser sur une transition énergétique qui redonne aux citoyens la maîtrise sur l'économie d'énergie.

Proglio nous mène en bateau. EDF est un danger pour la démocratie et l'économie de marché.

Un comble, non !

Gravity, fascinant mais sans émotion

Jeudi 24 octobre 2013

Dès les premiers plans de *Gravity* une sensation de jamais-vu s'installe. On est dans l'espace, loin de notre petite Terre, si bleue, si belle. Un silence assourdissant, puis les voix de deux astronautes surgissent. George Clooney qui écoute de la musique country, évidemment, et s'affaire autour d'une navette spatiale. Et Sandra Bullock, experte en ingénierie médicale. Ils se parlent, évidemment, il la drague là-haut, dans l'espace. Bref, Clooney fait du Clooney, raconte ses deux petites anecdotes bien terriennes. Notre planète se reflète sur la visière de son casque. Deux astronautes de bonne humeur, au travail dans un immense univers. Fascinant ! Mais attention, une catastrophe prévisible s'annonce, des météorites arrivent, détruisent la navette. Sandra et George se trouvent seuls dans l'espace. Une pluie de débris s'abat sur eux. Le son gronde de plus en plus fort, devient à son tour assourdissant. Tout contact avec la Terre patrie est interrompu. Grâce à une 3D menée de main de maître, vous plongez dans l'espace, vous y êtes, nous sommes à la dérive, dans le sillage de nos héros. Puis George est happé par l'univers planétaire après une danse funèbre dans l'apesanteur de l'espace. La 3D aidant, les débris spatiaux des pièces tranchantes, brûlantes transpercent l'écran, vous baissez la tête, vous protégez vos yeux. Sandra, alias professeur Stone, fait du saute-mouton de débris de navette en débris de plus en plus petits, pour enfin arriver à se sauver.

Ouf !

Curieusement, à aucun moment, le réalisateur, Alfonso Cuaròn, ne nous laisse seuls dans l'immensité de l'univers. On aimerait qu'il nous offre un moment de répit pour aller chercher un sentiment, une émotion, une réflexion de perdition. Le spectacle tonitruant domine en permanence.

Gravity est un de ces films qui sous-estiment les spectateurs.

Gravity reste un grand spectacle, mais manque d'âme, manque de profondeur humaine. Dommage.

Cela dit, si vous voulez vous en mettre plein les yeux, ça vaut le coup.

La citoyenneté, une récompense

Vendredi 25 octobre 2013

Tout le monde sait que je suis rétro.

La preuve : pour définir la citoyenneté, je veux revenir aux principes de la révolution française : bleu, blanc, rouge, droit du sol, et droit du sang, et droit comme récompense.

Comme à l'époque, la citoyenneté pourrait redevenir une récompense pour tous les combattants de la liberté et des droits de l'homme. Et j'étends cette notion à tous ceux qui apportent quelque chose d'exceptionnel à la nation.

Rêvons : le Portugal élimine en barrage la Suède, Ibrahimović veut absolument participer à la Coupe du monde, il demande la nationalité française, on le récompense, il devient Ibra. Ça vous rappelle quelque chose ? Kopa, fils de mineurs polonais, qui est de son vrai nom Kopaszewski, fierté de l'équipe de France en 1958 et en Suède et fierté du grand Reims. Voilà le monde moderne. Évidemment, ça serait embêtant si Franck Ribéry voulait à tout prix avoir une chance d'être champion du monde et demandait la nationalité allemande. Ça, c'est un petit détail... bref, avec Ibra et d'autres, les supporters français n'auraient plus peur de la Coupe du monde. Alors, ouvrons la France à tous ceux qui veulent la glorifier. Et on dit : « Merci Danton. »

Ne craignons pas les immigrés. Le problème de la France, ce n'est pas l'immigration, mais le chômage, l'angoisse face au déclassement social. Bref, la crise et la pauvreté. D'ailleurs, restons dans le foot. La France va accueillir l'Euro 2016. Allez sur les chantiers des stades en construction. Sans main-d'œuvre immigrée, point d'Euro. Alors, nous perdons une énergie folle dans de faux débats. Posons les vraies questions : comment relancer la machine industrielle ? Inventer, partager, retrouver le goût de la solidarité, de la compétitivité et de l'innovation. Repartons à la conquête des campagnes, réinventons une agriculture des circuits courts, une industrie durable et soutenable, un commerce équitable et récompensons ceux qui veulent participer à cette belle aventure.

Pour conclure, je vous cite Ernest Renan : « L'existence d'une nation est un plébiscite de tous les jours, comme l'existence de l'individu une affirmation perpétuelle de la vie. » C'est pas mal, non ?

Big Brother existe vraiment

Lundi 28 octobre 2013

Big Brother existe vraiment.

Les services de surveillance contemporains (il en existe dix-huit différents, rien qu'aux États-Unis) feraient rêver George Orwell.

Pour beaucoup d'entre nous, Internet était un facteur de décentralisation et d'autonomie. Grâce à Internet et à des ordinateurs démesurés, la NSA démontre le contraire. Après la terrible épreuve du 11 Septembre, les États-Unis ont défini la sécurité comme leur objectif prioritaire. Avec leur vaste programme d'écoutes téléphoniques et de piratage de mails, ils s'attaquent aux libertés individuelles de tout un chacun. Au nom de la protection des citoyens et des valeurs démocratiques, ils jettent tout cela par-dessus bord. Au nom de la protection nationale, ils bafouent la souveraineté d'autres États, amis ou ennemis. Plus on considère toute personne comme potentiellement porteuse d'informations, plus on s'éloigne d'un idéal de liberté.

La France est comme les autres. Dix milliards d'euros sont consacrés aux services d'espionnage. Rapporté aux nombre d'habitants aux États-Unis, l'investissement est le même.

Les États deviennent de plus en plus paranoïaques et considèrent leurs propres citoyens comme des ennemis potentiels.

Chaque État s'estime libre de faire ce qu'il croit légitime et utile pour garantir son indépendance et sa sécurité, mais la machine numérique est tentaculaire. Elle dépasse l'homme et offre à ceux qui ont les moyens de la développer un pouvoir occulte et totalitaire.

Si on ne peut pas contraindre le monde entier à respecter des règles de morale élémentaire, les institutions internationales peuvent et doivent imposer une charte contraignante sur la protection des données des citoyens. Sinon, l'espionnage, qu'il soit sécuritaire, politique ou même industriel, dénaturera complètement nos démocraties.

C'est à l'ONU, au G20, au G8, à l'Union européenne de proposer une conférence internationale pour élaborer une telle convention.

Et, au fait, merci monsieur Edward Snowden. L'Union européenne s'honorerait de lui proposer l'asile politique et de le libérer du cynisme de Poutine. Grâce à lui, nous découvrons quotidiennement la dimension du scandale. Quel beau bras d'honneur les Européens feraient à la NSA si cet homme courageux pouvait circuler librement entre Paris et Berlin.

Lou Reed, punk avant les punks

Mardi 29 octobre 2013

Lou Reed est mort et le monde entier le célèbre.

Bizarre.

Il a fallu qu'il meure pour que chacun le découvre aimable.

Et pourtant, Lou Reed haïssait tout le monde. Il abhorrait son père qui lui a fait subir, à l'âge de dix-sept ans, des électrochocs pour le « guérir » de son homosexualité. Il détestait les hippies et les babas cool, ces enfants gâtés du système, comme il disait.

Punk avant les punks, trash avant les trash, Lou Reed a vécu, a aimé, a souffert en marge de la société. Il réservait sa tendresse, parfois violente et toujours fière, aux junkies, aux transsexuels, à ceux qui cherchent une aventure de la vie au-delà du raisonnable.

Sa musique déroutait par la simplicité des accords. La brutalité directe de ses textes révélait une poésie digne d'un Bob Dylan. Il restera à jamais – en tout cas pour moi – le symbole d'un homme blessé par la société. Il lui a craché toute sa haine en pleine figure. Cela non pas pour épater le bourgeois, mais parce qu'il vomissait un monde cruel et injuste.

Il a détesté la société de son temps.

Elle le lui a bien rendu.

La radicalité d'une culture transgressive a toujours bousculé l'ordre établi. Rappelons-nous, les surréalistes, le cubisme d'un Braque, l'avant-gardisme d'un Picasso, le graphe d'un Basquiat, l'intransigeance d'un Sartre, la révolte à l'état pur d'un Camus, on pourrait y passer la journée. Le jazz, diffamé à ses débuts comme « la musique des nègres ». Le rock and roll, comme le symbole de la dégénérescence de toute une génération. Aujourd'hui, le rap dénoncé comme le truc malade des ghettos, le tag comme l'art des illettrés... et j'en passe...

Que les nécrologies dithyrambiques qui ont fleuri à l'annonce de la mort de Lou Reed servent à quelque chose. Qu'elles nous rappellent que l'art doit souvent être une provocation qui nous interpelle.

Thank you, Satan...

Le crime de lèse-majesté contre Poutine

Mercredi 30 octobre 2013

Mikhaïl Khodorkovski a été arrêté le 25 octobre 2003 par un commando spécial de Poutine et condamné à quatorze ans de prison pour fraude fiscale, corruption et blanchiment d'argent.

Après la perestroïka, Khodorkovski et d'autres ont accumulé un pactole incroyable, rachetant à bas prix des banques et des entreprises pétrolières. Ces nouveaux milliardaires craignaient Poutine mais Poutine leur a dit : « Ne vous occupez pas de politique et moi je vous laisse faire des affaires comme vous voulez. »

Khodorkovski ne fut pas d'accord. Voyant que la société russe était victime d'un système politique qui devenait de plus en plus autoritaire, il s'est engagé en politique en finançant le mouvement démocratique. Poutine ne l'a pas supporté.

Mobilisant sa justice et des faux témoignages, il a décidé de casser Khodorkovski. Il l'a écrasé, il l'a détruit.

Poutine se conduit comme un vulgaire parrain de la mafia et Khodorkovski est toujours enfermé au centre de détention de Tchita en Sibérie.

Mais du fin fond de la Sibérie, du fin fond du goulag, Khodorkovski résiste.

Il écrit.

Dans une lettre récente, il martèle que le système politique russe est organisé dans le seul but d'enrichir ceux qui sont au pouvoir. Il dit : « La Russie a besoin d'une révolte comme celle que Mandela a menée en Afrique du Sud. » Et le message passe.

Poutine s'inquiète. Il a peur que Khodorkovski, seul en prison, seul en Sibérie comme Mandela fut seul vingt-six ans dans sa prison, incarne pour les Russes un nouveau Mandela.

Paradoxe extraordinaire de cette étrange période que nous vivons : Khodorkovski le prédateur, Khodorkovski l'oligarque, Khodorkovski le milliardaire devient un combattant de la liberté.

Nous devons être solidaires de ce combat car c'est un espoir pour que change la Russie.

Le gouvernement recule, l'opposition rétrograde

Jeudi 31 octobre 2013

L'écotaxe est suspendue après de violentes manifestations et la droite s'est permis de fustiger une mesure qu'elle avait pourtant prise elle-même.

Ça devient insensé.

Le gouvernement Ayrault se fait hara-kiri en plein jour.

Je pourrais rappeler qu'une telle taxe a été adoptée en 2005 en Allemagne, dire que six pays ont suivi, et que d'autres sont en train de suivre. Mais non, respectons l'exception française.

De quoi s'agit-il ?

La Bretagne va mal et la révolte gronde. Bien. On annule une mesure qui n'a rien à voir avec la maladie.

De reculade en reculade, ce gouvernement démontre son incapacité à expliquer simplement le b.a.-ba de la lutte contre la dégradation climatique et donc contre le réchauffement de la planète.

François Hollande avait parlé dans une interview mémorable des outils mis à la disposition de ce gouvernement pour réparer la crise. Visiblement, le camionneur chargé de livrer la marchandise a oublié le mode d'emploi.

La droite nous explique que ce qui était valable hier ne l'est plus aujourd'hui à cause de la crise économique.

D'autres gouvernements européens pensent l'inverse. Leur économie va mieux. Mais cela n'a aucune importance. L'hypocrisie, les petits calculs règnent à Paris. La parole des politiques est de moins en moins crédible.

C'est vraiment très dur.

Est-ce que, une fois pour toutes, les politiques en France, la classe politique française pourrait comprendre que, parfois, au nom de l'intérêt général, majorité et opposition doivent coopérer. En Suède et en Finlande, les responsables politiques ont réussi une réforme de leur système scolaire grâce à une telle coopération. En Allemagne, Mme Merkel n'aurait jamais pu faire passer le sauvetage de la Grèce au Bundestag sans l'appui des sociaux-démocrates et des Verts.

Souvent, en France, les partis politiques oublient que l'opposition d'aujourd'hui gouvernera demain.

Oui, la démocratie a besoin d'une confrontation claire entre majorité et opposition. Mais quand rien ne va plus, quand le pays s'enfonce dans la paralysie et la déprime, il faut repenser la gouvernance. La majorité doit négocier avec l'opposition, les syndicats avec le patronat. Et vice versa.

Tout le monde doit y participer. Rassurons les citoyens. Montrons que les démocrates dans les moments de crise sont capables de surmonter leurs divergences et d'inventer des solutions efficaces. Sinon, le rejet de la politique et des politiques ne cessera de croître.

Et devinez à qui profitera le crime.

Un tunnel qui met Dany le Kitsch en émoi

Vendredi 1er novembre 2013

Je suis kitsch.

Quand Neil Armstrong, l'astronaute américain, a fait ses premiers pas sur la Lune, j'ai pleuré.

Aujourd'hui, une nouvelle me ravit : le Premier ministre japonais, Shinzo Abe, et le chef du gouvernement turc, Erdoğan, inaugurent le tunnel ferroviaire sous le Bosphore. Un projet monumental. Une œuvre d'art de 14 kilomètres de long, dont 1 400 mètres immergés. Onze éléments posés à 50 mètres sur les bas-fonds du Bosphore créent un long tunnel de béton qui abrite deux voies ferrées. Les travaux ont pris quatre ans de retard, parce que l'on a découvert des trésors archéologiques qui prouvent l'existence de vie humaine il y a plusieurs milliers d'années à l'endroit même où se trouve Istanbul aujourd'hui.

Voilà une prouesse technique qui réalise un vieux rêve de sultan turc. Ce tunnel modernise la ville, désengorge la circulation, permettra à moyen terme de doter cette grande métropole du Bosphore d'un réseau de métro dont la ville a grand besoin.

Et en quatre minutes, je passe d'Europe en Asie.

On peut rêver à un train Londres-Pékin.

En avion, on fait le voyage en dix heures. Vous arrivez à Pékin, fatigué, perclus de courbatures. Vous dormez dans un hôtel qui ressemble à tous les hôtels du monde et quand vous vous réveillez, vous ne savez pas où vous êtes.

NOVEMBRE 2013

Alors que dans mon train, je monte à la gare de Saint-Pancras à Londres et je roule. Tunnel sous la Manche, Paris, Venise, Zagreb, Belgrade, Sofia, Istanbul, tunnel de la Marmara, Bagdad, Kaboul, New Delhi, Chengdu, Pékin.

Quinze jours, trois semaines de voyage, plusieurs escales, wagon-lit, wagon-restaurant. Ouhhhh, vive la lenteur ! L'imagination littéraire bat son plein. Premier roman, voyage de noces dans ce nouvel Orient-Express, puis meurtres entre Londres et Pékin.

Oui, je l'avoue, je rêve d'un tel voyage.

On réapprendrait à jouer au bridge. On inviterait Garry Kasparov pour jouer aux échecs. Pas de télévision (d'accord, une petite liaison wifi). Les voyageurs se parlent, se haïssent, débattent. Les débats politico-intellectuels animent le voyage. Évidemment, à Pékin, les uns jurent qu'on ne les reverra plus jamais dans un tel train et sautent dans le premier avion pour oublier ce cauchemar. Les autres jubilent à l'idée du retour.

Ouais, ouais, avec l'âge, je deviens vraiment rétro.

Le président normal est uruguayen

Lundi 4 novembre 2013

Normal ? Vous avez dit normal ?

Laissez-moi vous parler de José Mujica, le président de l'Uruguay.

Il a soixante-dix-huit ans et il est le président le plus pauvre de la planète. De son salaire de président, il ne garde que 1 500 euros des 10 500 qui lui sont attribués. Le reste, il en fait don aux organisations caritatives. Il continue d'habiter dans une petite ferme en dehors de Montevideo, ouvre l'hiver sa maison et le palais présidentiel aux sans-abri quand il fait particulièrement froid. Il roule dans une Volkswagen vieille de vingt-cinq ans. Avec sa majorité, il a fait voter au Parlement la légalisation de l'avortement, le mariage pour tous, et la dépénalisation du cannabis.

Issu d'une modeste famille paysanne, il s'est engagé au début des années 70 avec les Toupamaros dans la lutte armée contre la dictature militaire. Capturé, il a passé près de quinze ans en prison. Amnistié avec le retour de la démocratie, il a gagné toutes les élections auxquelles il s'est présenté. Le 25 septembre, du haut de la tribune de l'Assemblée générale de l'ONU, il a dénoncé une civilisation moderne mensongère, une civilisation qui empêche les citoyens d'avoir le temps de vivre les relations humaines, l'amour, l'amitié, l'aventure, la solidarité, la famille.

Les murs de l'Élysée résonnent des paroles d'un président normal.

Je sais que l'Uruguay est un petit pays et que ce modèle est impossible à transposer.

Il n'empêche que le présidentialisme à la française enferme le chef d'État dans son palais.

Prenez François Hollande. Secrétaire général du PS, l'homme était jovial, sympa, marrant, bon vivant, avec une langue bien pendue. Il avait toujours une petite anecdote à vous raconter. Fonction présidentielle oblige, son visage devient de plus en plus imperméable, la posture hautaine et distante. L'Élysée semble être un donjon ou un camp retranché, où les conseillers officiels rentrent le jour par la grande porte et les inofficiels la nuit par l'entrée de service. Quand un pays doute de lui-même, un président, normal ou pas, doit trouver les moyens de sortir de l'enfermement, se confronter à ses amis, même aux citoyens. Giscard cherchait le contact des intellos, Mitterrand mangeait de temps en temps chez Lipp à Saint-Germain-des-Prés, Sarko draguait pratiquement tous ceux qu'il rencontrait. Cela ne veut pas dire que le contact avec les citoyens garantisse le succès politique, mais les temps d'une présidence intouchable à la de Gaulle sont révolus. La société moderne trouve ses ressources les plus productives dans la convivialité et la simplicité des rapports humains.

Bref, le président Hollande doit redevenir François Hollande !

Obama-Carter, même combat

Mardi 5 novembre 2013

Obama vit un début de second mandat bien compliqué aux États-Unis. Il me rappelle Jimmy Carter qui occupa la Maison-Blanche entre 1976 et 1980.

Ils sont, tous deux, des démocrates libéraux qui déçoivent.

D'aucuns sont choqués. Moi, je suis tout simplement déçu.

L'espoir suscité par l'élection et la réélection de Barack Obama explique l'intensité de ma déception. Rappelez-vous les belles phrases du comité Nobel pour justifier son prix : « Pour ses efforts extraordinaires afin de renforcer la diplomatie internationale et la coopération entre les peuples. » Ainsi il aurait notoirement amélioré le climat politique des relations internationales. *Sic*. Quelles améliorations ! Oui, vous allez me dire : « Le premier Black élu, une gifle au racisme de l'homme blanc de l'Amérique profonde », et j'en passe. Aujourd'hui, on ne parle plus que des écoutes des agences de sécurité NSA, des arrestations arbitraires, des tribunaux expéditifs, des détentions et assassinats ou, si vous voulez, la peine de mort extrajudiciaire.

Obama, je l'espérais, allait mettre fin à l'extension incontrôlable de l'appareil sécuritaire, pieuvre tentaculaire, chouchou de l'administration Bush. Comme dans les années 68, ou après le scandale du Watergate et l'expérience de la guerre du Vietnam, la majorité démocrate au Congrès avait bloqué les velléités de surveillance du président Ford. Ce qui choque, c'est l'arrogance de l'Amérique de croire que parce que les États-Unis sont l'incarnation sur terre de la démocratie et de la liberté, toute action de ce gouvernement est légitime.

Obama pouvait-il ignorer les agissements des services secrets ? Ou, tout simplement, les services secrets ignorent-ils Obama ? Ce qui n'est pas mieux.

Notre rêve d'une autre Amérique s'est effondré. Je partage ce sentiment avec beaucoup de libéraux de gauche des États-Unis.

Après le 11 Septembre, de nombreux éditorialistes se demandaient : « *Why do they hate us ?* », « Pourquoi nous haïssent-ils ? » La réponse aujourd'hui est d'autant plus facile. Non, vraiment, je ne veux pas tomber dans un antiaméricanisme primaire et idiot. Je n'oublierai jamais que c'est au nom de la Constitution américaine que des millions de jeunes se sont opposés à la guerre du Vietnam. Il faut simplement que Barack Obama se ressource dans sa jeunesse.

Pour Barack Obama, le changement, ce doit être maintenant !

Un ancien footballeur brise le tabou

Mercredi 6 novembre 2013

Pourquoi parler de Walter Casagrande, un footballeur brésilien des années 80 qui ne vous évoque rien ?

Je suis tombé par hasard sur sa biographie qui vient de paraître au Brésil.

Pour moi, Casagrande est un grand. Si vous avez aimé Dominique Rocheteau en France, vous auriez adoré Casagrande. Pourquoi ? C'était le footballeur rocker des années 80. Né en 1963, professionnel en 1980, je l'ai vu en 1984 manifester dans un stade de foot pour la démocratie et la liberté. Ensuite, il s'est adonné à toutes les joies de la vie avec un enthousiasme qui faisait plaisir à voir.

Ce n'est pas le plus important.

Dans sa bio, p. 165, je tombe au détour d'une phrase sur un aveu. Lorsqu'il est allé jouer en Italie, il a été surpris de constater que l'usage des drogues était monnaie courante dans le milieu. Il se dopait à la pervitine. C'est une amphétamine. Les clubs ne l'obligeaient pas, simplement, il ne pouvait pas refuser. C'était la mafia.

Le dopage dans le football est un sujet tabou.

Pourtant, Harald Schumacher, celui qui a un peu démonté Battiston à Séville, en avait dit un mot dans sa biographie. En 1954, dans les vestiaires de l'équipe allemande, championne du monde, on avait retrouvé des ampoules. Les ampoules, on a préféré ignorer ce qu'il y avait dedans. Il y avait de la pervitine.

Bien sûr, le dopage a existé dans le football et l'histoire du dopage dans le football est encore à écrire.

Quand on voit le nombre de matchs auxquels sont astreints les footballeurs, quand on voit l'argent qui est en jeu, pourquoi les clubs d'aujourd'hui se priveraient-ils des méthodes qu'utilisaient les clubs italiens de l'époque... et pas seulement les clubs italiens ?

L'intérêt de ce milieu, où il y a tellement d'argent, ne serait-il pas de faire une omerta sur le dopage dans le football ?

Camus, porte-étendard d'une volonté de liberté absolue

Jeudi 7 novembre 2013

Il y a cent ans, jour pour jour, naissait Albert Camus.

Albert Camus fut longtemps accusé de n'être qu'un philosophe pour classes terminales, comblant un peu le vide existentiel souvent ressenti par les jeunes à l'aube de leur maturité. Paradoxalement, son succès en librairie expliquait cet injuste dédain. Camus était accessible, donc il n'était pas sérieux, philosophiquement et politiquement. On ne peut en effet lui faire le procès d'intellectualisme. Parlant et écrivant simplement, il était irrécupérable.

Il est encore aujourd'hui, pour moi, le porte-étendard d'une volonté de liberté absolue. À son époque, il a été d'ailleurs un des seuls intellectuels français, si ce n'est le seul, à montrer ouvertement qu'on pouvait être un homme libre sans devoir choisir entre le capitalisme occidental comme Raymond Aron, par exemple, ou l'impérialisme soviétique comme Sartre dans les années 50. Trop individualiste pour être de gauche, et trop fondamentalement attaché à l'idée de solidarité pour être de droite. Camus était trop rigoriste pour accepter la médiocrité de l'engagement unilatéral aveugle et simpliste, et trop humain pour se plier à une quelconque raison d'État ou tout simplement à une raison partisane aveugle.

Camus a gagné contre Sartre.

Dans sa volonté absolue de prendre parti, de s'engager, Jean-Paul Sartre a souvent été aveuglé. Il s'est laissé aller à justifier même les violences, les pratiques politiques les plus inacceptables au nom d'une fin imaginée radieuse. Camus, le non-violent, le libertaire, l'individualiste, militait pour la liberté de tout un chacun. L'homme seul dans un monde qui lui était étranger, Camus est resté un étranger pour toutes les familles politiques. Il a su garder sa liberté d'agir, une action qui ne s'encombrait pas d'explications idéologiques, souvent nébuleuses.

Et si Snowden était le Sisyphe moderne ? Un homme seul, dénonçant une volonté quasi paranoïaque de surveiller et de contrôler.

Camus se méfiait de la raison d'État invoquée pour justifier les politiques les plus condamnables. Snowden nous prouve à quel point Camus avait raison.

Je le redis : en hommage à Albert Camus, la France, l'Europe s'honoreraient en accordant le droit d'asile à Snowden, ce Sisyphe moderne.

2013 n'est pas 68

Vendredi 8 novembre 2013

Quand la France se fâche, on ne manque pas de me demander s'il ne s'agirait pas de signes avant-coureurs, pareils à ceux que j'ai connus en d'autres temps.

J'ai malheureusement cassé ma boule de cristal, et je ne suis pas Madame Soleil. N'oublions pas que quinze jours avant Mai 68, le directeur du *Monde*, Pierre Viansson-Ponté, pondait un édito mémorable, où il fustigeait la torpeur de la société française, rien ne bouge, la France s'ennuie. Depuis, à chaque mouvement social, en France, pour ne pas faire la même erreur, on invoque le spectre de 68, les uns pour se faire peur, les autres par jubilation précoce.

Aujourd'hui, on assiste à autre chose. En 1968, la jeunesse voulait bouger le monde et se fondait dans un mouvement qui était un mouvement planétaire. Aujourd'hui, j'ai l'impression de vivre quelque chose de régressif. Prenez l'exemple des Bonnets rouges. Les Bonnets rouges, c'est une manifestation où on essaie d'invoquer un passé pour changer le présent. Sous les Bonnets rouges se cachent et s'unissent des mécontents très différents et souvent concurrents.

Il est évident que la France profonde souffre. La juxtaposition des crises financière, économique, écologique plonge la société française dans un grand désarroi. Comme si, finalement, il fallait en arriver à retrouver une France qui étofferait une stabilité même si elle était imaginaire.

Prenez, par exemple, le clip hallucinant de Montebourg, « La France se réinvente », où le don Quichotte de la lutte contre la mondialisation réinvente la France en Hexagone gaulo-pompidolien où tous les éléments négatifs ayant provoqué la crise viennent de l'étranger.

C'est la responsabilité du gouvernement de sortir la France du marasme, mais pas avec des politiques industrielles du passé. La crise de la Bretagne résulte d'une industrialisation agricole folle qui explose, se cogne violemment contre le mur de la mondialisation. Aider bien sûr, soutenir oui, mais promouvoir une autre politique économique, agricole et industrielle soutenable et durable.

La nostalgie est mauvaise conseillère.

Un parfum de nostalgie

Lundi 11 novembre 2013

En ce jour de l'armistice de 1918, il y a des moments historiques, des images, qui ne me lâchent pas.

Par exemple, celle du chancelier allemand, Willy Brandt, le 7 décembre 1970, à genoux devant le Mémorial du ghetto juif de Varsovie. Ou bien, évidemment, celle du 22 septembre 1984, où Helmut Kohl et François Mitterrand se recueillent, main dans la main, au cimetière de Douaumont. C'est d'ailleurs le correspondant de l'époque, de la première chaîne allemande, Ulrich Wickert, qui m'a raconté l'histoire de cet événement fulgurant. Les deux hommes d'État sont devant une tombe. Il y a un long silence. Puis le son des trompettes envahit l'espace. Ils sont seuls face à l'Histoire. Insoutenable pression qui a poussé le président français, presque inconsciemment, peut-on dire, à chercher une main de soutien pour échapper à la solitude. Le chancelier allemand, soulagé par ce geste, lui-même ému aux larmes, a saisi la main tendue. Ainsi le Français, qui a combattu pendant la Seconde Guerre mondiale, donne la main à l'Allemand qui a perdu son frère dans cette même guerre monstrueuse. Le poids de l'Histoire, peut-on dire, le choc du moment. Mais ce sont ces gestes non prémédités qui marquent l'Histoire parce qu'ils sont spontanés, émouvants, et donc profondément sincères.

Il reste que le Français et l'Allemand doutent l'un de l'autre.

L'Allemagne forge sa confiance dans la force de son économie, parfois d'ailleurs avec arrogance. La France masque à peine son inquiétude en se refusant à toute réforme nécessaire.

Un rappel des grandes étapes mythiques de l'amitié franco-allemande après 1945 ne peut résoudre les problèmes politico-psychologiques actuels. Et pourtant... J'ai l'intime conviction que la force symbolique de l'histoire de ce rapprochement dédramatise les déceptions momentanées. La vie des peuples se nourrit aussi de moments magiques comme, par exemple, le discours en allemand du général de Gaulle sur la grande place de Bonn, le 4 septembre 1962.

Intuitivement, aujourd'hui, Français et Allemands savent que ce n'est qu'ensemble qu'ils pourront dans l'avenir jouer un rôle prépondérant sur la scène mondiale. Et même si l'actualité politique les divise momentanément, l'Histoire moderne pousse ces deux peuples jadis ennemis héréditaires, nous le savons, à s'unir pour bâtir ensemble un avenir solidaire qui permettra de soutenir le choc d'une mondialisation débridée. Et cela, la main dans la main.

La présidence européenne dès maintenant

Jeudi 14 novembre 2013

Les élections européennes, c'est dans pile six mois, mais les grandes manœuvres ont déjà commencé.

La bataille pour la future présidence de l'Union européenne se joue en ce moment même et chacun cherche son candidat. Le Parlement européen a décidé que les familles politiques européennes devraient présenter des candidats pour la future présidence de la Commission. Donc, toutes les familles politiques jouent au petit jeu du « *Who are the best ?* », « Qui est le meilleur ? ».

Les Verts européens font une primaire ouverte, par Internet. José Bové est un des candidats. Tout le monde sait que le président actuel du Parlement européen, Martin Schulz, est candidat. Il est socialiste et le parti socialiste allemand négocie, en fait, un gouvernement de cohabitation avec la droite allemande. Michel Barnier, UMP, est candidat de l'UMP, du Parti populaire européen, et en même temps il défend des positions à la Commission du gouvernement français socialiste d'aujourd'hui. On va donc se retrouver face à une situation peut-être assez drôle : la conservatrice, Mme Merkel, va soutenir un Allemand, Martin Schulz, socialiste, et le socialiste François Hollande – enfin socialiste, on ne le remarque pas toujours... – va soutenir le candidat de l'UMP. C'est-à-dire qu'on sera à fronts renversés.

Depuis le début, la construction européenne a cherché à surmonter le clivage traditionnel droite-gauche. Vous aviez la démocratie-chrétienne et les socialistes qui ont construit l'Europe. Puis sont arrivés les Verts, les communistes, etc., et c'est vrai que chaque loi au Parlement européen, chaque directive, doit trouver sa majorité. Donc, c'est normal qu'aujourd'hui il y ait en même temps des sensibilités différentes qui obligent le Parlement européen à rééquilibrer en permanence sa politique.

Oui, l'Europe doit se faire par compromis, mais ça doit se faire dans la transparence. Ce n'est pas toujours le cas. Et il faut dire que l'opposition droite-gauche dans les pays, ce n'est pas toujours jojo.

La politique européenne ne peut être qu'un compromis permanent qui n'est pas toujours compatible avec la transparence.

C'est un vrai problème.

Le moral des Français a le plomb

Vendredi 15 novembre 2013

Le foot, ça ne va pas; l'économie, ça ne va pas; les Français doutent des politiques et le moral, ils l'ont au fond de leurs chaussettes.

Je ne veux pas retourner le couteau dans la plaie, mais la défaite de Kiev va plomber le moral des supporters des Bleus. Les sondages présidentiels plombent le moral du président et de la majorité. En fait, les oppositions, qu'elles soient radicalement de gauche (même si j'avoue que je ne sais pas vraiment ce que cela signifie), de droite ou d'extrême droite, ne sont pas à la fête non plus. Les mêmes sondages nous expliquent que la majorité des Français n'ont guère confiance en eux. Partout, la sinistrose gagne du terrain. La grisaille de l'automne annonce un hiver politique et social particulièrement déprimant pour la société française et les politiques. Le courant ne passe plus. Sûrement que la réforme des rythmes scolaires a été mal préparée, mais la grande majorité des chercheurs, des responsables politiques, des associations de parents d'élèves savent et expliquent que cette réforme est nécessaire. Le front du refus se consolide, tout le système fiscal est à revoir, la maladresse, le manque de lucidité, et de pédagogie, renforcent le même front du refus. Oui, les Français se retrouvent dans un non franc et massif, pour paraphraser de Gaulle, qui ne raconte aucune histoire. En fait, j'ai l'impression qu'en fin de compte, par leur refus de toute réforme, hier, aujourd'hui et demain, en prétendant toujours que ce n'est pas la bonne, les Français sanctuarisent le statu quo. Ironie de l'histoire, ils misent sur l'immobilisme pour sortir de la crise. J'avoue que cette sinistre paralysie du corps social m'inquiète.

À partir du moment où toutes les révoltes actuelles expriment des revendications sectorielles même si elles sont justifiées, elles ne sont pas porteuses d'avenir. Les Bonnets rouges, par exemple, je le répète et je signe, surfent sur une vague de mécontentement qui me rappelle le mouvement des casseroles au Chili contre le président socialiste Allende qui a d'ailleurs ouvert la porte au putsch militaire. Aucune idée, aucune force politique ne semble capable de rassembler. Le front du refus complètement balkanisé en revendications corporatistes est lui-même à l'image du monde politique qu'il conteste. Non, ce n'est pas d'un sauveur suprême que la France a besoin, d'un autoritarisme normatif et antidémocratique, mais d'une lueur d'espoir. Les réformes pour sortir de la sinistrose nécessitent une volonté de rassembler dans l'intérêt général une autorité intellectuelle qui légitime l'effort collectif et le dialogue permettant d'imposer des mesures prioritaires.

Je vais vous avouer quelque chose. C'est bête, mais je suis intimement convaincu que l'opposition droite-gauche telle qu'elle détermine la politique française aujourd'hui ne rime vraiment pas à grand-chose.

Le Conseil des droits de l'homme – *Viva Zapata !*

Lundi 18 novembre 2013

L'info est passée totalement inaperçue.

L'Arabie saoudite, la Chine, la Russie et Cuba viennent de faire leur entrée au Conseil des droits de l'homme de l'ONU.

J'imagine déjà ce magnifique bal des hypocrites.

Le délégué saoudien nous expliquera pourquoi les femmes n'ont pas le droit de conduire ni les petites filles de faire du vélo. Le diplomate chinois pérorera sur l'inutilité de la liberté syndicale. Le ministre cubain voudra nous convaincre que la politique d'alphabétisation menée par son gouvernement est plus importante que la liberté d'expression. (Savoir lire et écrire pour ne pas s'en servir librement, il fallait y penser.) Puis, le grand moment attendu, l'intervention de l'émissaire de M. Poutine qui nous expliquera que les Pussy Riot, les militants de Greenpeace, les dissidents, les opposants en général ne sont que des agents de l'étranger voulant saboter l'État de droit russe.

L'objectif déclaré du Conseil des droits de l'homme, c'est d'aborder les situations de violation des droits de l'homme et d'émettre des recommandations à leur encontre.

Viva Zapata, caramba !

À quoi rime l'entrée de l'Arabie saoudite, de la Chine, de la Russie et de Cuba au Conseil des droits de l'homme de l'ONU ?

Cela relève de la realpolitik, me direz-vous.

Donc, le marché est roi.

Poutine et l'Arabie saoudite mènent le bal du pétrole et du gaz, la Chine, celui du commerce international et le tour est joué.

Obama s'empêtre dans ses contradictions et son gaz de schiste.

L'Europe, bouleversée par la crise, incapable de sortir la tête de l'eau, s'amuse à se faire peur avec la montée de l'euroscepticisme.

L'alliance des gouvernements autoritaires et antidémocratiques ne pense qu'à en profiter.

Je persiste et signe : la liberté et la démocratie sont les deux mamelles de l'État de droit et, que cela plaise ou pas, la démocratie n'est pas une marchandise.

La disparition de Doris Lessing

Mardi 19 novembre 2013

Doris Lessing est morte.

J'en suis triste.

J'ai fait la connaissance de cette femme en 1963. J'avais presque dix-huit ans et je me suis lié d'amitié avec son fils, Peter, dans un internat en Angleterre où j'ai passé six mois.

Chaque fois que j'allais chez eux, que ce soit dans le cottage à la campagne ou dans leur appartement de Londres, Doris Lessing m'accueillait chaleureusement. Elle discutait de tout. Elle aimait écouter et savoir ce que nous, les jeunes, on pensait ou ressentait. Des années plus tard, de passage à Francfort, elle a dîné chez nous. Je vivais en communauté avec huit personnes. Curieuse, elle voulait savoir comment cela fonctionnait. Nous avons eu de longues discussions, de nouveau, sur le communisme. Dans *Le Carnet d'or*, elle avait réglé son compte au communisme, mais elle voulait savoir si l'on pouvait sauver l'idée de l'émancipation collective tout en enterrant le communisme. Le lendemain, elle a accepté de discuter avec une trentaine de femmes dans une librairie féministe. Toute la soirée, elle s'est défendue d'être l'égérie du mouvement des femmes. Son leitmotiv : Je raconte le combat de femmes pour leur autonomie, leur liberté, leur indépendance, mais je ne combats pas les hommes.

« J'aime trop les hommes », disait-elle. Toute la personnalité de Doris Lessing est dans cette phrase. Une femme critique, réaliste, toujours en révolte, qui refusait la facilité intellectuelle.

Doris Lessing était une anticonformiste qui détestait la récupération idéologique. Au contraire de Simone de Beauvoir, elle ne voulait faire la leçon à personne. Elle vivait son indépendance. Femme autonome, elle cherchait une relation ouverte, émancipée avec l'autre, homme ou femme. Pour elle, la vie ne devait pas être seulement un combat permanent, mais aussi la recherche de sensualité et d'amour.

D'ailleurs, si vous voulez comprendre Doris Lessing, allez voir le film *Perfect Mothers*, adapté de son roman *Les Grands-mères*. Deux femmes mûres, mères, vivant une aventure sexuelle et amoureuse avec le fils de l'autre. Dans une interview, Doris Lessing répondait avec le sourire : « Malheureusement, je n'ai pas vécu une telle aventure. Quelqu'un m'a raconté une histoire similaire. » Tout en refusant tout discours simplificateur sur les relations entre les hommes et les femmes, elle n'a cessé de les thématiser.

« Vivre sa vie en tant que femme libre est le meilleur cadeau que l'on puisse faire aux hommes. » Voilà l'héritage possible de la pensée de Doris Lessing.

Palestine, un discours raisonnable ne suffit plus

Mercredi 20 novembre 2013

Au cours de son voyage au Moyen-Orient, François Hollande a été tout à fait à la hauteur. Politiquement clair, et bien préparé, il a trouvé les mots justes pour parler aux Israéliens et aux Palestiniens. Il a su rassurer l'opinion politique israélienne sur l'Iran en définissant les bases d'un accord possible qui ne soit pas un leurre. La France prend au sérieux la menace nucléaire. Mais en même temps, en demandant la fin de la construction de colonies dans les territoires occupés pour donner une chance aux négociations avec les Palestiniens, il a fait preuve de lucidité politique. Enfin, à Ramallah, il a défendu l'idée que Jérusalem soit aussi la capitale du futur État palestinien. Un sans-faute politique, une prudence diplomatique, et une véritable empathie pour les deux peuples. Ainsi la France, justement représente par son président François Hollande, a bien joué son rôle de médiateur.

Néanmoins, un discours raisonnable ne suffit plus. Il faut faire comprendre aux Israéliens et aux Palestiniens qu'ils doivent limiter leurs rêves. Dans les rêves sionistes, il n'y a aucune raison que Hébron ou Ramallah, villes palestiniennes, ne fassent pas partie de l'État hébreu. Comme Tel-Aviv ou Haïfa. Et dans le rêve palestinien, Haïfa et Tel-Aviv, villes israéliennes, sont, comme Hébron et Ramallah, à reconquérir. Mais aujourd'hui, nous ne vivons plus dans le passé ou aux temps bibliques. Le droit international, tel qu'il est défini par l'ONU, doit être la base, le point de départ d'un accord de paix. Limiter le rêve sioniste et palestinien, voilà la condition de pouvoir enfin vivre en paix. Faire comprendre aux uns et aux autres que la paix demande des sacrifices. Oui, les Israéliens doivent se retirer des territoires occupés, démanteler la grande majorité des colonies. Oui, les Palestiniens doivent comprendre qu'il n'y aura pas de retour massif des réfugiés. Voilà pourquoi la paix est si difficile à conquérir dans cette région du monde qui l'a pourtant tant méritée. Joie et sacrifice, espoir et crainte se chevauchent en permanence. J'avoue que ce n'est pas facile d'accepter que pour conquérir la paix et la dignité, les deux peuples doivent accepter la dure réalité du partage. Sinon, au bout du compte, l'autorité palestinienne va mettre la clé sous la porte, ils n'en peuvent plus. Israël et Palestine deviendront un État, le grand Israël, 50 % de Juifs, 50 % de Palestiniens musulmans. Voilà ce qu'annonce la démographie. Alors, les Palestiniens se battront pour l'égalité des droits. Un citoyen, une voix. Le Grand Israël signifie alors la fin de l'État hébreu ou le début de l'apartheid. Cette perspective ne peut être qu'un cauchemar pour les uns et les autres.

Qui peut, qui va faire comprendre cela aux Palestiniens et aux Israéliens ?

Malala reçoit le prix Sakharov, un moment magique

Jeudi 21 novembre 2013

Il y a des moments, dans la vie, où vous avez instantanément conscience que vous êtes en train de vivre un événement magique. Quand la petite Malala Yousafzaï est entrée dans le grand hémicycle où siègent les 750 députés européens, coiffée d'un joli foulard jaune, laissant dépasser sa crinière noire, mes collègues et moi avons été instantanément subjugués.

Le prix Sakharov 2013 pour la liberté de l'esprit a été décerné à cette jeune militante pakistanaise qui se bat pour l'éducation et surtout le droit à l'éducation à l'école pour les filles. Son allocution, simple, directe, va droit au cœur. Elle est originaire d'une vallée du nord du Pakistan, région dominée par les talibans entre 2008 et 2009. Très jeune, elle décrit dans un blog la vie sous les talibans. En 2012, elle est victime d'une tentative d'assassinat. Depuis, elle est devenue le porte-drapeau de la lutte contre le fanatisme religieux des talibans. Pour eux, les femmes, les filles doivent rester à la maison. Jamais la crédibilité, la douceur, la conviction d'une personne ne se sont exprimées avec une telle force de persuasion dans l'hémicycle strasbourgeois. Son message : « Je me bats, je me battrai toute ma vie pour le droit à l'éduction de tous les êtres humains. » Debout, certains comme moi les larmes aux yeux, les députés de toutes les familles politiques ont ovationné pendant de longues minutes Malala Yousafzaï.

NOVEMBRE 2013

Les droits de l'homme sont, à des degrés différents, mal en point par les temps qui courent. L'intégrisme religieux, quel qu'il soit, terrorise femmes et enfants. Le fanatisme politique tue. L'autoritarisme de certains systèmes politiques étouffe les libertés. Et même dans nos démocraties, nous avons certaines difficultés à respecter nos minorités. En Russie, on emprisonne et interdit l'expression de « toute opposition ». En Arabie saoudite, des femmes luttent pour le droit, on croit rêver, à conduire une voiture, et les jeunes filles à faire du vélo. En Chine, des prisonniers de conscience sont victimes de prélèvements forcés d'organes. Tous les jours, on assassine entre 10 et 30 prisonniers pour accomplir des milliers de transplantations. En Europe, les réfugiés noyés dans la Méditerranée nous accusent quotidiennement. Et, à en croire les ennemis de la liberté, toutes tendances confondues de par le monde, l'homosexualité est le mal absolu qu'il faut éradiquer.

Puisse une héroïne comme Malala réveiller nos consciences, car la liberté ne pèse rien dans une balance commerciale.

Platon La Gaffe et Jean-Karl Marx

Vendredi 22 novembre 2013

Je suis tombé un peu par hasard sur cette BD intitulée *Platon La Gaffe*.

Un étudiant, Kevin Platon, fait un stage dans une entreprise de services et de communication dont la fière devise est : « Un service, des cerveaux ». (Non, non, il ne s'agit pas d'Europe 1.)

Vous allez tout de suite comprendre.

Tous les employés sont des grands philosophes. Kevin Platon, judicieusement mis en scène par la plume du dessinateur Jul, passe de département en département pour découvrir sa nouvelle boîte. Évidemment, chaque rencontre avec ses collègues sert de prétexte pour de succulents sketchs. De Foucault, le responsable de la vidéosurveillance, à Nietzsche, le DRH, en passant par Montaigne, en période d'essai, par Jean-Karl Marx, infographiste et évidemment délégué syndical CFTC, ou par Sade, responsable des fournitures, et Bourdieu, le créatif.

Bref, notre stagiaire explore le monde du travail, version philo. Et c'est là où cette BD est assez géniale. D'un côté, les pages dessinées par Jul où Platon découvre au fil des rencontres les vicissitudes du boulot. D'un autre côté, sous la plume de Charles Pépin, une réflexion satirique et philosophique sur le travail. Le délire de Jul et la précision de la réflexion de Pépin, un cocktail savoureux et décapant. Avec cette BD, vous allez adorer les philosophes et la philosophie. Dans un couloir, on croise Voltaire et Rousseau qui se disputent, tandis que Derrida, le déconstructeur, est en train de réparer la photocopieuse. Descartes médite aux toilettes et Kierkegaard, l'austère penseur danois, est relooké en Ch'ti.

La BD n'est plus seulement un divertissement ou un loisir pour enfants, ça devient de plus en plus un moyen d'expression, y compris pour les intellectuels. Certaines BD deviennent de véritables essais politiques. Je prends l'exemple de *Saison brune*, de Philippe Squarzoni, un excellent docu-BD, qui traite de l'état de nos connaissances en matière de changement climatique. Il tient à la fois du roman graphique, du documentaire scientifique, d'un *storyboard* de cinématographie et d'une réflexion philosophique. Aujourd'hui, la BD s'impose de plus en plus dans le panthéon de la réflexion contemporaine.

Rappelez-vous *Persepolis*, ce long métrage d'animation qui s'inspire de la BD autobiographique de Marjane Satrapi. Ce film nous raconte l'histoire d'une petite fille, d'une adolescente en Iran, et de ses déboires en Europe. Il reste une des plus fortes réflexions sur la République islamique.

Adultes blasés, les fêtes de fin d'année arrivent, découvrez les nouvelles BD, videz votre livret A, ça vous fera du bien.

« Si tu ne supportes pas la chaleur, sors de la cuisine »

Lundi 25 novembre 2013

Depuis hier, Jean-Marc Ayrault est à la manœuvre sur sa réforme de la fiscalité. Il a commencé par recevoir les syndicats, il va poursuivre ses entretiens toute la semaine. Aujourd'hui, alors qu'il prend les choses en main, le voilà critiqué par les membres de son propre gouvernement, et même, semble-t-il, par François Hollande. C'est agaçant.

Pendant la campagne présidentielle, François Hollande a promis une grande réforme fiscale, *la* grande réforme fiscale ! Depuis son élection, ses tentatives pour essayer de changer les choses ont échoué. À son tour, Jean-Marc Ayrault a décidé de s'attaquer à cet énorme chantier. Et tout d'un coup, tous ceux qui lui reprochaient de ne rien décider, de ne pas avancer, d'être trop mou, de faire trois pas en avant mais quinze en arrière, hurlent : « Attention, casse-gueule, ça va être difficile, la grande réforme fiscale, fais attention à ceci... et puis, si tu ne te mets pas d'accord avec les syndicats, ils vont te tomber dessus... si tu ne te mets pas d'accord avec le patronat, ils vont te tomber dessus... » Eh bien, je dis ce que j'ai déjà dit sur cette antenne : si tu ne supportes pas la chaleur, sors de la cuisine. Oui, effectivement, être Premier ministre, c'est la chaleur. Jean-Marc Ayrault a raison. Il faut une grande réforme fiscale. Et d'ailleurs, on le voit dans tous les grands pays européens. La réforme fiscale, c'est la clé de la stabilisation économique, et de la relance économique. Donc, dans ces conditions, il a raison. Maintenant, est-ce qu'il va y arriver ? Parce qu'il faut que les syndicats jouent aussi le jeu. Il faut que le patronat joue le jeu. La réforme fiscale, ce n'est pas simplement le gouvernement, ce sont toutes les forces politiques, les forces syndicales, sinon la France va s'enliser dans la crise et la situation va empirer.

Pourquoi François Hollande ne soutient-il pas son Premier ministre dans ce dossier si important ? Il croit probablement préférable de laisser cramer son Premier ministre jusqu'aux européennes. Puis il nommera Manuel Valls, car s'il était nommé avant les européennes qui seront difficiles pour les socialistes, il serait cramé avant de commencer. C'est d'une petitesse idéologique et politique que je ne comprends pas de la part de François Hollande.

Tout le monde sait que la France doit avancer. Je le dis à Jean-Marc Ayrault : « Marco, vas-y, et si tu as besoin d'idées, j'en ai quelques-unes. Abandonne Notre-Dame-des-Landes, ce n'est pas important pour la France aujourd'hui. Bouscule tout le monde. Introduis la fiscalité écologique pour éviter de renforcer les charges sur le travail. Il faut baisser la taxation sur le travail. Fais comprendre à François Hollande que ce n'est pas en attendant qu'il arrivera à résoudre la crise. Il te sera reconnaissant si tu l'as bousculé. Il en a besoin. Il en a envie. Allez, vas-y, Marco, c'est ton heure. »

Un petit mot sur Lucien Neuwirth, qui vient de nous quitter à l'âge de quatre-vingt-neuf ans. Neuwirth a vraiment été un des piliers de l'émergence de la révolte des années 60 car la pilule a libéré des milliers et des milliers et des milliers de jeunes filles. C'était un homme d'une honnêteté incroyable, un grand résistant, un de ces grands gaullistes dont l'UMP aurait bien besoin aujourd'hui.

Le pari de la lucidité

Mardi 26 novembre 2013

Ce matin, je fais le pari de la lucidité.

Commençons par le climat et donc la conférence de Varsovie. Personne n'en attendait grand-chose, les grandes ONG avaient claqué la porte et tout semblait dit. Eh bien non. Deux avancées importantes ont marqué la fin de la conférence. Jusqu'à présent, la planète était divisée en deux blocs. Les nations industrielles d'un côté et, de l'autre, les pays en voie de développement et les 43 pays les plus pauvres. Eh bien, à Varsovie, pour la première fois, les 43 pays les plus pauvres se sont désolidarisés de la Chine, du Brésil et d'autres, reconnaissant que la charge pour la réduction de CO_2 ne repose pas simplement sur le dos des pays les plus industrialisés. Et deuxièmement, le fond de solidarité contre les catastrophes climatiques a été étoffé et reconnu comme une conséquence du réchauffement climatique. Ainsi, tout va se jouer à Paris et tout le monde le sait : « Impossible n'est pas français. »

Venons-en à l'accord avec l'Iran. Oui, oui, oui, il est historique. Tout le monde le dit. D'accord. Sauf les Israéliens. Pourquoi ? Parce que les négociateurs ont six mois pour enfin sortir l'Iran de son isolement dangereux. Élu pour en finir avec les sanctions qui plongent ce pays dans la pauvreté, le président Rohani n'avait pas le choix, il accepte des contrôles quotidiens et la réduction de l'enrichissement d'uranium, mais rien n'est réglé. Et sûrement le plus dur, et le plus difficile, reste-t-il à faire. Un responsable d'un groupe de réflexion américain résume parfaitement ce qui nous attend : les négociations à venir vont être un défi à tous les sentiments, les conceptions, les idéologies et les émotions qui se sont cristallisés aux États-Unis, en Europe, en Russie, et bien entendu en Iran et en Israël, depuis des décennies.

Je ne suis pas naïf. La partie est très difficile. On allège un peu les sanctions et, comme au poker, on veut que les Iraniens montrent leur jeu. Même si je suis contre le nucléaire civil, c'est aux Iraniens de décider de leur mix énergétique. Ils doivent, par contre, respecter le traité de non-prolifération de l'arme nucléaire. Le président Rohani sait qu'il aura peut-être besoin du peuple iranien dans la rue pour faire plier ses jusqu'au-boutistes. De fait, l'Iran aujourd'hui est reconnu en tant que puissance régionale et doit maintenant prendre ses responsabilités, en désarmant idéologiquement et militairement. L'Iran peut prendre toute sa place dans la résolution des conflits dans toute la région, Irak, Syrie et Palestine. Il faut féliciter la diplomatie européenne. Mme Ashton en tête, que j'ai pourtant souvent critiquée. Toujours présente à Téhéran, quand il le fallait, elle a permis au président Rohani et à son ministre des Affaires étrangères, Mohammad Zarif, d'imposer à l'ayatollah Ali Khamenei la stratégie des négociations. Oui, quand on négocie, on prend des risques. Mais quand on ne négocie pas, on en prend d'autres. Franchement, la fenêtre est entrouverte. Et c'est une bonne nouvelle. Que les diplomates continuent avec lucidité et intelligence et le règlement du conflit iranien a une chance.

Pas mal, non ?

Le crime était presque parfait

Mercredi 27 novembre 2013

Philippe Varin, après avoir passé cinq années à la tête du groupe PSA, a renoncé à toucher les 21 millions d'euros prévus pour sa retraite. Le sacrifice est de taille même si (selon *Le Figaro*, mon journal de référence en la matière) il a touché 3,3 millions d'euros en 2011 et seulement 1,3 million d'euros en 2012, ayant renoncé à la part variable de son salaire, vu les difficultés de l'entreprise. En s'asseyant sur d'aussi monstrueux avantages, M. Varin a fait preuve d'un grand sens moral.

Laissons la morale de côté, et essayons de comprendre comment nous en sommes arrivés là. Avec la financiarisation de l'économie, dans certains milieux, l'argent n'a plus de valeur réelle. Vous n'existez qu'en vous comparant avec vos pairs. Rappelez-vous Cristiano Ronaldo piquant une crise de gamin gâté en apprenant que Messi gagnait 500 000 euros de plus que lui.

Partant d'un tel état d'esprit, le discours sur l'effort collectif n'est pas seulement hypocrite, mais en plus totalement inaudible. On parle de la responsabilité des patrons, des cadres, de leur efficacité. Mais franchement, comment mesurer réellement la valeur d'un travail ? Un patron vaut trois cents fois plus qu'une infirmière.

Un patron, me direz-vous, n'est pas interchangeable, et dans un marché mondialisé où les postes sont rares, les patrons doivent brandir leur rémunération comme la preuve ultime de leur compétence. Et d'ailleurs, j'ai un scoop : il existe une échelle de Richter internationale comme celle mesurant l'intensité des tremblements de terre, et cette échelle mesure la valeur moyenne du sens de la responsabilité d'un dirigeant d'entreprise. Ainsi, chaque année, à Davos, le gratin définit internationalement le coût de leur valeur sur le marché mondial, retraite et prime comprises.

Soyons sérieux. En période de crise, après la guerre, les États-Unis ont fonctionné avec un impôt travail pouvant monter jusqu'à 90 % de la rémunération. Et pourtant, les États-Unis sont devenus la première puissance économique et je n'ai pas l'impression que, là-bas, la richesse a disparu. Franchement, une échelle des salaires et rémunérations allant de 1 à 30 introduirait un peu de morale et de décence dans un capitalisme financier qui en a bien besoin.

Liberté, égalité, fraternité, cela vous dit quelque chose ? Législateurs de tous les pays, unissez-vous et encadrez-moi tout ça.

La presse française va mal

Jeudi 28 novembre 2013

La presse va mal. *Libé* va très mal et quand un journal comme *Libération* plonge, ça fait plus que de me chagriner. J'en suis malade. Parce que *Libé*, c'est aussi mon histoire, ma famille au sens large du terme. Nous avons partagé des fulgurances politiques, des erreurs bien sûr – pas toujours les mêmes –, mais pour moi, *Libé*, c'est plus qu'un journal. C'est un événement culturel quotidien. D'accord, d'accord, toute la presse souffre. Les hebdos comme les quotidiens. *Le Nouvel Observateur* vient d'ouvrir pour la première fois de son histoire un guichet « départ ». *Le Monde* se bat et se recapitalise à tour de bras. La vente des hebdos, des news hebdos, a baissé de près de 20 %. En fait, seuls arrivent à survivre les titres adossés à de grands groupes financiers ou portés par de richissimes mécènes qui s'offrent ainsi une danseuse pour épater la galerie, ou simplement se procurer une couverture politico-culturelle. En Allemagne, un hebdo comme le *Spiegel*, qui vendait près de un million d'exemplaires il y a une dizaine d'années, doit se contenter aujourd'hui de la moitié.

Les quotidiens, les hebdos tentent bien de redéfinir leur projet commercial dans un monde qui bouge en permanence, mais la crise accentue les difficultés du fait que la publicité ait pris une telle importance dans le montage financier des entreprises de presse écrite, comme d'ailleurs dans le montage financier de toutes les chaînes radio, télé, privées ou publiques.

Le monde change. Avec nos ordinateurs et nos iPhone, nous consommons l'information minute par minute. Et c'est vrai que l'émergence sur le Web de nouveaux médias, de nouvelles niches d'informations, comme *Mediapart*, *Huffington Post* ou *Rue 89*, témoignent d'un riche pluralisme culturel moderne. Mais je l'avoue, je suis un conservateur vieux jeu. J'aime, le matin, avec mon café et un croissant, le papier qui noircit les doigts.

La presse quotidienne, c'est un temps de réflexion. Un journal ne réagit pas seulement à l'info, il va la chercher, il doit expliquer notre quotidien, nous rendre le monde accessible. Et il y a des expériences très intéressantes. L'*Evening Standard* de Londres, qui perdait des millions, est devenu un grand quotidien du soir gratuit, avec la même rédaction et le même projet, et gagne depuis deux ans de l'argent. En Allemagne, un titre comme le *Tageszeitung-Taz* s'est organisé en coopérative. Aujourd'hui, avec plus de 50000 abonnés, il fait mieux que survivre. L'avenir est peut-être au quotidien sur le Web, qui paraîtrait une ou deux fois par semaine version papier. Le *New York Times* réussit son pari sur le Web parce qu'il ramasse des abonnements de par le monde. Bref, ne nous laissons pas aller à la facilité de l'immédiat. Nous avons besoin de la presse. La démocratie a besoin d'une presse écrite, vivante, critique et insoumise idéologiquement.

Allez, bonne chance, *Libé*.

Halte à la bataille droite-gauche

Vendredi 29 novembre 2013

Avant les élections législatives, Merkel et les libéraux voulaient reconduire leur coalition tandis que les sociaux-démocrates et les Verts espéraient conquérir la majorité.

Les électeurs allemands en ont décidé autrement et ont forcé les partis politiques à chercher d'autres solutions.

Hier, le parti de Mme Merkel et les sociaux-démocrates ont paraphé un contrat de coalition, à l'allemande. Ce compromis politique devrait satisfaire une majorité des Allemands car il permet à Angela Merkel de former son troisième gouvernement, et, en même temps, il intègre une dimension sociale voulue par les électeurs, comme un salaire minimum, un coup de pouce pour les petites retraites des personnes âgées, la double nationalité pour réparer une injustice faite aux enfants d'émigrés nés en Allemagne, booster les énergies renouvelables, et le tour est joué.

Aucun des deux partis ne voulait a priori de cette grosse coalition, mais ils respectent le vote des électeurs.

Malheureusement, un black-out total en ce qui concerne la politique européenne ternit cet accord. L'ex-chancelier Helmut Schmidt, SPD, et l'ex-ministre des Affaires étrangères, Joschka Fischer, Verts, n'ont d'ailleurs pas manqué de fustiger ce manque d'imagination européenne, imagination pourtant si nécessaire à leurs yeux.

Parallèlement, en Hesse, une région du centre de l'Allemagne, droite et Verts viennent de décider de tenter de construire une majorité ensemble. Oui, le paysage politique outre-Rhin tremble. La politique allemande se recompose et laisse parfois pantois ceux qui ne se reconnaissent que dans les clivages gauche-droite.

Nous avons une nouvelle donne.

Je reconnais que le rituel gauche-droite à la française me tape sur le système.

Si ce gouvernement veut vraiment réussir sa grande réforme fiscale dans l'intérêt des Français, s'il veut réduire la pression fiscale sur le travail sans affaiblir la capacité d'intervention de l'État, il faut que, dans l'Hexagone, tout le monde se fasse à l'idée de l'émergence d'une grande coalition à la française, gauche-droite, centre, Verts, syndicats, patronat.

Il faudra bien que tout le monde gravisse le dur chemin de croix du compromis.

Rouge, bleu, orange, vert ne symbolisent pas des vérités politiques intangibles, mais des propositions politiques que l'on peut mélanger à l'infini.

Vive le patchwork politique.

Qu'émergent de nouvelles majorités recomposées.

Avant Noël, on a le droit de rêver

L'impôt a mauvaise presse mais reste la base de la solidarité

Lundi 2 décembre 2013

Front de gauche à Paris, Bonnets rouges en Bretagne, camionneurs un peu partout, les Français manifestent.

Contre quoi ? L'impôt.

À Paris : Vive la révolution fiscale et à bas la TVA.

En Bretagne : À bas l'impôt imposé par Paris.

Sur les routes : Abolissez l'écotaxe.

Le ras-le-bol fiscal est en marche. Patrons, syndicalistes, ouvriers, employés, boutiquiers, paysans, chômeurs... tous ensemble, tous, tous, tous. L'impôt a mauvaise presse.

Bref, chacun cible son impôt détesté. Les uns veulent faire payer les plus riches. Les autres les entreprises, qui elles-mêmes se plaignent de crouler sous le poids des taxes. La crise s'installe durablement dans toutes les mentalités.

Et pourtant, comment payer l'éducation, la protection sociale, la relance économique, la police, les hôpitaux, les routes, les transports en commun ? L'impôt est la base de la solidarité citoyenne, qu'elle soit nationale ou européenne.

J'ai parfois l'impression que nous sommes tous masochistes.

Les socialistes ressortent la TVA sociale, une idée de Sarko qu'ils avaient caricaturalement dénoncée quand ils étaient dans l'opposition. Aujourd'hui, la droite dénonce les mesures fiscales qu'elle avait elle-même préconisées. Par petits calculs politicards et minables – élections municipales et européennes obligent –, on sacrifie la solidarité nationale en espérant en tirer le profit électoral.

Le grand débat fiscal nécessaire, qui est, je le sais, complexe et difficile, mérite mieux que les hurlements et les prises de position opportunistes d'une classe et des partis politiques effrayés par leur isolement dans la société.

Je comprends la rage, l'angoisse, la peur des victimes de la crise. Mais ce n'est pas en défendant un modèle économique et fiscal obsolète que nous nous en sortirons.

Pourquoi ne pas croire qu'il est possible que chacun des partenaires sociaux définisse l'impôt qu'il juge souhaitable et urgent à défendre pour déterminer ensuite le plus grand dénominateur commun sur lequel se construirait l'indispensable compromis ?

Un État sans solidarité, un État sans impôt, n'existe pas.

Mais une société où règne le plus fort, oui.

L'UE décriée à l'intérieur mais enviée en Ukraine

Mardi 3 décembre 2013

Les violentes manifestations qui secouent l'Ukraine depuis plusieurs semaines peuvent nous déconcerter. Alors qu'un certain désenchantement mine l'Union européenne, des dizaines de milliers de manifestants, à Kiev et dans toute l'Ukraine, placent tous leurs espoirs dans un accord d'association avec cette même Union tant décriée de l'intérieur.

Pour beaucoup d'Ukrainiens, l'Europe est une promesse de liberté et de bien-être. Liberté parce qu'ils espèrent qu'en se tournant vers nous, ils desserreront l'étau russe et se protégeront des injustices que génère un système politique autocratique et corrompu. Bien-être parce que l'ouverture des frontières permettrait de faciliter les échanges commerciaux, et surtout une liberté de circulation.

Il est d'ailleurs intéressant d'observer le comportement du président ukrainien, Viktor Ianoukovitch. D'un côté, Dr Jekyll, il se plie plus ou moins volontairement aux pressions de Poutine et refuse de signer en l'état l'accord d'association en laissant sa majorité refuser que Mme Timochenko puisse se faire soigner en Allemagne. D'un autre côté, Mr Hyde, téléphone aux responsables européens pour les amadouer, leur proposer un accord *light*. Mais la spirale de la répression à Kiev démasque cette stratégie. Seulement voilà, une majorité de jeunes Ukrainiens rêve de l'Europe. Alors, ou le gouvernement écrase la révolte et Kiev plongera dans la morosité. Ou le pouvoir cède et cherche une porte de sortie politique.

Pour bien comprendre ce qui se passe là-bas, il faut faire un peu de géographie. L'Ukraine, c'est un pays qui est coupé en deux parties. L'ouest du pays, de Kiev à la frontière polonaise, lorgne vers l'Europe, alors que l'est, plus traditionnel et russophile, tisse des contacts de plus en plus intenses avec la Russie. En fait, le pays ne peut basculer facilement d'un côté ou de l'autre. La menace de répression de Poutine a mobilisé les angoisses dans les campagnes ukrainiennes d'un hiver sans gaz russe, donc sans chauffage. En fait, le président Ianoukovitch se trouve devant un dilemme presque insoluble et c'est pour ça qu'il fuit un peu vers la Chine. Il doit s'entendre avec la Russie et l'Union européenne, créer les conditions de développement d'une économie dynamique tout en répondant aux exigences de liberté d'une majorité d'Ukrainiens. Il lui sera difficile de trouver la solution.

Nous devons donc nous solidariser avec la révolte des Ukrainiens dans la rue sans jeter de l'huile sur le feu. Alors, la solution ? Peut-être des élections anticipées et le peuple ukrainien pourra décider démocratiquement de son avenir.

Le retour politique de Berlusconi

Mercredi 4 décembre 2013

Il ne faut jamais sous-estimer Silvio Berlusconi.

Condamné par la justice italienne, il vient d'être chassé du Sénat par ses pairs.

Il cherche une porte de sortie.

Si un citoyen européen veut se présenter aux élections européennes dans un autre État membre, il doit d'après la directive 109 de 1993 – article 10 – présenter un certificat d'éligibilité dans son pays d'origine (ce qui n'est plus le cas pour Berlusconi). Mais l'article suivant stipule que le pays voulant accepter une candidature peut présenter un recours. Procédure qui peut durer plusieurs années.

Bref, le *Cavaliere* se présente dans un autre pays d'Europe. On lui oppose la directive 109. Il présente un recours et c'est le chaos total en Europe.

Quel pays peut se prêter à cette manœuvre ?

La Hongrie ? Viktor Orbán, droite nationale au pouvoir et fervent supporter du Milan AC, est vraiment très proche de Berlusconi dont le parti a toujours soutenu Orbán dans ses démêlés avec le Parlement européen.

La Bulgarie ? Vous pouvez obtenir la citoyenneté bulgare moyennant un investissement de 511 000 euros.

Malte ? Vous pouvez y acquérir un passeport pour 650 000 euros. De toute façon, un citoyen européen a le droit d'être candidat dans un autre pays membre s'il présente un certificat de résidence d'au moins trois mois.

J'oubliais la Lituanie.

Dans tous ces pays, le parti de Berlusconi, rebaptisé aujourd'hui « Forza Italia », a des partis correspondants qui lui assureraient son élection. Ainsi, Silvio Berlusconi retrouverait une immunité parlementaire et échapperait à la prison ou du moins au service social auquel il a été condamné.

Imaginez la scène. Tout souriant, Berlusconi prend évidemment place au centre du groupe du Parti populaire européen, à côté de Brice Hortefeux, d'Alain Lamassoure, et peut-être même de Mme Morano. De plus, pendant la campagne électorale, UMP, SDU, le Parti populaire espagnol et d'autres partis conservateurs de droite devraient justifier la possible présence de Berlusconi à leurs côtés. Tel un gamin souriant, ayant réussi son coup, celui-ci déambulerait comme un poisson dans l'eau dans les couloirs du Parlement de Strasbourg. Dans ma boule de cristal me permettant d'anticiper l'avenir, je vois les visages consternés de ces nouveaux ex-partenaires politiques, gênés aux entournures, ils ne trouvent pas la parade car le *Cavaliere* est soutenu par des Premiers ministres, comme Viktor Orbán, ou ex-Premiers ministres, comme le Bulgare Boïko Borissov.

D'après les dernières informations, le *Cavaliere* étudie toutes les possibilités pour rester dans le jeu politique.

Vous croyez Berlusconi mort politiquement ?

Détrompez-vous, il a plus d'un tour dans son sac... et des millions à distribuer.

L'euroscepticisme de David Cameron

Jeudi 5 décembre 2013

Il y a à peine un an, David Cameron joignait sa voix à celles des dirigeants européens pour fustiger l'évasion et la fraude fiscales. Après s'être mis en colère contre les start-ups, Apple, Amazon et autre Google qui, d'après certaines estimations, ont fait perdre près de 7 milliards d'euros au fisc anglais, le Premier ministre de Sa Majesté s'est brusquement calmé. Dans une lettre aux responsables européens, il explique pourquoi, dorénavant, il continuera dans l'intérêt de la Grande-Bretagne à protéger les grands trusts. En fait, il protège la City de Londres, grande plaque tournante de la finance et ses dépendances, Jersey, îles Caïmans, île de Man, et j'en passe.

De plus, Cameron a multiplié les courbettes lors de sa dernière visite en Chine. Il a tout simplement proposé un accord de libre-échange avec Pékin remettant en cause un grand nombre de normes sociales et écologiques pour faciliter la chose. Ainsi, au moment où la Commission impose des mesures antidumping à des producteurs chinois de panneaux solaires, il préconise tout simplement de faire tomber toutes les barrières de douane entre l'Europe et la Chine.

M. Cameron se moque de ses partenaires européens. Débordé par sa droite non seulement eurosceptique mais franchement anti-européenne et nationaliste, il manie l'épouvantail d'un possible référendum sur l'Europe avec dextérité.

Qu'il le fasse, son référendum, et le plus tôt sera le mieux.

Cette comédie à chaque Conseil européen (« Retenez-moi ou je fais un malheur, si on ne me suit pas, je serai obligé d'aller au vote ») doit cesser.

Qu'il mette ses menaces à exécution. Comme on dit si bien en anglais : « *Just do it, man, do it.* » Finis les rabais anglais, fini le *opting out*, finie la stratégie du beurre et de l'argent du beurre, ça passe ou ça casse.

Ainsi M. Cameron aura géré deux référendums : la volonté des Écossais à conquérir leur indépendance, et le référendum européen. Le résultat des courses : les Écossais sortent de la Grande-Bretagne et demandent l'adhésion à l'Union européenne. Et l'Angleterre sort de l'Union européenne et demande l'adhésion aux États-Unis, comme cinquante et unième État.

Et voilà, le tour est joué.

Nelson Mandela

Vendredi 6 décembre 2013

Nelson Mandela le disait, le répétait : « Non, je ne suis pas un saint. »

C'était vrai, mais il était animé par une incroyable capacité de réconciliation.

Je paraphraserais Hannah Arendt en disant : « On ne peut pas pardonner l'apartheid, mais il faut savoir pardonner aux hommes. » Et ça, Nelson Mandela l'a fait d'une manière extraordinaire en allant vers ceux qui étaient ses tortionnaires.

Comprendre plutôt que punir, c'est la grande leçon de l'homme politique Mandela.

En écoutant les hommages venus des hommes politiques du monde entier, on a du mal à croire que dans les années 70 et 80, quand Mandela était en prison, de Gaulle et Giscard coopéraient avec le régime de l'apartheid tandis que Ronald Reagan ou encore Margaret Thatcher considéraient que Mandela était un terroriste. On était encore dans les derniers soubresauts de la guerre froide et l'Afrique du Sud était considérée comme un bastion anticommuniste. On acceptait l'apartheid comme le prix à payer dans la lutte anticommuniste et toutes les droites, aux États-Unis et en Europe, ont longtemps soutenu le système.

Mandela a été un réconciliateur extraordinaire, mais il n'a pas été le grand constructeur de la nouvelle Afrique du Sud. Ce n'est pas une critique, mais il faut admettre qu'aujourd'hui l'état du pays n'est pas à la hauteur du rêve de Mandela, ni à celle de l'espoir de tout un peuple.

Au cours des vingt années qu'il a passées au pouvoir, Mandela n'a pas su ou n'a pas pu – ce n'est pas à moi de le juger – faire émerger des personnalités qui auraient été des véritables constructeurs. L'Afrique du Sud mérite mieux que ceux qui sont au pouvoir aujourd'hui.

Joëlle Bourgois, ancienne ambassadrice de France en Afrique du Sud, disait que Mandela travaillait pour le long terme, il a jeté les bases d'un modèle qu'il espérait voir s'épanouir cinquante ans plus tard. Il n'a pas voulu être président, briguer un deuxième mandat même si beaucoup de gens l'ont supplié de le faire pour précisément qu'il construise.

Et pour les gens qui vivent aujourd'hui, le fait est que ça ne va pas très bien en Afrique du Sud. Une personnalité politique, quelle qu'elle soit, se doit de prendre les responsabilités de ce qui arrivera aux générations futures.

Le président allemand boycotte les JO de Sotchi

Lundi 9 décembre 2013

Joachim Gauck, le président allemand, a décidé de ne pas se rendre aux Jeux olympiques d'hiver à Sotchi.

Les sportifs allemands, eux, y seront et vont rafler des médailles.

Vladimir Poutine sera là aussi. Il orchestrera, dirigera, comme à son habitude, les festivités autour de ces Jeux d'hiver. Ce seront les Jeux olympiques les plus onéreux de l'Histoire, 36 milliards d'euros. En comparaison, les Jeux de Vancouver ont coûté, en 2010, 1,4 milliard d'euros. Les régimes autoritaires ou totalitaires se sont toujours servis des Jeux olympiques ou des championnats mondiaux pour s'imposer sur la scène mondiale : Hitler en 1936, l'Union soviétique à Moscou en 1980, boycottée par 50 nations, ou plus récemment la Chine avec les Jeux de Pékin. En réponse à cette instrumentalisation politique, le président allemand a tout à fait raison de boycotter la cérémonie d'ouverture qui ne sera qu'une révérence au tout-puissant et omniprésent Poutine. C'est d'ailleurs ce que beaucoup d'organisations humanitaires et de droits de l'homme avaient demandé à Nicolas Sarkozy et aux autres chefs d'État de faire envers Pékin en 2008.

La famille sportive rêve d'un olympisme généreux et apolitique, mais cette aspiration est en permanence bafouée par certains pouvoirs politiques. Par son geste, le président allemand, ancien dissident et opposant au régime communiste de Berlin-Est, déchire intelligemment ce voile du mensonge. Espérons qu'un autre chef d'État, par exemple François Hollande, le suivra. Ce serait un beau geste politique du couple franco-allemand.

On pourrait demander aux sportifs eux-mêmes de le faire.

À chacun selon ses possibilités et son imagination. Rappelons-nous Tommy Smith et Juan Carlos, leur poing levé sur le podium de la victoire à Mexico en 1968, en solidarité avec le mouvement noir américain, exclus à vie des Jeux olympiques. Ou, à Moscou en 1980, le sauteur à la perche polonais Kosakievitch, qui a adressé, après sa victoire, un bras d'honneur au pouvoir russe en solidarité avec Solidarność.

Quand les grands événements sportifs servent objectivement un pouvoir totalitaire, les sportifs doivent pouvoir s'exprimer politiquement.

Le sport est aussi dans les mains des politiques.

Espérons qu'à Sotchi, cet hiver, pendant la Coupe du monde en Russie en 2018, au Qatar en 2022, les sportifs trouveront les gestes de solidarité nécessaires.

Et si, cet été, le mouvement social brésilien se manifeste pendant la Coupe du monde, certains joueurs brésiliens vont se solidariser, et après les manifestants regarderont et soutiendront leur équipe nationale.

C'est la beauté de la vie, pleine de contradictions.

Trois avions aux obsèques de Nelson Mandela

Mardi 10 décembre 2013

Trois avions pour un enterrement.

Franchement, je ne sais pas ce qu'en pensent les Français. Mais moi, j'ai cru qu'il s'agissait d'une blague.

Récapitulons.

Sarko a été profondément blessé d'avoir été battu par François Hollande pour qui il n'avait que dédain et condescendance pendant toute la campagne présidentielle. OK. Hollande, lui-même touché par cette animosité, s'est comporté comme un malpropre à la passation de pouvoir en laissant seul et pantois, sur le perron de l'Élysée, son concurrent défait. D'accord. Mais enfin, ce sont des adultes, voulant incarner la France, l'intérêt commun, et non des gamins dans une cour de récréation. Comment expliquer aux Français que pour sortir de la crise il faut agir collectivement, que devant la dureté, voire la brutalité du quotidien, en tout cas pour certains, la compassion est nécessaire ? Les sportifs savent bien, les jeunes doivent l'apprendre, qu'après un match, même viril, on se serre la main, on se tape sur l'épaule, et tout est oublié au vestiaire. Non, vraiment, les deux présidents ont un comportement indigne. Alors, laissons la morale de côté. Tout cela pour aller se recueillir devant la tombe du plus grand réconciliateur que le monde politique ait connu. Heureusement que le ridicule ne tue pas.

On me dira que trois Falcon ne coûtent pas plus cher que le seul avion présidentiel.

Il pouvait le remplir, Hollande, son Airbus A330.

À sa place, j'aurais invité Sarko qui est très fier de sa rencontre avec Mandela. J'aurais invité Mmes Valérie Trierweiler, Ségolène Royal, Carla Bruni, MM. Bernard Kouchner, Alain Juppé et Laurent Fabius. J'aurais invité les chefs de la majorité et de l'opposition, et surtout j'aurais contacté des associations de jeunes dans les quartiers, des organisations non gouvernementales qui se sont battues des années contre le racisme et l'apartheid, et aussi des patrons et des syndicalistes.

Oui, bien sûr, j'aurais emmené dans mon avion présidentiel le gratin de la France politique et cette France black-blanc-beur qui justement a admiré Nelson Mandela pour son courage, son humilité et son humanité.

C'était l'occasion de mettre ensemble le temps d'un voyage cette France *melting pot*, France basanée, multiculturelle, qui a parfois tant de mal à vivre avec elle-même. L'avion présidentiel, baptisé pour l'occasion du nom de Mandela, serait devenu le temps d'un voyage une arche de Noé de l'espoir.

Rêve puéril et vain, sûrement.

Mais l'exemple de Mandela devrait servir à surmonter la haine et l'envie de vengeance.

Il faut savoir se donner la main, se parler et voyager ensemble.

La surveillance électronique

Mercredi 11 décembre 2013

Je signe des deux mains la pétition que viennent de lancer plus de 500 écrivains et 5 Prix Nobel pour que cesse la surveillance électronique.

Je dois avouer que même moi, un vieux de la vieille en politique, j'ai été interloqué par l'étendue de la surveillance de masse des services de sécurité. Comme l'explique l'appel, d'un clic de souris, l'État, les États accèdent à votre portable, à votre adresse mail, à vos réseaux sociaux, et à votre recherche sur Internet. Ils suivent vos activités politiques. Grâce à Internet, ils recueillent et stockent vos données, et peuvent ainsi prédire votre consommation et vos comportements.

Cette surveillance de masse viole votre, notre sphère privée et remet en cause notre liberté de pensée et d'opinion. Oui, cette surveillance massive est un vol organisé par les États. Ces données sont du domaine privé, intime, et non un bien public. Dans une démocratie moderne, tous les êtres humains ont le droit à une intimité sans limite. La surveillance de masse traite chaque citoyen comme un suspect potentiel, donc remet en cause un des triomphes historiques de l'État de droit, celui de la présomption d'innocence.

Cette déclaration exige que la vie, la pensée privée soient respectées. Ils demandent aux Nations unies de reconnaître l'importance de la protection des droits civils de l'ère numérique et de promulguer une charte internationale des droits numériques.

Alors, aux gouvernements de signer et d'adhérer à une telle convention.

On invoque la menace terroriste pour justifier de telles pratiques.

Un État, un service de renseignement, ne peut, ne doit pas pouvoir s'introduire dans ce qu'il y a de plus intime, de plus privé, sans une décision juridique, sans le moindre soupçon vérifié au moins par un juge. Ce qui vaut pour la surveillance téléphonique ou le secret postal doit évidemment être étendu à votre correspondance numérique. La collaboration des sociétés d'Internet avec les États les plus autoritaires et totalitaires est un scandale. Oui, la liberté est un risque. L'homme de verre, transparent, voilà le rêve d'un État totalitaire. Aujourd'hui, la NSA et tous les services de renseignement sont des États dans l'État, incontrôlés et incontrôlables. S'insurger, se révolter contre ce viol collectif, organisé et planifié des citoyens, est un devoir démocratique. Il faut dire merci aux intellectuels qui ont pris l'initiative de cet appel.

J'espère que Christiane Taubira m'écoute et que la France prendra avec l'Europe l'initiative d'une telle convention internationale.

Imaginons Mme Taubira, représentant l'Union européenne au Conseil de sécurité, lançant un « J'accuse » retentissant.

Wonderful !

La révolte populaire à Kiev

Jeudi 12 décembre 2013

Qu'importe le froid glacial, qu'importent les charges de la police, qu'importent les blessés à Kiev, les manifestants pro-européens ne veulent rien lâcher.

Cet extraordinaire mouvement spontané et cette révolte populaire venus de nulle part forcent mon admiration. Ils sont majoritairement jeunes, encore mal organisés. Mais aujourd'hui déterminés. Quand ils ont appris que leur président Ianoukovitch claquait la porte à l'Europe pour se réfugier sous la coupe du Kremlin, ils sont descendus dans la rue.

En 2004, la Révolution orange, qui a destitué le président Koutchma, revendiquait la démocratie et les élections libres. Aujourd'hui, ce mouvement s'engouffre dans la brèche ouverte par les étudiants et défile avec des drapeaux ukrainiens et européens à la main. Ce n'est pas par hasard qu'ils ont rebaptisé la place de l'Indépendance, le Maïdan, en Euromaïdan. Bien sûr, ils se révoltent aussi contre la répression policière, ils occupent la mairie de Kiev car depuis 2012 le poste du maire de la ville est vacant et Ianoukovitch bloque l'élection municipale de peur de perdre la capitale. Mais surtout, ils rêvent de l'Europe, ils se projettent dans une autre civilisation, loin de cette mère Russie en laquelle ils ne se reconnaissent plus. Il ne faut pas se méprendre : ils ne sont pas antirusses, ces jeunes révoltés de l'Euromaïdan, ils ne sont pas simplement pro-européens, non. Ils s'identifient à l'Europe, au pluralisme européen, à la démocratie européenne, à la culture européenne, au *way of life* européen. La prise de l'Euromaïdan symbolise la première révolution pour l'Europe, comme la prise de la Bastille en 1789, l'Euromaïdan deviendrait alors le symbole d'une nouvelle république européenne.

De Kiev à Lviv, dans toutes les villes ukrainiennes, ils ont intuitivement compris quelque chose de très simple : la défense de la souveraineté de leur pays passe par une longue marche vers l'Europe. Ils ne veulent pas d'une recomposition de l'Union soviétique à la Poutine. Ils veulent être membres d'une Union européenne qui leur permettrait d'être des Ukrainiens libres. Bien sûr, il y a quelque chose de naïf, de touchant, dans cet espoir. Et l'adhésion de l'Ukraine à l'Europe, ce n'est pas pour demain. Mais les représentants de l'Euromaïdan présents hier au Parlement européen, invités d'ailleurs par les Verts européens, ont bouleversé les députés de tous les groupes politiques présents dans la salle. Ils parlaient ukrainien, anglais, français, ils étaient fiers d'être au Parlement européen. J'avais devant moi des patriotes européens et ukrainiens qui ne doutaient pas de leur identité. Quand on leur expliquait que l'Europe traverse une crise difficile et que ce n'est pas le paradis, ils sourient et vous invitent en Ukraine.

Pour eux, l'Europe vaut bien une révolution.

C'est ce que j'appelle la preuve par l'Ukraine.

C'est beau, non ?

La stratégie de Nicolas Sarkozy

Vendredi 13 décembre 2013

Il est sacrément malin, le Sarko national.

Du Nigeria où il est malheureusement obligé de gagner sa vie, il distille des petits mots d'amour aux Français. Ce « je t'aime, moi non plus » touchant, émouvant, est comme un cri du cœur. Obligé de faire des voyages éprouvants pour rallonger sa petite retraite présidentielle, il a trouvé la bouée de sauvetage. Objectif : Élysée. Il est devenu humble. Il laisse aux Français le choix de décider. Après une nuit de réflexion, d'études approfondies, j'ai compris qu'il vient d'annoncer sa candidature. Comment savoir si les Français veulent ce retour ? Par des sondages. Les sondeurs se trompent trop souvent. Eh bien, c'est tout bête, par l'élection. De Lagos, il provoque un séisme dans un verre d'eau, et hop, vous, les journalistes, vous nous racontez par le menu sa vie quotidienne. Il déjeune avec les députés de la majorité, rencontre des intellos, boit le thé avec des amis de sa femme, personnalités de gauche, pioche dans le programme du FN pour retrouver la double peine, et invente les mots d'ordre de sa précampagne : diversité et équité. Non pas la diversité et l'équité dans le sens multiculturel du terme, mais comme un mot d'ordre contre l'égalitarisme de la gauche. Magnanime, il veut donner une chance aux Français de rattraper le temps perdu avec François Hollande.

La droite comme la gauche, toutes composantes confondues, fantasment sur le retour de Sarkozy. Le tout est de savoir si Sarko aura le culot de jouer à fond la carte de la recomposition politique. Déjà, il veut s'exfiltrer de l'UMP, l'Union des médiocres populaires, pour créer son mouvement galactique. Seulement voilà, il veut éviter à tout prix les primaires. Au contraire, il doit pousser ceux qu'il considère être des nains politiques, les Copé, Fillon, Bertrand, à lui servir de punching-ball dans un premier tour de primaires puis, dans un deuxième tour, affronter le seul et véritable challenger à sa hauteur, Alain Juppé.

Moralement, intellectuellement et politiquement, la renaissance de la droite doit passer par ce duel.

Si Nicolas Sarkozy veut tricher avec la réalité, il échouera. Ce n'est que dans un tel débat qu'il pourra montrer qu'il a changé, expliquer son bilan et reconnaître ses erreurs.

Évidemment, il prendra le risque de perdre.

Mais avec la peur au ventre, on ne gagne jamais.

La coalition d'Angela Merkel

Lundi 16 décembre 2013

Trois mois après les élections législatives, l'Allemagne a enfin un gouvernement. Mme Merkel, frôle la majorité absolue en sièges et joue à fond la carte de la grande coalition, détaillée dans les 180 pages d'un contrat de gouvernement. 180 pages ! C'est à l'allemande ! Les militants socialistes approuvent dans un référendum interne à 76 % cet accord, et le tour semble joué.

Seulement voilà, avec plus de 80 % de majorité au Bundestag, cette grande coalition écrase la démocratie parlementaire. Le parti de gauche allemand et les Verts risquent de n'être que de pâles figurants. Comprenez-moi bien : à partir du moment où Mme Merkel ne voulait prendre aucun risque politique, par exemple former un gouvernement minoritaire allant chercher sa majorité en fonction des projets législatifs ou tenter une alliance avec les Verts, la grande coalition s'imposait. D'ailleurs, une majorité d'Allemands la plébiscite dans les sondages. Le gouvernement, ce gouvernement, est attendu au tournant. Il doit imposer un salaire minimum au patronat allemand, entreprendre une grande réforme de la santé et des retraites, stabiliser les dépenses pour arriver en 2017 à un budget qui ne serait plus déficitaire. Et enfin, réussir la transition énergétique pour clore le dossier nucléaire, réduire la consommation d'énergie et booster les énergies renouvelables pour atteindre en 2020 une réduction de 30 % d'émissions de gaz carbonique. Si la grande coalition réussit, elle aura justifié cette parenthèse a-démocratique. Sinon, elle sera contestée dans la rue.

Mme Merkel, la GO, gentille organisatrice de cette coalition, devra en permanence jouer au Casque bleu pour imposer et maintenir une cohérence gouvernementale.

D'un autre côté, deux poids lourds de ce gouvernement seront vraisemblablement concurrents directs pour le poste de chancelier, en 2017. Mme von der Leyen, ministre de la Défense, CDU, centre droit, disons, nouvelle étoile filante du firmament politique outre-Rhin, et M. Gabriel, chef du SPD, centre gauche, architecte avec Mme Merkel de l'accord gouvernemental et dorénavant grand timonier de la transition énergétique.

L'équation à résoudre n'est pas si simple. Comment réussir ensemble, dans l'intérêt général, et en même temps s'imposer au fur et à mesure comme une alternative crédible ?

Vous voulez mon pronostic ? Cela va bien fonctionner pendant deux ans. Après, la houle va se lever, le paquebot va commencer à tanguer et il n'est pas impossible que dans trois ans une élection anticipée soit nécessaire. Et cela, pour le grand bien de la démocratie en Allemagne.

Les élections européennes

Mardi 17 décembre 2013

On n'en entend pas encore beaucoup parler, mais après les municipales viendront, le 25 mai, les élections européennes.

Dans les soi-disant états-majors des partis politiques, un étrange branle-bas de combat fait rage. Comment organiser les élections européennes du printemps prochain en esquivant le plus bêtement possible la question européenne ?

Commençons par l'UMP. Ce parti est représenté dans l'est de la France par Arnaud Danjean, député européen assidu, spécialiste des questions internationales et militaires. Quoi de plus logique que de le faire chapeauter par Mme Morano, qui ne s'est jamais distinguée sur la scène de la politique européenne, qui prépare ardemment les prochaines élections régionales, voire législatives, et dont le seul mérite est d'avoir été la porte-parole de Nicolas Sarkozy. Idem pour Mme Alliot-Marie dans le Sud-Ouest devant débarquer Alain Lamassoure, président de la Commission du budget au Parlement européen.

Au Parti socialiste, un ministre de l'Éducation, d'ailleurs fort sympathique, Vincent Peillon, élu en 2009, veut à tout prix pérenniser son hypothétique siège de Strasbourg au cas où... Le premier secrétaire du PS, Harlem Désir, qui a un job à plein temps à Paris, rempile en tant que tête de liste en Île-de-France alors qu'il n'a pratiquement pas le temps de s'investir réellement à Bruxelles et Strasbourg. Là encore, au cas où...

La nouvelle alternative centriste, le couple Bayrou-Borloo, bricole ses listes en faisant allégeance aux listes de l'UMP pour les municipales. Ainsi, Jean-Luc Bennahmias, ex-écolo, aujourd'hui centre gauche, devrait, pour garder son siège, cirer les pompes du maire sortant de Marseille, M. Gaudin, ce qu'il refuse !

Au Front de gauche, on se chamaille sur Paris et le soutien à Mme Hidalgo dès le premier tour, donc pas de liste commune aux européennes.

Ceux qui comprennent m'expliqueront.

Les parachutés m'énervent, mais les pires, ce sont les intermittents de Bruxelles.

Prenons l'exemple de Mme Le Pen qui, pour pourfendre ardemment l'idée européenne, siège plus ou moins trois jours par mois à Strasbourg et ne vient pratiquement jamais à Bruxelles. C'est ce que j'appelle un emploi fictif. De plus, ses assistants et collaborateurs censés préparer les dossiers liés à son mandat de députée travaillent pour le Front national. C'est une forme originale de détournement de fonds publics. Naturellement, elle veut rempiler.

De la même façon, Jean-Luc Mélenchon, dont la présence à Strasbourg correspond à peu près à celle de Mme Le Pen, déteste aussi Bruxelles. Son intervention politique se limite à son blog, isolé dans son groupe politique de la gauche européenne, il boude. Bien sûr, il repartira en mai, à l'assaut de l'Europe néolibérale, pourfendant les « eurobéats » de tout genre, pour évidemment ne s'occuper que de politique franco-française. La prochaine élection présidentielle oblige.

Europe Écologie a réussi à éviter le pire en obligeant ses élus européens à être vraiment présents à Strasbourg *et* Bruxelles.

Les vacances des ministres

Mercredi 18 décembre 2013

Je ne sais pas si je suis de la génération flemmarde, mais en apprenant que nos ministres étaient privés de vacances de noël, j'ai éclaté de rire.

On imagine la scène : Papa préside le Conseil des ministres. Il regarde droit dans les yeux chacun de ses élèves, attend qu'ils arrêtent de papoter pour, avec sa petite cloche, sonner la fin de la récréation. Puis, calmement, il commence, comme à son habitude, par les communications du président. « C'est un honneur pour vous de servir la France. Au nom de ce privilège, j'exige un sens de l'abnégation sans égal. C'est pour cela que je vous demande de ne pas prendre des vacances de fin d'année. » Consternés, un grand nombre de ministres sortent leur portable pour prévenir femmes, amants ou conjoints respectifs, texto simple : « Pas de vacances, annule les réservations. » Mais... le front du refus, de la désobéissance civile et non violente s'organise spontanément. Pour les plus jeunes d'entre eux, pas question de respecter la consigne. Les soleils brésilien ou antillais sont une perspective bien trop alléchante. D'ailleurs, du perron de l'Élysée, la ministre de la Culture, Aurélie Filippetti, demande à son chef de cabinet de lui procurer un livre, *Le Droit à la paresse*, de Paul Lafargue, gendre de Karl Marx, pour l'offrir au président. De quoi meubler les quelques heures de repos. On est de gauche, ou on ne l'est pas !

DÉCEMBRE 2013

Il ne faut pas prendre les Français pour des idiots. Ils savent que même un gouvernement qu'ils n'aiment apparemment pas trop a le droit à des vacances bien méritées. Aucun chef d'entreprise, même le plus exigeant, n'oserait. À l'époque des portables et d'Internet, la demande du président fait vraiment vieux jeu. Il faut être un peu maso pour planifier un voyage officiel entre Noël et le Jour de l'an en Arabie saoudite ! Pourquoi pas, pendant que vous y êtes, Monsieur le président, ne pas organiser un réveillon collectif du gouvernement avec familles respectives recomposées ou pas à l'Élysée. Pour finir la soirée après le dîner, un peu frugal, bien sûr, un concours collectif de scrabble ! De quoi susciter une émulation intellectuelle. Non, non, en tant que représentant du syndicat des ministres du gouvernement, je vous demande, Monsieur le président, de revoir votre décision.

Vive les vacances !

Ou plutôt, vivement les vacances !

La situation en Syrie

Jeudi 19 décembre 2013

Quand je pense à la Syrie, j'ai honte. La honte de l'impuissance et de la lâcheté.

Nous étions mobilisés après les horribles attaques chimiques. Mais il faut savoir que 98 % des 100000 morts en Syrie ont été massacrés avec des armes dites conventionnelles et non interdites par la communauté internationale. Encore il y a deux jours, les forces gouvernementales ont attaqué Alep avec des barils d'explosifs. 76 morts dont 28 enfants ! Depuis juillet 2012, la bataille, les massacres d'Alep durent sans interruption. D'un côté, les milices d'Assad tuent, torturent, violent ; d'un autre, dans le camp de la résistance, les intégristes prennent le dessus et s'imposent avec une sauvagerie incroyable et font régner dans les quartiers, les villages des pays qu'ils contrôlent, la terreur islamique. De plus, l'ONU parle d'une catastrophe humanitaire sans précédent, la plus grave de l'Histoire moderne. Des millions de civils affamés dans le pays, des centaines de milliers de personnes déplacées et plus de 2 millions de réfugiés en Turquie, à la frontière turque, au Liban et en Jordanie. Près de un million de réfugiés au Liban, dans un pays de 4,5 millions d'habitants – un quart de la population ! S'ajoute un début de l'hiver particulièrement rigoureux avec neige abondante. D'après l'ONU, près de 17 millions de Syriens n'ont plus rien, un peuple martyr, affamé et abandonné. Cette région du Moyen-Orient est déstabilisée par la guerre et les vagues de réfugiés qui affluent quotidiennement. Les Syriens attendent de l'aide, mais l'ONU peine à collecter les fonds nécessaires.

Je ne sais pas ce qu'il faut faire.

Après avoir longtemps, trop longtemps tergiversé, nous sommes confrontés à une impitoyable réalité. Sauvé par la Chine, la Russie et l'Iran, Assad peut dormir tranquille. Horrifiés par la barbarie des uns et des autres, nous détournons tout simplement notre regard. Nous laissons seuls les premiers résistants qui en 2012 ont manifesté pacifiquement contre la dictature d'Assad. En janvier, la conférence de Genève 2 ne pourra qu'entériner la victoire sur le terrain du boucher de Damas.

Alors, au moins, aidons les réfugiés, ouvrons un peu les frontières européennes, permettons aux Syriens qui résident en Europe d'accueillir ceux qui leur sont les plus chers.

Bref, en cette fin d'année, soyons simplement humains et généreux.

Quand je dis « on », je parle des gouvernements et des citoyens. Il y a dans l'Histoire moderne des images de conflits qui ne nous quittent plus. La Bosnie et Srebrenica, le Rwanda et les effroyables tueries.

Maintenant, la Syrie et un peuple abandonné. Nous sommes tous un peu complices.

Poutine libère Khodorkovski et les Pussy Riot

Vendredi 20 décembre 2013

Je ne sais pas si Vladimir Poutine s'est pris hier pour le père Noël, mais visiblement il avait plusieurs cadeaux inattendus dans sa hotte. Une conférence de presse avec plus de 1 000 journalistes, un Poutine qui pérore pendant des heures, des journalistes qui essaient par tous les moyens de se faire remarquer pour poser une question. Parfois goguenard, parfois sérieux, le tsar du Kremlin abordait tous les sujets : Sotchi, Syrie, affaire NSA. À la question de savoir s'il a déjà personnellement rencontré Snowden, il s'en tire par un tour de passe-passe. Bref, du grand spectacle. Puis, à 11 h 45, pour être précis, il répond méga sérieusement à un journaliste russe de Reuters : « Oui, les femmes des Pussy Riot bénéficieront de l'amnistie comme les militants de Greenpeace. C'est une décision du Parlement. » Ben voyons ! C'est clair, non ? On retire la parole au journaliste qui voulait poser une deuxième question. Pourquoi le Premier ministre Medvedev a justement prétendu le contraire une semaine auparavant ? La conférence de presse se termine, le rideau tombe, puis, comme un gamin qui a bien préparé son coup, il s'avance vers un groupe de journalistes et, en passant, leur annonce qu'il va gracier Mikhaïl Khodorkovski. Depuis des mois, des rumeurs circulaient à Moscou. La justice préparait un nouveau procès. Eh bien, non, oui, il aurait eu vent de cette rumeur, mais non, il s'est renseigné, c'était une fausse rumeur. À Moscou, il n'y a qu'une seule vérité, qu'un homme qui la détient.

Parfois, il se déguise en père Noël, son nom : Papa Poutine, petit père des peuples !

Hier, j'ai essayé de contacter Poutine. J'ai laissé sur son répondeur le message suivant : « Vladimir, encore un effort. Dans un État démocratique, la presse est libre, l'opposition peut s'exprimer comme elle le veut. Les homosexuels et les lesbiennes s'aimer comme ils le veulent. Bref, Vladimir, la liberté ne peut dépendre de ton bon vouloir. Décrète comme nulles et non avenues toutes les lois liberticides que tu as fait passer en 2013. Demande à la Douma de revoir sa copie. Lâche les dictatures comme celles d'Assad dont tu raffoles. Arrête ton chantage contre l'Ukraine, ne menace plus la Géorgie, bref, brûle ton costume de tsar tout-puissant. Alors, Vladimir, tous les présidents qui veulent boycotter tes Jeux d'hiver seront présents à Sotchi pour fêter le nouvel été de la démocratie en Russie. Vladimir, en France, on dit : « Paris vaut bien une messe. » Maintenant, en Russie, on devrait murmurer : « La démocratie vaut plus qu'une amnistie, aussi belle soit-elle. »

Notre-Dame-des-Landes

Lundi 23 décembre 2013

On peut se demander à quoi sert la présence des écologistes au gouvernement, alors qu'on ne sait toujours pas si, oui ou non, l'aéroport de Notre-Dame-des-Landes verra le jour.

De reculade en reculade, le président et son Premier ministre arbitrent souvent contre la raison écologique.

Les Bonnets rouges s'agitent, la FNSEA tousse, les camionneurs grondent et l'écotaxe est mise au frigidaire.

EDF et Areva froncent les sourcils et la fermeture de la centrale nucléaire de Fessenheim est remise à plus tard.

On ne voit toujours pas arriver le nouveau mix énergétique.

Avec ce maudit aéroport, le gouvernement va frôler le ridicule.

Les arrêtés préfectoraux préalables au début des travaux de l'aéroport de Notre-Dame-des-Landes vont condamner des centaines de gendarmes à se déployer en rase campagne pour protéger des scientifiques en blouse blanche qui traqueront des espèces protégées, tel le triton crêté.

Dans le même temps, les accords municipaux et régionaux entre les Verts et le PS risquent de voler en éclats. Jean-Marc Ayrault va devoir choisir : le beurre ou l'argent du beurre. Savourer le beurre, commencer les travaux de l'aéroport et mal digérer les Europe Écologie Les Verts, ou vendre le beurre et redéfinir l'accord gouvernemental Verts-PS.

Gouverner, c'est choisir.

En Allemagne comme en France, tout le monde sait que les petits aéroports régionaux sont des gouffres économiques. L'heure est au grand *hub*, comme on dit, plaque tournante de l'aviation civile, comme Paris ou Lyon. Les aéroports régionaux survivent grâce aux vols *low cost*, subventionnés indirectement par des fonds publics. Il serait bien plus intelligent de renforcer les bretelles ferroviaires de la Bretagne vers les aéroports de Paris.

Souvenons-nous qu'il y a vingt ans, quand pour la première fois on a commencé à planifier Notre-Dame-des-Landes, les promoteurs rêvaient d'un Concorde volant directement vers New York. Image concrète de la folie des grandeurs ! Oublié, balayé le Concorde. Et il devrait en être de même avec un aéroport inutile, coûteux et écologiquement indéfendable.

Le gouvernement ne se lancera pas dans un tel bras de fer un mois avant les municipales, ni quatre mois avant les européennes ?

Nous verrons en 2015, ou plus vraisemblablement après les prochaines élections présidentielles.

D'ici là, la raison écologique pourra toujours s'imposer.

D'où vient le père Noël ?

Mardi 24 décembre 2013

Ce matin, une question m'agite : D'où vient le père Noël ?

Ou plus précisément : D'où vient et à qui appartient le père Noël, ce personnage sans âge, coiffé d'un bonnet rouge ?

Pour beaucoup, c'est Coca-Cola qui a lancé saint Nicolas avec sa belle barbe blanche et a fixé l'image actuelle de notre père Noël.

Pas du tout.

Pas plus qu'il n'a été racheté par Pékin, ultime symbole d'une Chine devenue la gigantesque usine à produire à la chaîne les objets supposés satisfaire les désirs de nos petites têtes blondes, brunes, noires ou rouquines.

Le père Noël vit dans le Grand Nord avec ses petits lutins, ses chiens et ses traîneaux. En effet, le siège de sa puissance planétaire se trouve vraisemblablement en Laponie ou en cercle Arctique d'où il dirige, de son bureau tout en glace, sa formidable multinationale.

Et c'est bien naturel car il existe beaucoup de points communs entre l'Arctique et le père Noël.

L'Arctique est un océan glacé entouré par les trois continents les plus riches et les plus développés de la planète. Espace protégé par cette température extrême, l'Arctique est la plus grande et la plus sûre bouée de sauvetage de notre globe. C'est cet océan qui équilibre les courants marins, règle notre climat, et rend possible la vie humaine dans nos zones tempérées. Mais l'espace arctique, c'est aussi une des zones où les richesses naturelles abondent à profusion. 30 % des réserves mondiales de gaz, plus de 15 % des réserves de pétrole, plus de l'or, de l'uranium, des diamants, du nickel, du fer, des terrains, j'en passe... Ces réserves-là sont en danger. Pourquoi ? Parce que l'Arctique est en danger. Le réchauffement climatique change tout. Les super tankers, des cargos gigantesques, d'immenses paquebots de croisière envahissent le paradis, refuge du père Noël. Et toutes les grandes et petites puissances industrielles se ruent vers les richesses, à la conquête du Nord, pour exploiter les incroyables gisements. Ainsi la planète court à sa ruine.

L'Arctique et le père Noël sont un bien commun qui ne devrait appartenir à personne.

Comme l'Antarctique, déclarons cet espace naturel zone de science, de paix, démilitarisé, inexploité et libre de toutes frontières.

Pour préserver notre avenir et celui du père Noël qui est si cher à tant d'enfants.

Le réveillon de Daniel Cohn-Bendit

Mercredi 25 décembre 2013

Je n'ai jamais été trop Noël, mais depuis que nous sommes une famille recomposée, l'usage s'est établi. Nous sommes onze, désormais, les soirs de réveillon. Il y a trois enfants, de pères et de mères différents. Une tante, une grand-mère. Auxquels s'ajoutent les copines des enfants.

Une semaine avant Noël, nous tirons au sort pour savoir à qui nous ferons un cadeau. Les objets sont emballés dans un journal du jour pour ne pas qu'on reconnaisse d'où ça vient, avec le nom imprimé dessus. Ça disparaît dans un grand sac. Et le soir de Noël, on tire les cadeaux, on les sort du sac, et on doit deviner de qui est le cadeau. Et ça, c'est très très drôle. Parce qu'il faut expliquer son choix. Si on se trompe, on passe son tour. C'est vraiment la famille qui se retrouve. On se taquine, on fait des blagues les uns sur les autres, c'est le fou rire assuré pendant plus d'une heure. Et après, on passe à table.

On mange, on boit, on discute. Il n'y a pas de sujets tabous. D'autant que les couples sont multiculturels. La copine d'un des fils est d'origine maghrébine, l'autre d'origine érythréenne, on se raconte des histoires. C'est très beau. C'est une manière de redonner une nouvelle dimension possible à la famille. C'est ça qui est intéressant. Il existe désormais plusieurs formes de vie familiale.

Les réveillons sont différents suivant le pays. Le Noël français est plus une fête autour d'un dîner. On mange beaucoup plus et mieux qu'en Allemagne. Le réveillon allemand est plus réflexif, et parfois un peu lourd, d'ailleurs. Ça paraît un peu image d'Épinal, mais c'est vrai. Chez nous, nous mélangeons les deux. Chacun apporte sa partie du repas et, du coup, c'est aussi un dîner recomposé.

La Turquie

Jeudi 26 décembre 2013

Nous assistons à un véritable tremblement de terre politique à Ankara. L'empire de l'AKP, le tout-puissant parti islamique, vacille. Dans sa lutte contre le pouvoir militaire, qui incarne la ligne politique autoritaire, voire totalitaire, l'islam modéré pouvait ou a pu se présenter comme l'avant-garde moderne du combat pour la démocratie et le progrès. Faisant de l'Europe son alliée contre l'intégrisme laïc, Recep Tayyip Erdoğan avait réussi à mobiliser derrière lui une grande partie des intellectuels et de la jeunesse urbaine.

Aujourd'hui, cette page est définitivement tournée. Les modernistes d'hier sont redevenus une force réactionnaire, obstacle à toute réforme de l'État tentaculaire turc. Ils se réfugient derrière une vision islamiste, donc conservatrice, du monde.

L'été dernier, des dizaines de milliers de manifestants se soulevèrent au nom de la démocratie et des libertés individuelles. La répression féroce fut la réponse du gouvernement. En dénonçant un complot international, Erdoğan reprenait un vieux leitmotiv des généraux. Aujourd'hui, nous assistons au même phénomène, mais cette fois le tout se joue à rideau fermé. L'unité du mouvement islamiste vole en éclats, un mouvement obscur d'un prédicateur qui vit d'ailleurs aux États-Unis et de sa secte invisible défie Erdoğan lui-même. Et surtout, une fraction de l'appareil de la justice encore aux mains des kémalistes et des militaires rêve de prendre sa revanche.

Recep Tayyip Erdoğan est un caméléon politique, mais il ne peut s'empêcher de vouloir punir sévèrement, voire sauvagement, tous ceux qui s'opposent à lui. Sa chance, jusqu'à présent, a toujours été que l'opposition laïque soit minée par un nationalisme et un chauvinisme kémaliste qui les coupaient des aspirations de liberté et de démocratie de la jeunesse, des intellectuels et de la bourgeoisie urbaine. Mais l'offensive moraliste conservatrice et religieuse des islamistes au pouvoir contre la Turquie moderne inverse la tendance. En reprenant la vieille rengaine du complot international organisé par les Américains et les Israéliens, Erdoğan joue à fond la carte identitaire turque. Seulement, les tartufferies d'un pouvoir islamiste corrompu l'isolent. Erdoğan doit absolument reprendre en main la dynamique politique. En mars, s'il perdait les élections municipales à Ankara et surtout à Istanbul, son fief de toujours, sa chute serait plus que vraisemblable.

À l'opposition laïque de se moderniser et de se démocratiser pour profiter de la situation. Recep Tayyip Erdoğan joue un jeu dangereux. Même l'élite économique se lasse de ses turpitudes politiques.

La droite la plus bête du monde !

Vendredi 27 décembre 2013

Guy Mollet, président du Conseil sous la IVe République, prétendait que la droite française était la plus bête du monde.

À trois mois des élections municipales, alors que les difficultés s'accumulent pour le gouvernement et devraient annoncer une débâcle électorale pour la gauche, la droite la plus bête du monde fait tout, mais alors tout, pour sauver la majorité du président Hollande.

Prenons l'exemple de Paris. Mme Nathalie Kosciusko-Morizet, NKM pour tout le monde, avait le profil politique idéal pour la capitale. Ancienne porte-parole de Sarko, donc assez de droite, elle avait en même temps su se forger l'image d'une écolo centre droit capable d'aller chercher le vote d'une partie des bobos parisiens. Mais voilà, la droite parisienne adore le jeu de massacre, cela lui fait du bien de se déchirer au grand jour. Jean Tiberi l'a couverte d'injures dans ce studio, il y a quelques jours. Jean-Louis Borloo, UDI, la traite de menteuse plus ou moins publiquement parce qu'elle privilégie sur les listes d'arrondissement le MoDem, alors qu'il vient de publier avec François Bayrou un délicieux faire-part de Pacs politique. Charles Beigbeder, un copain de Jean-François Copé, claque la porte et menace de lancer une liste dissidente. Et j'en passe, et j'en passe... NKM dénonce les manœuvres de la direction de l'UMP et de l'UDI, répond à Beigbeder en ironisant sur l'inconsistance de sa danse du ventre politique. Enfin, elle envoie des flèches empoisonnées à Rachida Dati, maire du VIIe arrondissement. Pendant ce temps, Anne Hidalgo mène tranquillement sa barque. Au rythme où vont les choses, Paris n'est pas près de lui échapper.

La quenelle de Nicolas Anelka

Lundi 30 décembre 2013

Ce week-end, Nicolas Anelka a célébré un de ses buts en faisant une quenelle, geste popularisé par Dieudonné.

Anelka cultive l'art de se faire détester. Par gestes provocateurs et paroles on ne peut plus désobligeantes, il aime attirer sur lui les foudres d'une opinion publique qui, depuis longtemps, l'a lâché. Mais prenons à la lettre son explication. Il n'est ni raciste ni antisémite, il n'a voulu avec sa quenelle que se solidariser avec Dieudonné. Dont acte. Mais voilà, son copain Dieudonné cultive avec sa rhétorique antisioniste et antisystème l'apologie de la haine. Anelka est loin d'être un idiot ou un simple d'esprit. Il sait exactement ce qu'il fait et pourquoi il agit de la sorte. La quenelle est devenue le signe de ralliement de groupuscules d'extrême droite auxquels se sont joints des militants de la cause palestinienne. Il suffit de regarder les photos de regroupements fascisants en Autriche ou en Allemagne s'exhibant avec leurs quenelles pour comprendre que ce bras d'honneur fasciste détourné n'est pas seulement le signe de ralliement d'un humoriste antisystème. Avec son geste, Anelka est dans la lignée du joueur italien Paolo Di Canio, qui, avec ses tatouages mussoliniens et son bras levé, excitait les ultras de la Lazio de Rome. Ou du Croate Josip Šimunić, qui vient d'écoper de dix matchs de suspension – d'ailleurs il loupera la Coupe du monde – parce qu'il a scandé dans un micro après la qualification de son pays le cri de ralliement fasciste des oustachis lors de la Seconde Guerre mondiale.

Oui, les provocations d'Anelka et de Dieudonné sont d'un antisystème qui flirte avec l'idéologie antisémite.

Faut-il pour autant interdire les spectacles de Dieudonné, comme le souhaite Manuel Valls ?

Dieudonné cultive la haine, oui. Dans son hystérie antisioniste, il dépasse les bornes, oui. Mais l'interdiction de spectacles de ce saltimbanque devenu malheureusement réac ferait de lui un martyr de la cause. Quand il s'en prend nommément à des journalistes d'origine juive avec les arguments les plus bas, il faut alors l'attaquer en justice. Seulement, la liberté d'expression, je la défends pour mes ennemis, qu'ils soient des andouilles ou tout simplement malhonnêtes ou des simples d'esprit.

Oui, il faut s'opposer au venin dévastateur des Dieudonné de ce monde, leur répondre du tac au tac, expliquer que les nazis ou les staliniens, eux aussi, se prétendaient antisystème. Résultat : des millions de morts. Mais la force de la démocratie, de la liberté d'expression, c'est justement d'être aussi valable pour les paroles les plus bêtes et les plus méchantes.

Oui, je revendique la liberté pour les ennemis de la liberté.

Non, il ne faut pas interdire le spectacle de Dieudonné, surtout pas faire de lui une victime et un martyr du système.

Bilan de l'année 2013

Mardi 31 décembre 2013

En ce dernier jour de l'année, domine chez moi le sentiment d'une année perdue ou plutôt d'un défi que nous n'avons pas su relever.

Les exemples abondent.

Depuis des mois, nous apprenons chaque jour à quel point les services spéciaux américains et anglais fouinent dans la vie privée de millions de citoyens de par le monde. Le petit univers des grands de la politique réagit mollement. Trop conscients de leur impuissance, ils évitent le sujet.

En Syrie, on prétend soutenir le soulèvement contre Bachar al-Assad. Beaucoup de déclarations tonitruantes et bien peu d'actions concrètes. Horrifiés par la bestialité violente du conflit, nous détournons nos regards, là encore, pour ne pas avouer notre impuissance.

Le réchauffement climatique est maintenant une évidence scientifique : tempêtes, tsunamis, inondations et réactions climatiques extrêmes nous le rappellent presque quotidiennement avec leur lot de victimes humaines. De conférence internationale en conférence internationale, les Politiques avec un grand P cultivent leur incapacité à relever le défi climatique. La crise financière et économique écrase tout.

Ainsi, la stérilité politique d'aujourd'hui sacrifie les perspectives de vie des générations futures. 2013 sera marquée pour moi par notre impuissance à réagir et à répondre vigoureusement avec imagination aux crises économiques, financières et écologiques auxquelles nous étions confrontés.

Pour ne pas sombrer dans un pessimisme inutile, rappelons cette vieille blague juive : Quand vous êtes face à un problème presque insoluble avec deux solutions aussi mauvaises l'une que l'autre, eh bien il faut toujours choisir la troisième.

En Iran, la société iranienne se révolte quotidiennement contre la dictature religieuse et politique du pouvoir intégriste. De plus, elle a imposé dans les urnes le président Rohani, un réformateur qui s'ignore, tout comme Gorbatchev à ses débuts. Nous connaissons la fin de l'histoire, la chute du mur de Berlin, et l'implosion de la dictature soviétique. En Ukraine, une révolte au nom des valeurs européennes, le drapeau bleu européen avec ses étoiles symbolise l'aspiration du peuple ukrainien à la liberté et au bien-être. Et puis quelques cocoricos bien mérités : la victoire de l'équipe de France de basket à l'Euro 2013, ou quand même la qualification pour le Brésil du Onze tricolore, même si c'était un peu tard et difficilement. 2013, une année souvent insipide, ennuyeuse et fade, mais avec néanmoins quelques beaux moments.

Alors, entre la déprime et l'impuissance, je choisis l'optimisme du changement. Ce n'était toujours pas pour maintenant, mais c'est sûrement pour 2014.

Les vœux de François Hollande et d'Angela Merkel

Mercredi 1er janvier 2014

En écoutant les vœux de François Hollande et ceux d'Angela Merkel, j'ai été frappé par la différence d'approche.

François Hollande cherchait la posture du commandant en chef qui mène avec son pays une bataille difficile contre le chômage et la dégradation économique. Mme Merkel s'exprimait en tant que maman de son pays se félicitant du bien-être de la grande famille nationale.

Commençons par la chancelière. Elle débute par une surprise. Elle s'adresse à ses concitoyens d'où qu'ils viennent, et le ton est donné. Elle rassemble, se félicite d'un pays solidaire, par exemple dans la période des inondations pendant l'été, et du courage des citoyens toujours prêts à se mobiliser pour pouvoir relever les défis, petits et grands. Le pays va bien, la politique a fait le nécessaire, finances publiques, transition énergétique et Europe, mais c'est surtout grâce à l'activité de tous. Jamais elle ne dira « je ».

Au contraire, le commandant du paquebot France affirme son autorité en multipliant les « je ». Il veut absolument démontrer qu'il est le responsable, le penseur, et le planificateur d'un changement économique nécessaire.

Alors que Mme Merkel décrit la solidarité de la communauté nationale et se réjouit du civisme quotidien, François Hollande cherche à mobiliser un pays, à le rassurer, à démontrer qu'il est le président dont la France a besoin. Les Allemands approuvent, les Français sont plus dubitatifs.

Dans un récent sondage, plus de 60 % des Allemands affirment être confiants pour 2014, surtout les jeunes, à plus de 70 %. Seulement voilà, c'est la communauté nationale au-dessus de tout. Aucune allusion aux défis internationaux, à la responsabilité, voire la solidarité internationale. Le président français réaffirme que la France est un grand pays assumant ses responsabilités. L'Allemagne avec cette chancelière fuit ses responsabilités. Mme Merkel, en chatouillant le confort national, infantilise un peu son pays. En ce début d'année, il n'est surtout pas nécessaire d'aborder des questions, voire des problèmes, difficiles. A contrario, François Hollande essaie de démontrer au pays une simple vérité qui résume la mégalomanie du présidentialisme à la française. La France est un grand pays qui a besoin d'un grand président pour affronter l'avenir. Fini le président normal, finis les nouveaux habits du président.

Depuis le début de la Ve République, c'est toujours la même rengaine, la France, c'est vous, le président dont vous avez besoin, c'est moi, François Hollande.

Honni soit qui mal y pense !

De quoi l'Europe a-t-elle besoin ?

Jeudi 2 janvier 2014

François Hollande promet de prendre des initiatives avec l'Allemagne pour donner, je cite « plus de force à l'Union européenne ».

L'ambition est légitime. Il faut renforcer l'Europe politique pour tenter d'atteindre l'idéal européen de prospérité partagée. Si l'Europe veut mieux protéger les citoyens face à une mondialisation débridée, une refondation politique de la gouvernance économique s'impose. Construire une Union européenne véritablement inclusive et solidaire, voilà le défi auquel nous sommes confrontés. Un nouvel équilibre politique entre la responsabilité financière et budgétaire, la capacité de relancer l'économie, d'investir dans la recherche, les énergies renouvelables, moderniser l'infrastructure économique et la solidarité nécessaire avec les régions et les États membres les plus pauvres, les plus durement touchés par la crise, voilà quelques initiatives dont l'Europe a besoin.

Il faut être conscient que dans trente ans aucun État européen, même pas l'Allemagne, ne sera représenté au G8 des États les plus forts économiquement. L'influence politique de la France dans le monde de demain correspondra à celle du Luxembourg dans l'Europe d'aujourd'hui. Pour répondre à ce défi, il faut reconstruire, repenser la démocratie européenne, imaginer une République européenne fédérale, et surtout en finir avec une Europe des accords intergouvernementaux qui renforcent le déficit démocratique de l'Europe actuelle.

On peut se demander si les peuples européens sont prêts à affronter de tels enjeux.

Les élcctions européennes qui auront lieu en mai devraient être l'occasion d'une grande confrontation entre les projets politiques pour ou contre l'Europe. La souveraineté nationale a été balayée par les marchés financiers et par la mondialisation économique. Comment reconquérir une souveraineté politique ? *That is the question.* Se replier, sortir de l'euro, de l'Europe, fermer les frontières et devenir de plus en plus petit dans le monde de demain ou organiser une nouvelle souveraineté post-nationale européenne, aller vers une République fédérale européenne démocratique, sociale, respectant l'équilibre écologique menacé du continent. Voilà le défi.

La campagne électorale qui s'annonce doit justement galvaniser les peuples européens. L'Europe, telle qu'elle existe, fonctionne mal, répond mal au défi des crises auxquelles nous sommes confrontés. Alors je souhaite qu'à l'occasion de la campagne des européennes, les forces politiques nous parlent enfin, *enfin*, de leur vision pour l'Europe de demain.

Puis les citoyens électeurs décideront.

Cela s'appelle la démocratie.

Le Mondial au Brésil

Vendredi 3 janvier 2014

Le 12 juin prochain débutera, au Brésil, le Mondial de football. Pour l'occasion, j'ai sorti ma boule de cristal et après une longue méditation je peux aujourd'hui me projeter dans l'avenir.

Nous savons tous que la France a hérité d'un groupe plutôt facile. Honduras, Suisse, et Équateur. Malgré un début en demi-teinte et une victoire poussive contre le Honduras, le Onze tricolore écarte la Suisse et grâce à un Ribéry efficace, finit en roue libre contre l'Équateur. La France arrive en huitièmes de finale et retrouve sur son chemin le Nigeria ou la Bosnie. Ma boule de cristal n'a pas voulu s'avancer.

L'Argentine, elle, finissant facilement première de ce groupe F, allez, n'ayons pas froid aux yeux, la France se qualifie pour les quarts de finale. Et là, là, eh bien, elle tombe sur... l'Allemagne. Je sais, les plus vieux d'entre nous revivent le cauchemar de Séville, l'agression de Schumacher contre Battiston, les penalties, l'échec de Maxime Bossis, et l'élimination. Pensons au pape, n'ayons pas peur. Le bulletin météo football annonce une embellie pour les quarts de finale avec une probabilité de 60 % que la France se qualifie pour les demi-finales. Là, on retrouve un remake de 1998, un Brésil-France alléchant. Poussé par tout le peuple en extase, emmené par un Neymar de rêve, le Brésil ne fait qu'une bouchée du Onze tricolore, un 3-0 sans appel. Et pour tout le peuple brésilien, les portes du paradis sont entrouvertes, ils sont en finale.

Comme vous le savez peut-être, je serai au Brésil pendant cette Coupe du monde, où je tournerai un road-movie pour vivre, loin des stades, cet événement magique en compagnie de Brésiliens de toutes conditions. Le soir de la finale, je serai à Vidigal dans une favela de Rio. Pour moi, la finale idéale opposerait le Brésil à l'Argentine. Tout un continent retiendrait son souffle. Les Brésiliens, eux aussi, ont un cauchemar qui leur fait peur. En 1950, au Maracanã, finale Brésil-Uruguay, à dix minutes de la fin, l'Uruguay marque : 200 000 spectateurs, 200 000 spectateurs pleurent, on entend les mouches voler. Alors, imaginez le Brésil en transe, Messi contre Neymar, une finale de rêve. Et moi, avec mon équipe, je filmerai la plus grande fête que l'on puisse imaginer ou la plus grande tristesse d'un peuple désespéré.

Malheureusement, ma boule de cristal s'est cassée et nous devrons attendre le 13 juillet pour connaître le résultat. Dans la vie, nous avons quand même besoin d'un peu de suspense.

François Hollande en Arabie saoudite

Lundi 6 janvier 2014

Pendant les vacances, François Hollande a passé deux jours en visite officielle en Arabie saoudite. Le roi Abdallah va dépenser 3 milliards de dollars pour équiper l'armée libanaise et Hollande l'a convaincu d'acheter des armes françaises.

J'avoue ne pas savoir s'il faut en rire ou en pleurer.

Le président de la République se métamorphosant entre Noël et le Nouvel An en représentant de luxe de l'industrie d'armement française. Je ne sais pas si les responsables du groupe français Thales se trouvaient dans l'avion présidentiel, mais en tout cas ils ont sablé le champagne avant l'heure.

Plus sérieusement, quelles sont les arrière-pensées stratégiques derrière ce deal ?

Les Saoudiens ont mal pris les tractations secrètes entre les Américains et l'Iran. Ils considèrent aujourd'hui la France comme leur allié le plus sûr pour s'opposer à l'Iran. Aussi bien en ce qui concerne les négociations nucléaires que sur le terrain en Syrie ou dans la lutte contre le Hezbollah au Liban.

La France, elle, espère être récompensée de sa fidélité diplomatique et des services rendus au royaume saoudien. Le roi Abdallah nous laisse miroiter un pactole de 400 milliards de dollars sur dix ans d'investissements comprenant des réacteurs nucléaires, des armes, bien sûr, des TGV et d'autres infrastructures.

Il faut savoir que la balance commerciale Paris-Riyad ne s'élevait en 2013 qu'à 8 milliards d'euros. Pour Hollande, ce n'était évidemment pas assez.

Le tout est de savoir si la France peut vraiment, par sa fidélité et son engagement politique, garantir une sécurité que l'Arabie saoudite recherche. J'en doute. Paris n'est pas Washington et la promesse de centaines de milliards de pétrodollars risque de s'avérer être un mirage.

Toute l'ambiguïté de l'affaire réside dans le fait que l'Arabie saoudite est un allié objectif de l'Occident, notamment dans la lutte contre le terrorisme.

Pourtant, le royaume saoudien n'est pas moins religieusement intégriste et politiquement dictatorial que le régime iranien ou celui de Bachar al-Assad. Mais depuis toujours, il joue la carte occidentale tout en finançant les djihadistes les plus fous. Il faut se rappeler que ce sont les enseignants saoudiens qui ont islamisé l'Algérie. Ce sont les wahhabites saoudiens qui défendent les positions les plus conservatrices, donc réactionnaires, dans le monde de l'islam d'aujourd'hui.

Entre Bachar al-Assad et le roi Abdallah, les démocrates ne sauraient choisir.

Je comprends le souci de François Hollande d'assurer des contrats aidant à relancer l'économie française, mais je doute du choix stratégique.

À moyen terme, une démocratisation de l'Iran ouvrirait des perspectives politiques et économiques bien plus rassurantes.

Realpolitik pour Realpolitik, moi, je miserais sur l'Iran.

L'Uruguay légalise le cannabis

Mardi 7 janvier 2014

L'Uruguay a décidé de légaliser le cannabis et le Colorado autorise ses habitants à fumer leur petit joint en toute quiétude. Ces nouvelles nous annoncent que l'année 2014 entrera dans l'Histoire comme l'année de la légalisation ou du moins de la dépénalisation du cannabis.

C'est dans les années 70 qu'a commencé aux États-Unis la guerre contre toutes les drogues. L'administration de Nixon a imposé une législation draconienne et utilisé des méthodes policières on ne peut plus douteuses pour tenter de dissuader les consommateurs. Force est de constater que les prohibitionnistes les plus acharnés ont perdu cette guerre. Dans aucun pays du monde, les prisons ne regorgent d'autant de petits trafiquants et de consommateurs de drogue. Plus de 750000. En outre, la guerre entre les cartels de drogue a dévasté les favelas les plus pauvres d'Amérique latine. En Europe, pendant des années, les gouvernements (la France en tête) étaient non seulement hostiles à toute dépénalisation, mais isolaient la Hollande avec sa politique antiprohibitionniste.

Visiblement, le climat politique évolue. L'Amérique tourne le dos à un tout répressif qui, en fin de compte, ne bénéficiait qu'aux dealers. Une majorité d'Américains admettent que la dépénalisation asséchera une des sources de revenus du crime organisé et permettra à l'État de protéger la santé des consommateurs en surveillant la qualité du cannabis. Et comme pour les cigarettes et l'alcool, en taxant la vente, se produirait une source de revenus non négligeable. (Au Colorado, une taxe de 25 % a été imposée sur les ventes pour financer l'éducation.)

Je ne suis pas naïf.

Tous les médecins savent que la consommation du cannabis a des effets neurologiques notamment sur les jeunes cerveaux. Comme toutes les drogues, le cannabis consommé sans modération peut être dangereux, autant, sinon plus, que l'alcool. Personne ne sait si les initiatives prises par les États du Colorado, de Washington et de l'Uruguay seront couronnées de succès.

Beaucoup de questions restent en suspens.

La légalisation va-t-elle à terme faire baisser les prix ?

Une telle dépénalisation encouragera-t-elle la consommation d'autres drogues au moment où une grande majorité d'États tente de dissuader les citoyens de fumer ?

Comment protéger les mineurs et surtout les adolescents ?

Ce sont des problèmes similaires qui nous poussent à réguler la consommation de l'alcool.

Les législateurs ont maintenant la possibilité d'observer en temps réel si la légalisation minimise les problèmes de l'usage du cannabis ou pas.

Ayons la lucidité de reconnaître que, vu l'échec de toutes les politiques de drogue prohibitionnistes, ces États ont raison d'essayer de sortir des sentiers battus.

Les Roumains et les Bulgares peuvent travailler librement dans l'Union

Mercredi 8 janvier 2014

Avec l'intégration définitive de la Roumanie et de la Bulgarie dans le cadre juridique de l'Union européenne, la droite européenne, plus ou moins populiste, suggère qu'une marée de pauvres – et pas seulement des Roms – va submerger l'Europe des riches pour profiter de son système de protection sociale.

Ainsi, le Premier ministre anglais Cameron veut interdire l'entrée au Royaume-Uni aux pauvres et la CSU, la version bavaroise du parti de Mme Merkel, s'illustre avec un slogan digne de l'extrême droite : « Qui triche dégage. » Attaque visant explicitement l'immigration des pauvres.

La chose la plus surprenante est que non seulement le patronat allemand défend la nécessité d'une immigration renforcée vu l'effondrement démographique du pays, mais le grand quotidien populaire le *Bild*, 4 millions d'exemplaires, s'est fendu d'un éditorial surprenant. Je paraphrase : « Les États-Unis se sont construits grâce aux immigrants pauvres, dont des centaines de milliers d'Allemands. Et nous, Allemands, avec notre histoire, nous avons le devoir d'accueillir et d'être généreux. » Bingo ! C'est vrai, il est vraiment indécent de plaider pour un renforcement de l'immigration d'infirmières, de médecins, d'ingénieurs, ou de main-d'œuvre qualifiée en tout genre, et de repousser les plus pauvres qui veulent sortir de la pauvreté en s'intégrant au marché du travail européen.

La liberté de circulation ne peut se limiter aux marchandises, à l'argent et au tourisme.

Je peux comprendre que certains chômeurs en ces périodes de crise et de marchés du travail bloqués s'inquiètent de cette main-d'œuvre qui vient d'ailleurs.

Mais renversons les données du problème. C'est à l'Union européenne de garantir un minimum de protection sociale aux citoyens européens. L'Europe sociale devient une nécessité absolue pour garantir des prestations sociales, même modiques, pour les enfants européens les plus pauvres et, par exemple, comme ce fut proposé par le gouvernement français, une assurance chômage pour les jeunes à la recherche de leur première embauche.

Vu le nombre des chômeurs en France, en Espagne, en Italie, au Portugal, le débat sur l'immigration a quelque chose de surréaliste. Mais l'histoire de l'immigration le prouve : souvent, le dynamisme des émigrés cherchant du travail leur permet d'être embauchés là où beaucoup de chômeurs refusent de travailler.

Et puis ce n'est pas en France que la majorité des Roumains ou Bulgares veut s'installer, mais en Allemagne, où le marché du travail est plus flexible et le chômage en baisse.

Les droits fondamentaux européens ne doivent pas être à la disposition des humeurs les plus détestables.

Un footballeur allemand fait son coming out

Jeudi 9 janvier 2014

Thomas Hitzlsperger qui a porté cinquante-deux fois le maillot de l'équipe nationale allemande confesse aujourd'hui qu'il est gay.

Enfin un grand du foot allemand, deux ans après la fin de sa carrière, décide de parler ouvertement de son homosexualité. « J'ai mis du temps, dit-il, à m'avouer que je voulais vivre avec un homme. »

Les dernières années de sa carrière ont dû être difficiles. Comme il l'explique dans l'hebdomadaire le *Zeit*, le foot est un sport de combat, d'émotion, souvent viril. Dans ce milieu, en général, les homos sont considérés comme des mauviettes, des hommes ratés, des tantes. Lui qui avait un des shoots du gauche les plus puissants de sa génération, fils de paysan, était devenu en fin de carrière l'intello du foot allemand et chroniqueur régulier de ce même hebdomadaire.

Ce qu'il y a de sympa dans cette histoire, c'est qu'un grand nombre de ses ex-coéquipiers se sont tout de suite solidarisés avec lui en des termes on ne peut plus élogieux. Un coming out qu'ils accueillent avec respect, soulignant que sa prise de position courageuse ne peut que faire du bien au football. Même son de cloche chez les responsables de l'équipe d'Allemagne, le tout couronné par une déclaration officielle de la chancelière : « Nous vivons dans un pays où personne ne devrait cacher son orientation sexuelle par peur de l'intolérance ambiante. »

JANVIER 2014

Chapeau, madame Merkel !

Ce coming out sonne le glas d'une hypocrisie qui a trop duré. Comme dans la vie, un nombre important de sportifs ont peur de s'avouer, d'avouer leur préférence sexuelle. Des jeunes hommes et femmes, par amour pour leur sport, vivent souvent un cauchemar terrible. Il existe (même dans le football) des mariages arrangés pour couvrir certains joueurs.

À quand les coming out en rugby, en handball, en volley, en athlétisme ?

Thomas Hitzlsperger a jeté un pavé dans la mare, espérons que d'autres sportifs suivront. Le président Obama veut envoyer une grande femme du tennis américain, Billie Jean King, militante lesbienne, représenter son pays aux Jeux de Sotchi. J'espère que Mme Merkel suivra son exemple, ainsi que François Hollande.

Imaginez une manifestation en solidarité avec le mouvement gay russe, officiellement demandée par les États-Unis, la France et l'Allemagne, avec en tête justement Billie Jean King, Thomas Hitzlsperger et l'homo sportif français, encore inconnu.

Imaginez la tête de Poutine !

La nouvelle Constitution tunisienne

Vendredi 10 janvier 2014

La Tunisie tente de se doter d'une nouvelle Constitution qui tourne clairement le dos à la charia (la loi islamique).

Cette évolution politique permet un optimisme prudent.

En effet, grâce au dynamisme et au sens des responsabilités de la société civile emmenée par la puissante organisation syndicale UGTT et le patronat, le processus de démocratisation politique avance cahin-caha, dans le cadre de l'Assemblée nationale constituante élue en octobre 2011.

Prévue pour durer une année maximum, cette assemblée est dominée par le parti Ennahda, force islamiste plus ou moins modérée, qui doit composer avec les forces laïques, car il n'a recueilli que 37 % des sièges. Les travaux de cette assemblée ont été émaillés d'incidents et de coups d'éclat rocambolesques. Les 217 constituants se sont maintenant fixé comme objectif d'achever leurs travaux par un vote solennel qui doit recueillir une majorité des deux tiers, le mardi 14 janvier, troisième anniversaire de la chute de Ben Ali.

Il est permis d'espérer que la Tunisie se dotera d'une Constitution permettant au pays de maîtriser les pires démons totalitaires qui menacent les printemps arabes dans d'autres pays. Un véritable compromis, quoique souvent bancale et contradictoire, entre la réalité islamiste plus ou moins radicale et les forces laïques, civiles et politiques du pays.

Reste à savoir si le retrait partiel du parti islamiste Ennahda du gouvernement permettra de tenir des élections libres avant la fin de l'année 2014. Car les islamistes ont profité de leur passage au pouvoir pour investir avec succès tous les rouages de l'État. En même temps, la Tunisie est une véritable poudrière où la révolte sociale gronde en réponse à l'incapacité des islamistes à gouverner.

Ce qui me réjouit en Tunisie ne paraît pas du tout transposable en Libye ou en Égypte.

C'est justement la défaite des Frères musulmans en Égypte qui a forcé les islamistes en Tunisie à revoir leur stratégie. Le monde musulman est aujourd'hui à la recherche d'une expression politique équilibrée entre l'idéologie politico-religieuse et le fonctionnement démocratique d'un État moderne.

Il faut dire qu'en ce début de 2014, on assiste à un hiver politique plutôt alarmant. En Turquie, le Premier ministre, Erdoğan, perd la tête et s'érige en calife avec un tonitruant « l'État, c'est moi », balayant toute velléité démocratique de son pays. En Égypte, écrasés entre les militaires et les Frères musulmans, les révoltés de la place Tahir tentent péniblement de survivre politiquement pour proposer une troisième voix au pays. Ne parlons pas du désastre libyen ou de la barbarie syrienne.

Je ne crois pas que le processus tunisien puisse être un modèle transposable. Mais si, après les élections de 2014, les partis politiques plutôt laïcs réussissent, avec le soutien de la société civile, à rééquilibrer le paysage politique tunisien, alors tout espoir sera permis.

Inch'Allah !

Ariel Sharon est mort

Lundi 13 janvier 2014

Ariel Sharon est mort samedi, à l'âge de quatre-vingt-cinq ans.

Rarement la mort d'un homme politique, d'un chef d'État, d'un chef de guerre, n'a provoqué de sentiments aussi contradictoires.

Depuis son enfance, Ariel Sharon a toujours été un solitaire qui n'en faisait qu'à sa tête. Chef de guerre, il menait les combats selon ses intuitions, qui pouvaient être géniales, comme pendant la guerre du Kippour en 1973, ou catastrophiques et sanglantes, comme pendant la campagne du Liban en 1982. Le fait que ses soldats aient laissé les phalanges chrétiennes libanaises massacrer les Palestiniens dans les camps de réfugiés de Sabra et Chatila reste à jamais gravé dans la mémoire du peuple palestinien. Homme de tradition travailliste, virant à droite, il devint un Machiavel de la force armée pour imposer Israël comme nation dominatrice dans la région. Il a aussi montré toute la dureté dont il était capable pour briser les révoltes palestiniennes. Rebelle par nature, hostile à tout dogmatisme qu'il soit militaire ou politique, il a encore une fois viré de bord à la fin de sa carrière politique. Lentement mais sûrement, il a abandonné son rêve d'un Grand Israël pour devenir, à la surprise de tous ses détracteurs dont moi-même, le décolonisateur dont Israël avait besoin. Avec cynisme et lucidité, il avait enfin compris que la sécurité d'Israël dépendrait aussi de l'existence d'un État palestinien.

De tels basculements sont exceptionnels.

De Gaulle l'a fait avec l'Algérie.

Je n'ai pas partagé les idéaux d'un général de Gaulle rêvant d'une grande nation française ni ceux d'un Ariel Sharon rêvant d'un Grand Israël. Mais la lucidité et la rationalité avec laquelle de Gaulle est passé de l'Algérie française à l'Algérie algérienne reste pour moi un des tournants politiques les plus fascinants de l'Histoire.

De là à rêver d'un discours d'Ariel Sharon à Ramallah pour fêter la réconciliation palestino-israélienne, il n'y avait qu'un naïf comme moi pour y penser.

Nous ne connaîtrons jamais la fin de l'histoire. Le Premier ministre israélien, Benyamin Netanyahou, avoue publiquement aujourd'hui ne pas savoir comment résoudre la quadrature du cercle palestinien.

Comme le dit fort justement, dans *Le Journal du dimanche*, Élie Barnavi, historien et ancien ambassadeur d'Israël à Paris : « Pour le meilleur ou pour le pire, Sharon savait où il allait. »

L'apprentissage de l'égalité homme-femme
Mardi 14 janvier 2014

La danse est-elle réservée aux filles ? Une femme peut-elle être garagiste ? Non, oui, répondent Vincent Peillon et Najat Vallaud-Belkacem qui ont présenté hier un projet d'apprentissage de l'égalité homme-femme.

À l'école, aujourd'hui plus qu'hier, les enfants apprennent à vivre ensemble. Je dis plus qu'hier pour maintes raisons. Pour beaucoup d'enfants, la famille ne remplit plus la fonction éducatrice. Les enfants grandissent en s'appropriant tous les stéréotypes possibles et imaginables que véhicule la société sans qu'ils soient confrontés à une remise en question pédagogique. Avec l'ABCD de l'égalité élaboré par le Centre national de documentation pédagogique, les enseignants aujourd'hui ont un dispositif pour justement échanger avec les enfants sur les poncifs concernant les genres femme-homme qui perdurent dans la société. Une femme mécanicienne, pourquoi pas ? Maçonne, de même. Encore aujourd'hui, j'entends le ricanement de nombreux garçons quand ils parlent du football féminin. Alors que le jeu féminin est souvent bien plus élégant et fluide que le football masculin. N'en déplaise à Ronaldo.

Beaucoup contestent que le rôle de l'école soit d'enseigner l'égalité des sexes.

Je reste persuadé que l'Éducation nationale sous-estime l'importance de la pédagogie dans la formation des enseignants.

La pédagogie dans le sens du rapport entre l'enseignant et l'enseigné.

Aujourd'hui, pour moi, un enseignant doit être un passeur de savoir, et un éducateur ayant une fonction pédagogique sociétale très importante. Oui, l'école est le lieu où on doit apprendre, et apprendre à parler de tout. Parler des discriminations, des préjugés, du racisme, de l'antisémitisme, de l'homophobie. Le tout est de savoir comment. C'est ce qu'on appelle la pédagogie au sens noble du terme.

Le métier d'enseignant, d'enseignante, de la maternelle à l'université, peut être un très beau métier. Mais il faut que la société comprenne que des jeunes qui se lancent dans l'aventure ont besoin d'une formation scientifique et pédagogique.

Investir dans ceux qui auront la responsabilité de l'avenir d'un pays me paraît tout à fait raisonnable et donc nécessaire.

La conférence de presse de François Hollande

Mercredi 15 janvier 2014

J'avais oublié avec quelle facilité l'homme politique, François Hollande, est capable d'évoluer.

En écoutant sa conférence de presse, j'ai été surpris du naturel avec lequel il défend sa nouvelle politique.

Ça ne m'étonne pas que 60 % des Français pensent que le candidat Hollande était bien plus à gauche que le président Hollande ne l'est aujourd'hui. Finis les grands élans anticapitalistes du discours du Bourget, « mon ennemi, c'est la finance ». Je sais qu'il continue avec un aplomb à toute épreuve de prétendre que ce fameux discours du Bourget reste la matrice qui le guide. Personne n'est dupe.

Il a été élu sur un positionnement, certains diront une posture politique, qu'il a commencé à déconstruire dès son arrivée à l'Élysée. Il conduit une politique qu'il n'avait pas annoncée. Son agilité politique que tout le monde lui reconnaît lui permet, telle une abeille, de nourrir son action politique, en voletant de gauche à droite, en passant par le centre, sans difficultés.

À la droite, il emprunte la politique de l'offre accompagnée d'une rigueur budgétaire nécessaire pour financer les allégements du coût du travail. On croirait entendre François Bayrou.

Pour être élu, François Hollande a assumé, autant pendant les primaires socialistes que pendant la campagne présidentielle, de n'être qu'un véritable social-démocrate de gauche qui, avec beaucoup d'opportunisme, tel un caméléon, a su se mouler dans un climat radicalement hostile à la finance en particulier et au patronat en général. Une fois élu, il découvre qu'il est le président de tous, donc aussi de la finance et du patronat. Et depuis, les Français font la connaissance d'un autre François Hollande.

Vous me direz qu'arrivé au pouvoir aucun dirigeant politique ne tient les promesses de sa campagne électorale.

Nous devrions accepter cette règle bête et méchante : Vous galvanisez vos électeurs pour être élu, puis vous les entubez par la suite.

On prend le pouvoir avec un discours de gauche pour faire après une politique de droite. François Mitterrand et son programme commun de la gauche pour, un an après avec Jacques Delors, se convertir à la rigueur. Ou l'inverse : Jacques Chirac avec sa fracture sociale ou la promesse de Nicolas Sarkozy de gagner plus en travaillant plus, manque de pot les salariés ont travaillé plus sans véritablement gagner plus et le chômage a explosé.

Il est vraisemblable que François Hollande a raison d'assumer pleinement sa stratégie d'un pacte avec les entreprises. Ça passe maintenant ou ça casse. Le patronat joue le jeu, l'économie repart, et le chômage baisse... ou pas. Le problème, c'est que les partenaires sociaux en France, patronat et syndicat, n'ont pas l'habitude de jouer ensemble l'intérêt commun. Mais au début de 2014, on a le droit de rêver.

Qui succédera à José Manuel Barroso ?

Jeudi 16 janvier 2014

Après les élections européennes, qui succédera à José Manuel Barroso à la tête de la Commission ?

À ma gauche, le social-démocrate Martin Schulz, à ma droite le Français Michel Barnier.

Je précise que les nouvelles règles de désignation du président de la Commission européenne obligent les partis politiques européens à désigner les candidats en amont des élections, et exigent des candidats qu'ils participent à la campagne européenne. En effet, le futur président devra s'assurer d'une majorité au sein du Parlement européen, avant de pouvoir être proposé par le Conseil européen des chefs d'État. Finies les tractations opaques à la barbe des citoyens.

Nous sommes dans la période où les partis politiques nationaux désignent leur candidat ; dans le même temps, les familles politiques européennes rassemblant les partis nationaux désignent leurs candidats pour la présidence de la Commission qui seront en fait des candidats têtes de liste européennes.

Les socialistes européens choisiront le président du Parlement actuel, Martin Schulz. Les Verts européens, à l'occasion d'une primaire, désigneront un couple dont l'élément mâle sera José Bové. Les libéraux démocrates, formation dont fait partie le MoDem, se déchirent entre le commissaire finlandais, Olli Rehn, véritable somnifère politique, et Guy Verhofstadt, l'ancien Premier ministre belge. La gauche de la gauche européenne, elle, a choisi le leader grec, Tsípras.

À droite, un duel d'ombres chinoises se profile à l'horizon entre un candidat déclaré, Michel Barnier, et un candidat chouchou de la chancelière non déclaré, l'ancien Premier ministre luxembourgeois, Jean-Claude Juncker. Pour une grande partie de l'UMP, dont Copé, Michel Barnier est trop européen. Le Jacques Delors de la droite française a pourtant toutes les qualités requises et l'expérience pour redynamiser la Commission européenne qui en a bien besoin. Tout comme d'ailleurs le socialiste, Martin Schulz. Mais voilà, la droite européenne, aussi divisée et hypocrite que l'UMP sur l'Europe, n'arrive visiblement pas à faire le pas. Dommage pour elle, car elle a un bon candidat et déterminé de plus.

On peut se retrouver dans cette situation paradoxale où François Hollande soutiendrait un candidat de droite pendant qu'Angela Merkel ferait la campagne d'un candidat de gauche.

Ce n'est pas si bizarre que ça.

Proposé par le Parlement européen, le futur président de la Commission devra trouver une majorité qualifiée au sein du Conseil européen. Il est évident que François Hollande soutiendrait une personnalité comme Michel Barnier, et que Mme Merkel, chancelière d'une grande coalition, ferait de même avec Martin Schulz.

Ce n'est pas le monde à l'envers. C'est dans la logique de la construction européenne. La Commission européenne réunit des commissaires affiliés à des partis politiques différents. C'est pour cela que des personnalités politiques européennes doivent avoir des qualités, des convictions et une capacité à négocier pour trouver des compromis. Les grandes déclarations péremptoires peuvent faire illusion pendant une campagne électorale, mais se ridiculisent instantanément dans le quotidien européen.

Le concurrent ou l'adversaire politique ne dit pas et ne pense pas que des bêtises.

Surprenant, non, cette vérité de La Palice ?

Vincent Lambert

Vendredi 17 janvier 2014

La justice a tranché : il n'y aura pas d'euthanasie pour Vincent Lambert.

Cette affaire me touche, me bouleverse et me met même un peu en colère.

En écoutant l'interview du neveu de Vincent Lambert, j'ai senti un agacement monter en moi. Non contre le neveu, qui a fait preuve d'une dignité et d'un calme à toute épreuve, mais contre quelque chose qui me dérangeait. De quel droit les parents de Vincent Lambert veulent imposer leur vue, et disons-le, leur idéologie à la femme, aux amis de Vincent Lambert ?

Un homme adulte s'émancipe, s'autonomise de sa famille, crée sa propre famille, devient maître de sa propre vie. Avec raison, l'épouse de Vincent Lambert, Rachel Lambert, se demande dans une interview donnée au *Monde* de quel droit la justice statue sur une décision médicale donnant raison aux parents contre l'épouse. C'est sa femme qui a vécu avec lui les moments les plus intimes, les discussions les plus intenses des dernières années avant l'accident. Elle seule, avec leurs amis, sait comment voulait vivre et ne pas vivre Vincent Lambert. C'est elle qui légitimement connaît la volonté, l'état d'esprit de Vincent Lambert.

Un enfant qui devient adulte échappe à ses parents. Autant je comprends la douleur que peuvent ressentir des parents, autant je trouve inadmissible que la religion, l'idéologie des parents imposent et balaient la vie d'adulte de leur enfant.

La majorité, ce n'est pas seulement avoir le droit de voter, c'est avoir la possibilité de vivre sa vie, de choisir librement son conjoint, ses amis, son métier. Un adulte n'appartient plus à ses parents. Que les parents osent imposer leur fantasme idéologique à l'épouse et aux amis de Vincent Lambert adulte est déjà scandaleux. Mais que la justice donne raison aux parents me révolte.

Il est presque impossible d'avoir une position tranchée sur l'euthanasie ? Le nier serait indécent. Néanmoins, je maintiens que nous avons un droit absolu de choisir notre vie et notre mort.

Cela me rappelle l'histoire d'un footballeur allemand, Timo Konietzka, bien connu parce qu'il a marqué le premier but de la Bundesliga qui venait d'être créée. Après avoir eu un cancer du foie et des années de traitement et de souffrances, il a décidé, à soixante-treize ans, vivant en Suisse, de mettre fin à sa vie. Alors, il a réuni ses proches, ses enfants, sa femme, ses amis, et il leur a dit adieu, puis il est parti. Dans un très beau témoignage, sa femme en larmes a raconté que la journée de sa mort a commencé par une coupe de champagne.

Arrêtons de parler d'euthanasie, ce mot qui réveille tant de souvenirs historiques effroyables. Parlons de la liberté. Car être libre de choisir, c'est justement le fondement de la liberté. Si un être humain refuse l'acharnement thérapeutique, il faut accepter son choix. Je conçois que c'est plus facile à dire quand on est en bonne santé qu'à exécuter en cas de maladie ou d'accident, mais pour moi il faut respecter la victime et les choix de la personne aimée.

C'est une question d'empathie et non d'idéologie.

L'avenue Foch piétonnière ?

Lundi 20 janvier 2014

Selon *Le Journal du dimanche*, la mairie de Paris envisage de transformer l'avenue Foch en une gigantesque zone piétonnière et verdoyante, avec également la construction de logements.

J'adore cette idée et j'avoue que je ne me suis jamais aussi rapidement intéressé à un projet municipal.

Que le député maire du XVIe arrondissement, M. Goasguen, dénonce avec vigueur le projet pour lui abracadabrantesque n'a fait que mobiliser ma curiosité.

Il faut dire que l'histoire urbaine de Paris n'est pas riche en grands projets visionnaires métamorphosant la topographie de la ville. Évidemment, on pense au baron Haussmann. Sa volonté d'assainir la ville et son obsession à vouloir briser les émeutes populaires l'ont conduit à doter Paris de ses grandes avenues, que nous connaissons aujourd'hui.

Un siècle plus tard, le président Pompidou, obsédé, lui, par la circulation, transforma une partie des berges de la Seine en autoroute, et surtout défendit un plan on ne peut plus abracadabrantesque : recouvrir le canal Saint-Martin pour construire une autoroute urbaine. Ce n'est pas une blague.

Le projet de piétonisation de l'avenue Foch, avec bureaux, logements, places publiques et coulée verte vers le bois de Boulogne, doit être le début d'un grand débat à l'occasion des élections municipales.

La ville du XXIe siècle, je dis banco.

Mais il faut aller plus loin. Péage comme à Londres ou à Stockholm à l'entrée de la ville; développement de toutes les formes de transport en commun, tramway, RER express. Il faut ressusciter la petite ceinture ferroviaire, retrouver un mix dans toute la ville de logements sociaux et de grandes tours urbaines. Il faut redonner aux rues et places de la ville une fonction sociale et culturelle. Bref, il faut se réapproprier la ville souvent abandonnée aux voitures.

Au moment où la réalisation du Grand Paris est à l'ordre du jour, il faut commencer à voir grand. Servons-nous, par exemple, de l'idée des Jeux olympiques possibles à Paris en 2024, pour intégrer une vision utopique de la ville de demain.

Non seulement des Jeux de la proximité, mais, comme cela était le cas pour Barcelone en 1992, des Jeux de la rénovation urbaine. M. Maragall fut un maire talentueux de la ville de Barcelone parce qu'il a osé.

Gauche, droite, centre, écologistes, osez vous lancer dans une belle confrontation visionnaire.

Que la campagne municipale de 2014 devienne le point de départ d'un vaste, d'un nouvel élan pour Paris. Du coup, l'histoire de Paris restera à jamais marquée par une femme : Anne Hidalgo ou Nathalie Kosciusko-Morizet.

Après Louise Michel et la Commune, une belle utopie parisienne.

La conférence de Genève sur la Syrie

Mardi 21 janvier 2014

À la veille de l'ouverture de cette fameuse conférence dite « conférence de Genève 2 », je tiens l'inconsistance de la politique étrangère des grandes démocraties occidentales pour responsable de l'échec programmé.

Dans la foulée des printemps arabes, les révoltes contre Assad devaient sonner le glas du dictateur. « Assad ne peut pas gagner, claironnaient les chancelleries, il doit partir. » Mais en même temps, fatigués par les interventions multiples et les échecs en Afghanistan, en Irak, en Libye, nous nous sommes laissés aller à théoriser la fatigue. « Toute aide militaire aux rebelles ne pourrait qu'aggraver la situation », entendait-on.

Le constat est terrible : plus de 130000 morts, des millions de réfugiés déstabilisant toute la région, une sauvagerie sur le terrain longtemps inimaginable. Au moment, par exemple, où une interdiction de décoller de l'aviation syrienne aurait pu faire comprendre à Bachar al-Assad que son heure avait sonné, on a laissé le peuple syrien seul. Alors, l'Arabie saoudite, le Qatar ont armé les rebelles islamistes qui ont pris l'initiative et le leadership de la guerre contre les troupes de Bachar al-Assad.

Et maintenant, nous en sommes à devoir choisir entre l'horreur et l'horrible, soutenir une opposition plutôt démocratique et laïque, mais défaite sur le terrain par l'armée d'Assad d'un côté et les islamistes de l'autre, ou accepter un compromis. La question de l'intervention militaire devient académique et futile. C'est l'heure du cynisme. À la recherche d'un équilibre et d'une stabilité pour la région, on retombe sur Assad. Soutenu de main de maître par Poutine, le boucher de Damas a su, après l'utilisation de l'arme chimique, retomber sur ses pieds, collaborer avec l'ONU et redevenir incontournable.

Et pourquoi exclure l'Iran de la table des négociations ?

Au moment où l'on a réussi à relancer les négociations avec l'Iran sur l'arme nucléaire, exclure la diplomatie iranienne au prétexte qu'elle soutient Assad est vain. L'Iran reste incontournable si l'on veut à moyen terme stabiliser la région.

Je prétends que, ensemble, l'Iran et la Russie peuvent forcer Assad, sinon à son départ, du moins à partager du pouvoir. L'administration du président Rohani et son ministre des Affaires étrangères ont besoin d'une reconnaissance diplomatique pour desserrer l'étau qu'impose le pouvoir religieux. Demander à l'Iran de signer avant la conférence un texte qui devrait être acquis pendant les négociations est tout à fait incompréhensible.

On n'a pas pu ni voulu défendre sur le terrain les révoltes contre Assad, alors on doit négocier avec tout le monde sans exception.

Tayyip Erdoğan

Mercredi 22 janvier 2014

Je connais depuis longtemps le Premier ministre turc, Recep Tayyip Erdoğan. Nous nous sommes rencontrés plusieurs fois à Ankara et à Istanbul.

Hier après-midi, il était l'invité de la conférence des présidents de groupes européens au Parlement à Bruxelles.

Quand il est entré dans la salle, visiblement content de lui, son petit sourire suffisant en disait long. Il venait à Bruxelles accélérer les négociations avec l'Union européenne et surtout obtenir la libre circulation avec la Turquie sans visa pour les citoyens turcs et européens.

Recep Tayyip ne doute jamais.

Son leitmotiv : « J'ai été réélu deux fois avec une majorité toujours plus importante. J'ai gagné toutes les élections intermédiaires régionales et municipales, donc je ne peux pas avoir tort. La corruption ? Mais enfin, voyez, nous avons 4 % de croissance avec une économie qui construit des ponts, des écoles. Notre bilan environnemental est le meilleur comparé aux régimes précédents, etc. Un État florissant ne peut pas être gangrené par la corruption. »

Je lui réponds : « Et la Chine ? »

Il fait semblant de ne pas avoir compris.

Les interventions contre la justice, la police, les enquêtes parlementaires ?

« Mais enfin, messieurs les présidents, c'est le Parlement, c'est ma majorité qui légifère. Sur 240 000 policiers, nous en avons débarqué quelques centaines. Où est le problème ? »

On passe à l'international. Il évoque les nouvelles révélations sur les crimes de Bachar al-Assad, en Syrie, et regrette, ensuite, que l'Europe n'ait pas condamné le coup d'État militaire en Égypte.

Là, ça chauffe.

Je lui dis que je suis d'accord avec lui sur le coup d'État, mais qu'il n'a pas parlé de la dérive des Frères musulmans au pouvoir.

Il me répond : « Les Frères musulmans ont été élus avec 52 % des suffrages, le candidat de l'armée avait sombré. »

Je lui rappelle que Hitler est arrivé légalement au pouvoir.

Là, nous sommes en surchauffe. Ma provoc a été un peu loin.

Il conclut : « Le peuple, c'est moi. Le peuple est avec moi. Le peuple est victime d'un complot international. »

Bref, la Turquie, c'est moi, Recep Tayyip Erdoğan.

Il s'est défendu avec acharnement.

Il ne veut pas rompre avec l'Union européenne.

Christine Lagarde, présidente de la Commission européenne?

Jeudi 23 janvier 2014

Le bruit court, ces jours-ci, que Christine Lagarde serait proposée comme présidente de la Commission par le Parti populaire européen.

Il faut savoir que Mme Merkel n'est pas enchantée par la candidature de Michel Barnier, qui a officiellement postulé à ce poste. Elle ne l'aime pas beaucoup (il est trop communautaire) et elle a dû renoncer à la candidature de son chouchou, Jean-Claude Juncker, qui ne veut pas être président de la Commission parce que c'est trop de travail pour lui. Il a passé l'âge.

Donc, on sort du chapeau Christine Lagarde.

On aurait demandé l'avis de Nicolas Sarkozy, mais pas celui de Copé ni des autres seconds couteaux de l'UMP.

Que peut faire le PPE? Laisser courir Michel Barnier jusqu'aux élections européennes et ressortir l'hypothèse Christine Lagarde juste après? Il faut savoir que Christine Lagarde est au milieu de son mandat au FMI. Elle a été nommée en 2011, pour cinq ans, donc jusqu'à 2016. Je ne vois pas Christine Lagarde démissionner aujourd'hui du Fonds monétaire international pour faire campagne. Ça, ça serait un coup de théâtre extraordinaire. Il est plus vraisemblable de pousser lentement mais sûrement l'idée que quelqu'un comme Christine Lagarde puisse être présidente de la Commission et ça se fera après les élections.

Ce n'est pas un mauvais choix. Pas moins que celui de Michel Barnier ou même celui du président Schulz.

Le problème pour Christine Lagarde est de savoir si elle peut acquérir une réelle indépendance face à ceux qui l'auront aidée à obtenir ce poste. L'Allemagne, par exemple, et le gouvernement dont elle dépend. La Commission ne doit pas représenter les gouvernements, mais l'intérêt général européen. Tout dépendra de la capacité de Christine Lagarde à s'autonomiser.

Pour elle, je pense que la présidence de la Commission européenne est plus excitante que celle du FMI. Le pouvoir du FMI est strictement économique. Le président, ou la présidente, de la Commission européenne a un pouvoir politico-stratégique.

Pour Christine Lagarde, ou tout autre président, c'est un défi absolument fascinant et passionnant.

Le film *Twelve Years a Slave*

Vendredi 24 janvier 2014

Hier, je suis allé voir le film de Steve McQueen *Twelve Years a Slave*.

Je suis sorti complètement sonné du cinéma.

Steve McQueen nous raconte une histoire ahurissante qui est pourtant l'adaptation fidèle d'une autobiographie d'un esclave publiée en 1854. Comme l'explique le réalisateur, on a souvent vu au cinéma des images d'Africains enchaînés, débarquant aux États-Unis. Mais 10 % des Noirs qui vivaient à l'époque en Amérique étaient des hommes libres. Avec la fin de la traite d'esclaves venus d'Afrique, les négriers ont commencé à kidnapper des hommes de couleur dans les États du Nord pour les vendre comme esclaves dans les États du Sud. La brutalité vécue au quotidien par Solomon Northup, l'esclave kidnappé, nous fait découvrir une autre version de la banalité du mal. Rien ne nous est épargné. Le sadisme du maître se servant de son fouet avec une cruauté tellement insupportable que nous comprenons à chaque claquement des sangles pourquoi les corps et les esprits des Blacks américains sont aujourd'hui encore profondément marqués par ce cauchemar vécu par leurs frères et leurs sœurs, cauchemar qui a pavé la construction du rêve américain. *Twelve Years a Slave* est un film physique. La caméra s'incruste sur les corps meurtris pour faire place, à d'autres moments, à de longs travellings nous permettant de découvrir dans des paysages flamboyants le travail et la vie quotidienne des esclaves. L'esclavage ne fut aboli qu'il y a environ cent cinquante ans. Vous sortez du cinéma et vous vous demandez pourquoi, pourquoi, pourquoi l'homme blanc fut aussi cruel. Un voyage de plus de deux heures dans les profondeurs les plus abjectes de la psychologie humaine. Comme l'écrit fort justement David Fontaine dans *Le Canard enchaîné* : « Ce film est une œuvre de salubrité publique. »

Certains films, non seulement bouleversent les spectateurs, mais les sensibilisent au malheur d'autrui. J'ai vu il y a quelques années *La Liste de Schindler* dans un cinéma de Francfort. Le cinéma était bondé de jeunes, des Allemands, mais aussi des immigrés venant de Turquie, d'Espagne, des Balkans, de je ne sais où. Tous ces jeunes ont, pour la première fois, ressenti physiquement l'horreur de la Shoah. La plupart avaient les larmes aux yeux. Je suis persuadé que *Twelve Years a Slave* marquera des centaines de milliers de spectateurs.

Des films comme *La Liste de Schindler*, *Twelve Years a Slave*, ou *À l'Ouest rien de nouveau*, l'adaptation du roman d'Erich Maria Remarque sur la Première Guerre mondiale par Delbert Mann, sensibilisent les spectateurs. D'autres, comme *Shoah*, de Claude Lanzmann, donnent des clés d'explication.

Un film peut non seulement être utile, mais il peut provoquer de véritables prises de conscience.

Le FN en tête d'un sondage

Lundi 27 janvier 2014

Surprise ! Front national, 23 %, UMP, 21 %, PS, 18 %. Voilà les résultats d'un sondage réalisé par l'IFOP et publié hier par *Le Journal du dimanche*.

Surprise ? Il ne faut pas exagérer.

Je voudrais souligner, resouligner, trois fois souligner, qu'un sondage n'est qu'une photo de l'opinion des électeurs potentiels à un moment donné. On croit toujours que c'est une prévision électorale.

J'ai récupéré le sondage de février 2009, quatre mois avant les élections. Le titre, c'était : « Percée de François Bayrou, et percée de Besancenot ». À la fin, François Bayrou, qui était à 14,5 % dans ce sondage, s'est effondré à 8 % et des poussières. Le NPA n'a même pas existé, il était à 9 %, il est à 2 %. Et Europe Écologie, qui était à 7 %, est passé à 16,28 %. L'UMP était à 26 %, elle a fini à 28 %. Et le Front national est resté dans les prévisions.

Je dis ça parce que les 23 % du Front national sont le résultat d'une frustration qui existe, mais qui s'explique aussi par le comportement des Français quand ils voient ce que font les politiques. À deux mois des élections municipales, les intentions de vote se superposent. Pour faire court, je prends les chiffres du MoDem qui s'est effondré, du NPA qui s'est effondré, d'Europe Écologie qui justement a explosé pour dire que cette photo publiée ne veut rien dire. Si ce n'est qu'il y a des tas de gens qui en ont marre de l'UMP, qui en ont marre aussi du PS, et qui vont vers le Front national. Ce n'est que le début de la campagne et il faut prendre cette campagne au sérieux.

Évidemment, quand on observe la comédie des désignations des têtes de liste dans plusieurs partis, il y a de quoi frémir.

UMP, PS, MoDem, UDI et Front de gauche sont plus occupés à se dénigrer mutuellement qu'à présenter des castings alléchants.

Au FN, pas de problème, c'est la chef qui décide.

Europe Écologie, une fois n'est pas coutume, a réussi sans trop de conflits à nous donner des têtes de liste rationnelles.

J'aimerais tant que les médias ne répètent pas simplement ce que disent les candidats. J'aimerais tant qu'ils les questionnent, les remettent en question, et surtout leur demandent : « Si vous êtes député, madame Le Pen, monsieur Mélenchon, vous irez combien de fois à Strasbourg ou Bruxelles ? 6250 euros mensuels nets pour aller siéger trois jours par mois, c'est bien payé ! Ne serait-ce pas ce qu'on appelle un emploi fictif ? »

Un référendum sur l'entrée de la Turquie dans l'UE

Mardi 28 janvier 2014

Au cours de sa visite à Istanbul, François Hollande a cru utile de préciser qu'il y aurait le moment venu un référendum en France sur l'entrée de la Turquie dans l'Union européenne.

J'en ai vraiment ras le bol de cette hypocrisie.

Les négociations avec la Turquie sur cette adhésion ont commencé en 2005. Sur 35 chapitres, on en a ouvert 14. À ce rythme, l'éventuelle adhésion de la Turquie se produira dans une quinzaine d'années (à condition que les négociations continuent). Hollande, même s'il est réélu, ne sera plus là. De quoi il se mêle ?

De plus, tout le monde sait qu'aujourd'hui il n'y aura pas d'adhésion de la Turquie. J'étais pour l'adhésion, je le suis toujours, mais si ça ne le fait pas, ça ne le fait pas. Rien ne sert de s'acharner. Il faut innover. Chercher les bases d'un partenariat privilégié, travailler à rapprocher la Turquie de l'Europe, discuter sur les problèmes de liberté. Mais faire miroiter un référendum et une adhésion en même temps, c'est mentir.

Il n'y aura pas d'adhésion. Qu'on le dise !

Comme Nicolas Sarkozy, François Hollande est contre l'entrée de la Turquie dans l'Union européenne. Seulement, il ne veut pas le dire. Alors il avance cette idée d'un référendum. Vous voyez un peu un référendum sur la Turquie en ce moment ? On va dire : « La tour Eiffel va devenir un minaret, le Sacré-Cœur va devenir une mosquée... » On va devenir complètement dingues. « Le halal sera imposé à Europe 1. Vous n'aurez le droit de bouffer que du halal... » Il faut arrêter avec ces folies.

Je reproche à François Hollande son manque de clarté.

À un moment, il faut être clair, il faut être sérieux. Il faut dire : « Aujourd'hui, l'Europe est mal en point, nous devons réformer le fonctionnement de l'Europe. Tant qu'on n'aura pas réformé, on ne pourra pas avancer. Donc, plus d'adhésion avant une réforme profonde des institutions européennes. Pendant cette période, travaillons à une idée de partenariat privilégié qui vaudra pour la Turquie, pour la Serbie, pour les Balkans, pour l'Ukraine. Et si le Royaume-Uni veut sortir de l'Europe, prévoyons un partenariat privilégié avec les Anglais. Au moins, ayons une stratégie cohérente qui corresponde à la réalité.

Je reproche à Hollande d'être incapable de dire aux Français : « Ne vous prenez pas la tête avec l'adhésion de la Turquie. Le sujet qui mérite tous nos efforts et toute notre énergie, c'est de rapprocher la Turquie et l'Europe. Nous devons trouver les bonnes formules pour permettre de rapprocher un pays de l'Islam de l'Europe. »

Ça, c'est la vraie question.

Peter Hartz, conseiller de François Hollande ?

Mercredi 29 janvier 2014

On dit que Peter Hartz a séduit François Hollande.

Entre 2002 et 2008, Hartz et le gouvernement Schröder-Fischer ont redynamisé le marché du travail en Allemagne. Avec des mesures très dures pour les chômeurs, ils ont introduit la flexibilité dans le marché du travail avec des jobs, des mini-jobs et de la précarité pour permettre aux petites entreprises, pour permettre aux artisans, d'embaucher. Les méthodes de Hartz ne sont pas la solution, mais il est vrai qu'il a permis à l'Allemagne de se remettre au travail.

Pour autant, Hartz n'est pas aimé en Allemagne.

Les syndicats le haïssent et les patrons ne l'aiment pas parce qu'il leur a imposé des contreparties. Et ça, le patronat n'aime pas. Donc, en fait, Hartz, c'est celui dont on dit qu'il a été l'artisan du réveil de l'Allemagne, qui était à 12 % de chômage, et en même temps, c'est le mal-aimé.

Hollande n'a rien à espérer de Hartz. Il n'y a pas de potion magique. L'Allemagne est un pays dynamique, une économie dynamique, profondément injuste socialement. La France est une économie léthargique, profondément injuste socialement. Quand je lis dans *Le Monde* : « Les usines françaises malades de sous-investissements, sites vétustes, machines d'un autre âge », je dis : voilà le problème. Le patronat français est un patronat de rentiers.

Les syndicats français sont ultra-idéologiques. Ce n'est pas comme ça qu'on va sortir la France du marasme.

Que le patronat avoue qu'il a vécu de rentes et qu'il n'a pas investi dans la recherche. Dans le secteur Recherche-Développement, Peugeot a investi dix fois moins que Volkswagen. Vous comprenez pourquoi les Peugeot ne se vendent plus et pourquoi Volkswagen caracole dans le monde. La France doit se demander pourquoi, pendant vingt ans, elle a pris un tel retard et comment elle peut rattraper ce retard.

Il faut moderniser l'appareil productif français, il faut moderniser les services français. La France souvent ne sait pas vendre. Elle a des exceptions technologiques qu'elle ne sait même pas vendre. À part Airbus. Chaque fois, on me sort Airbus, Airbus, Airbus... Oui, mais l'économie, ce n'est pas simplement Airbus, ce n'est pas une centrale nucléaire. L'économie, ce sont des milliers, des dizaines de milliers, des centaines de milliers de petites entreprises qui fonctionnent, qui innovent. Ça, c'est la force de l'Allemagne.

La déclaration de patrimoine des parlementaires européens

Jeudi 30 janvier 2014

Député européen élu en France, je dois remplir d'ici samedi une déclaration de patrimoine comme y sont tenus tous les députés, sénateurs, élus locaux, hauts fonctionnaires et membres de cabinets ministériels.

Je ne suis pas paranoïaque, mais j'ai l'impression qu'un fonctionnaire sadique de Bercy a pris un malin plaisir à rédiger ce questionnaire dans un charabia administratif vraiment incompréhensible.

Je vous donne un exemple très simple : vous devez, p. 15, déclarer votre voiture. Très bien. Donc je déclare ma voiture, une Volvo, achetée d'occasion en 2005, 15000 euros, 30000 kilomètres au compteur. Et maintenant, ils me disent : « Mais quelle est la valeur vénale – c'est-à-dire la valeur en argent – de votre voiture aujourd'hui ? » Mais qu'est-ce que ça peut leur foutre ? Je n'en sais rien. Elle vaut 2000, 3000 euros ou rien du tout.

Parlons du patrimoine immobilier parce que c'est le sujet qui intéresse l'opinion, semble-t-il. En 1996, nous avons acheté à quatre une maison dans le sud de la France. Il faut donner le nom des personnes à qui on a acheté la maison. Qu'est-ce que ça peut leur foutre ? Après, il faut déclarer le montant des modernisations de la maison. Écolo oblige, donc panneaux solaires photovoltaïques, etc. Très bien. Et maintenant, ils vous demandent la valeur vénale de la maison aujourd'hui. Vous devez dire ce qui vous revient à vous. Mais comme on est quatre, on ne peut pas la diviser. Je suis incapable de dire ce qui me revient de la valeur vénale de la maison, que je n'ai jamais fait estimer parce que je ne veux pas la vendre et que j'espère ne pas mourir, donc on n'a pas besoin d'un héritage.

Je ne suis pas contre le principe de cette déclaration. Il suffisait simplement de demander aux élus l'état de leur bien immobilier, le montant de leur salaire, le montant de leurs revenus complémentaires. Et basta ! Et puis franchement, s'ils ont un compte en Suisse ou ailleurs, ils ne vont pas le déclarer.

La manière dont ce questionnaire a été pensé et rédigé trahit une suspicion généralisée sur les élus. « Tous pourris », c'est le poujadisme mis en forme administrative. Puisque vous êtes suspect, vous devez vous défendre, vous devez déclarer.

Ce genre d'attitude tue la démocratie.

La bonne solution reste de demander aux élus de déclarer leur patrimoine simplement et après on voit. S'il y a un problème avec un élu, une éventuelle suspicion, on reviendra sur la déclaration en disant : « Là, vous avez omis de dire quelque chose. » Donc ce n'est pas a priori, mais c'est après que l'on doit clarifier les choses.

Il faut partir de l'idée que tous les députés, tous les élus sont clean.

Après, il y a quelques exceptions.

L'enlisement en Ukraine

Vendredi 31 janvier 2014

La situation s'enlise un peu plus chaque jour en Ukraine.

On a d'un côté l'Union européenne, son partenariat oriental, ses accords d'association et, de l'autre, la Russie qui a créé une union douanière avec la Biélorussie, le Kazakhstan et bientôt l'Arménie. Poutine voudrait y intégrer l'Ukraine.

Ianoukovitch, le président ukrainien, n'a pas signé l'accord d'association avec l'Europe, mais a signé un accord économique, d'énergie, avec la Russie, et en plus avec un prêt de 15 milliards d'euros. Devant cette décision, les jeunes Ukrainiens sont descendus dans la rue en disant : « Non, pour nous la perspective, ce n'est pas la Russie, l'union douanière, c'est l'Europe, c'est le mode de vie, c'est la liberté, c'est la démocratie européenne. » Et là, une partie du peuple ukrainien les a suivis. Quelle est la majorité ? Où est la fracture, la rupture entre l'Est et l'Ouest ? On ne sait pas vraiment s'il s'agit d'une fracture générationnelle, mais ce qui est sûr, c'est que le pouvoir a durci aujourd'hui son régime. La brutalité est incroyable. Il y a près de 200 disparus. Il y a des tas de gens en taule, des blessés, des morts.

Et dans une semaine commencent les Jeux de Sotchi.

Poutine ne peut pas se permettre un bain de sang en Ukraine à l'ouverture des Jeux olympiques. Imaginez un bain de sang en Ukraine au nom d'une orientation vers la Russie, eh bien, ça va être le chaos à Sotchi. De sorte que Poutine, qui tire les ficelles, dit : « Non-ingérence. » Mais il ne faut jamais le croire.

Évidemment qu'aujourd'hui il essaie de trouver avec Ianoukovitch une porte de sortie.

Évidemment que le plus simple serait des élections présidentielles anticipées, suivies dans la foulée par des élections législatives. Mais là, Ianoukovitch perdrait la face. On va donc peut-être réformer la Constitution, réduire le pouvoir du président et organiser des élections législatives. Au moins, pourrait-on annoncer des élections législatives, ce qui calmerait le jeu.

Mais ce n'est pas joué.

Le pire serait le coup d'État à la Jaruzelski, celui de décembre 1981, organisé pour briser l'élan de la Pologne de Solidarność. Je crois qu'un tel scénario peut arriver et on aurait un général aux lunettes noires Jaruzelski, on aurait un Ianoukovitch, on aurait un pouvoir dur autoritaire.

Les Jeux olympiques passés, Poutine pourrait se permettre tout et n'importe quoi et ça se terminerait dans un bain de sang assez effroyable.

Je suivrai les Jeux de Sotchi avec l'espoir qu'il se produise quelque chose d'autre que sportif. J'avoue que je suis un peu refroidi par ce qui se passe, mais ça serait mentir de dire que je ne regarderai pas la descente ou un slalom, car ça m'intéresse.

La manifestation pour tous

Lundi 3 février 2014

Je serai le dernier à critiquer le droit de manifester.

Il faut manifester, manifester. On peut être contre tout, on peut remettre en question Galilée, on peut redemander l'Inquisition... tout ça, ça ne me dérange pas.

Mais quand ce sont des rumeurs qui structurent la pensée, quand la haine et l'ignorance s'en mêlent, ça devient catastrophique.

Ainsi la rumeur sur la masturbation. Comme si quelqu'un avait pensé que la masturbation entrerait dans le curriculum des maternelles. Rappelez-vous la rumeur qui prétendait que les maires de Seine-Saint-Denis se faisaient payer pour accueillir des Noirs dans leur commune. À Niort, le bruit courait que la maire s'était mariée dans une commune d'à côté avec un Noir et qu'elle avait reçu de l'argent pour cela. Rappelez-vous Orléans où on racontait que des jeunes filles disparaissaient dans les salons d'essayage de magasins tenus par des commerçants juifs. Évidemment, c'était faux. C'est toujours la même chose : la peur, la haine, ça mange les âmes, ça dévore les âmes et ça devient incroyable.

Chacun de nous est responsable de ce qu'il dit et de ce qu'il pense. Personne n'a le droit, au prétexte de légitimer ses convictions, d'inventer des choses horribles et incroyables.

On peut débattre pour savoir si c'est le rôle de l'école de parler de la théorie du genre. Qu'est-ce qu'un garçon ? Qu'est-ce qu'une fille ? Il y a de la théorie derrière cette question. Si l'école n'apprend pas aux jeunes et aux enfants à réfléchir et à penser par eux-mêmes, alors ils auront des difficultés à vivre dans le monde d'aujourd'hui. Mais pourquoi ceux que cette question dérange sont-ils prêts à croire n'importe quelle imbécillité ? Évidemment qu'on ne veut pas enlever les enfants à leur famille, on veut simplement que le monde, aujourd'hui, soit appris à l'école.

On ne doit pas laisser se propager l'idée qu'une partie de la société française développe une haine de la famille. On s'oppose au mariage gay, alors que les mariages d'homosexuels ne représentent pas 1 % des mariages célébrés.

99 % de ceux qui veulent se marier vont à l'église, à la synagogue, dans une mosquée, dans un temple, à la mairie. Personne ne les en empêche.

Ce n'est pas vrai que cette société est contre la famille. Au contraire, elle est dans le champ de la famille.

Il y a plusieurs formes de familles, c'est tout.

Qu'on arrête de raconter des histoires.

Rencontre entre François Hollande et David Cameron

Mardi 4 février 2014

Vendredi dernier, François Hollande et David Cameron se sont vus sur une base de la Royal Air Force, en Angleterre, où ils ont parlé de défense européenne.

Les États-Unis dépensent 680 milliards de dollars par an pour leur défense. L'Union européenne 275 milliards. Les Chinois 166 milliards et les Russes 90 milliards.

Si on additionne les forces armées de chacun des pays, nous avons en Europe 1 800 000 soldats en uniforme.

Pour quoi faire ?

À peine 10 % des forces armées en Europe sont capables d'intervenir. Et encore, pour décider d'intervenir quelque part, il faut que les États soient tous d'accord. Pire : en 2001, les chefs de gouvernement avaient décidé de mettre sur pied une troupe potentielle de 60 000 soldats mobilisables en soixante jours. Ça ne s'est pas fait et, aujourd'hui, on peut tout juste mobiliser 1 500 soldats, à condition que tout le monde soit d'accord.

En créant l'armée de l'Union européenne, on disposerait de 300 000 à 400 000 soldats capables d'intervenir et on économiserait plus de 100 milliards d'euros.

Michel Barnier, quand il était commissaire en 2006, a proposé d'organiser une force européenne de protection civile qui, quand il y a des tsunamis, des tempêtes, des grandes crises, pourrait intervenir collectivement parce qu'on n'y arrive plus au niveau national.

Il faut beaucoup d'optimisme pour imaginer que les pays européens soient capables de se mettre d'accord pour créer une armée commune.

Il faut pourtant s'y essayer, ne serait-ce que pour démontrer que notre fainéantise intellectuelle nous interdit de penser l'Europe, de penser notre avenir.

Si nous voulons exister dans le monde de demain, nous n'existerons qu'en tant qu'Europe. Les 59 milliards d'euros des Français, les 61 milliards des Anglais, les 45 milliards des Allemands dépensés chaque année, c'est de l'argent foutu en l'air !

Nous devons être capables de partager une souveraineté.

La question militaire en est la démonstration. Si nous n'arrivons pas à avoir une vision commune, un contrôle démocratique commun de ces forces d'intervention civile, nous ne pèserons plus dans le monde de demain.

Je ne suis toujours pas militariste. C'est le contraire !

Une armée européenne, ça entraîne aussi un désarmement, ça signifie qu'on n'est pas obligé d'acheter vingt-huit fois les mêmes tanks, vingt-huit fois les mêmes mitraillettes, etc.

C'est ça, l'idée.

Pape Diouf, candidat à la mairie de Marseille

Mercredi 5 février 2014

Pape Diouf, l'ancien président de l'OM, se présente à la mairie de Marseille et je trouve que cette candidature a un sens.

La bouillabaisse marseillaise électorale était jusqu'à présent assez indigeste. Vous aviez d'un côté Jean-Claude Gaudin, soixante-quinze ans, maire depuis dix-huit ans, conseiller municipal depuis 1965, donc depuis cinquante ans! Et de l'autre, Patrick Mennucci, qui essaie d'exfiltrer le Parti socialiste du système Guérini qui a quand même fonctionné avec des pots-de-vin et un clientélisme des plus révoltants.

Pape Diouf propose une nouvelle offre et j'aime bien la manière dont il se veut conciliateur et réconciliateur. Il veut fédérer les talents, relancer la capacité d'initiative et offrir aux Marseillais la possibilité d'un sursaut. C'est quand même assez sympa.

Je connais Pape Diouf. Il m'a demandé : «Est-ce que tu crois que ça vaut le coup d'y aller?» Je lui ai dit : «Si tu as envie, oui. Si tu as envie vraiment de changer quelque chose, de donner, de changer l'espace politique à Marseille, vas-y.» C'est ce qu'il a fait.

Du coup, je trouve la campagne électorale de Marseille plus intéressante. Jusqu'à présent, la question était de savoir si le Front national allait complètement plomber la droite et si la gauche allait réussir à se rassembler. Aujourd'hui, la question est de savoir si Pape Diouf va réussir à mobiliser les abstentionnistes des quartiers les plus défavorisés ? S'il y arrive, tout le monde devra dire bravo. Sinon, ce sera un échec.

On peut lui reprocher de se présenter sur une liste apolitique, avec des personnalités de la société civile. Ça marche rarement, mais pour les élections municipales, est-ce que la définition droite-gauche veut dire quelque chose ?

Par exemple : vous avez deux très grands maires en ce moment en France : M. Delanoë à Paris et M. Juppé à Bordeaux. L'un est de gauche, l'autre de droite. Ils sont de bons maires. Pour la politique municipale, la définition droite-gauche ne veut rien dire. Tout le problème est de savoir si on peut mobiliser, repenser une ville pour tous, c'est ce que va tenter Pape Diouf. Et je trouve que ça vaut le coup de s'y attarder et surtout qu'il tente sa chance.

Une partie de l'électorat qu'il peut convaincre manquera à Mennucci, mais il y a deux tours. S'il ratisse large, s'il arrive à mobiliser des abstentionnistes, des déçus de la politique municipale, il mettra sur la table ce qu'il a réussi. Ou il fait un très bon score, et tout le monde devra se positionner par rapport à lui ; ou il fait simplement un bon score, et Gaudin et Mennucci devront négocier avec lui pour élargir leur assiette.

Je crois qu'il a un espace politique réel.

Moi, je souhaite bonne chance à Pape Diouf.

Le Hollande bashing

Jeudi 6 février 2014

Depuis deux jours, on glose sur la reculade du gouvernement sur la loi famille. Et chacun d'y aller de son commentaire sur la façon dont tout cela a été géré par François Hollande.

Le Hollande bashing, c'est le sport préféré des commentateurs politiques, qu'ils soient de droite ou de gauche.

Depuis son arrivée au pouvoir, la gauche s'est mis en tête, avec raison, de moderniser la société. D'où le mariage pour tous et l'idée d'introduire à l'école une nouvelle façon de parler de la théorie du genre. Une partie non négligeable de la société se crispe, devient hystérique, intolérante. François Hollande reprend une tactique qu'il a déjà utilisée, par exemple en Bretagne avec les Bonnets rouges, il esquive. La modernisation sociétale que je défends, il la remet à plus tard.

Tout le monde lui tombe dessus ! On dit : « On ne recule pas devant la rue ! »

Depuis quand ?

Depuis que la démocratie existe, des gens manifestent dans la rue. Pourquoi font-ils ça ? Pour faire reculer le gouvernement. Quand les Verts (avec raison), les écologistes (avec raison), les associations (avec raison) manifestent dans la rue contre Notre-Dame-des-Landes et l'aéroport, ils veulent faire reculer le gouvernement. Ça fait partie de la démocratie.

On peut reprocher à François Hollande de ne pas avoir anticipé tout ça.

Quand, au début de l'année, il a annoncé son programme, il aurait dû dire : « Voilà ma stratégie pour les prochaines années : en 2014, je m'attaque d'abord au pacte de responsabilité, puis je dégraisse le mammouth et je réussis la réforme administrative et enfin, j'assure la transition énergétique. C'est déjà pas mal, c'est même herculéen. Puis, en 2015, je reprends la réforme familiale avec ou sans la PMA, on aura le temps d'en discuter. Et l'année suivante, je continue comme cela. »

Il n'a pas mis sa stratégie en perspective. À cause de cela, les gens ont l'impression qu'il recule.

En politique, l'esquive est une bonne méthode, à condition qu'elle ne soit pas une reculade.

On ne va pas contre la société, on essaie de la persuader.

La Tunisie sort du tunnel

Vendredi 7 février 2014

La Tunisie va adopter en grandes pompes sa nouvelle Constitution.

L'événement me touche parce que j'ai beaucoup d'amis à Tunis et que nous avons aidé les dissidents tunisiens au temps de Ben Ali. De les voir aujourd'hui sortir du tunnel, c'est formidable.

D'autant qu'il est de bon ton, aujourd'hui, d'enterrer les printemps arabes.

L'Égypte est de nouveau prise à la gorge par une dictature militaire. La Syrie se noie dans un bain de sang horrible. L'État libyen a implosé, laissant le terrain aux combats de milices.

Bref, c'est désespérant, sauf, sauf... en Tunisie.

Car, oui, ils ont une Constitution. Trois ans de débats dans l'Assemblée constituante. Ça n'a pas été facile. Après la victoire des Frères musulmans en Égypte, le parti islamiste a cru prendre tout le pouvoir et renverser l'Assemblée constituante, mais la société civile est descendue dans la rue. Ils se sont mobilisés par centaines de milliers. Et aujourd'hui, miracle, ils ont une Constitution qui est un véritable compromis entre les islamistes et la société laïque, un compromis où la liberté de conscience est reconnue, où il n'y a pas de charia. Évidemment, l'islam est reconnu comme la religion de l'État, mais enfin, pour un pays musulman, c'est la Constitution la plus ouverte qui ait jamais existé.

FÉVRIER 2014

Le chemin est encore long, mais la Constitution entre maintenant en vigueur. Il y a encore beaucoup de prisonniers politiques et il faut que les touristes reprennent le chemin de la Tunisie.

On n'en est pas tout à fait encore là, mais il faut savoir que le quartet des médiateurs, c'est-à-dire le patronat, l'UGTT, l'ordre des avocats, et la Ligue des droits de l'homme, a sifflé la fin de la récréation, parce que pour sortir justement de la misère économique il faut que ça aille de l'avant, politiquement.

Je crois que les touristes, l'été prochain, pourront venir en masse en Tunisie, parce que la Tunisie sera le symbole de l'espoir des printemps arabes.

Les Suisses votent pour une limitation de l'immigration européenne

Lundi 10 février 2014

Le résultat est serré, mais il est là : les Suisses à une courte majorité ont dit oui à la limitation de l'immigration, et notamment de l'immigration européenne.

Il existe en Suisse une sourde et profonde angoisse.

Curieusement, ce sont les villes où il y a le plus d'immigrés, européens et non européens, qui ont voté en bloc contre cette limitation. Alors que dans les vallées, dans les montagnes, dans les campagnes, où il y a très peu d'immigrés, ils ont voté pour la limitation des immigrés. Donc, ça veut dire qu'il y a une angoisse fantasmée. D'ailleurs, rappelez-vous le référendum en Suisse contre les minarets. Il y a quatre minarets en Suisse, un, deux, trois, quatre. On en voulait encore deux. Et il y a eu toute une vague protestant contre les minarets comme s'il y avait dans chaque village, à côté de chaque église, un minaret. C'est un fantasme, qui existe, qui est une réalité. Et ça, c'est angoissant.

L'Union européenne doit accepter les résultats de cette consultation démocratique. Il faut dire aux Suisses : « Vous voulez des quotas pour l'immigration européenne ? Très bien, alors, il y aura des quotas pour les exportations suisses. » Les grandes boîtes, comme Brown, Boveri & Cie, Swatch, les banques, Hoffman-La Roche, Longines, Nestlé, Sandoz, devront accepter des quotas d'exportation. Sachant que près de 60 % des exportations suisses sont concentrées sur le marché européen, ça donne à réfléchir.

C'est le seul moyen de répondre à la Suisse, de répondre à ses fantasmes.

Soyons lucides. Si un tel référendum était organisé en Europe, le résultat serait encore plus affligeant. En France, ce serait 60/40, au moins. Il existe dans toute l'Europe, et même dans le monde entier, une angoisse face à l'immigration.

Ça a toujours existé.

En 1937-1938, les Anglais ont fermé leurs frontières parce qu'il y avait déjà trop de Juifs en Angleterre. Les Américains avaient des quotas pour les Juifs, même en 1938-1939. C'est une vieille histoire. Face aux émigrés, chacun a peur de perdre quelque chose. Les Suisses ont peur du plombier français. Les Français ont peur du plombier polonais. Les plombiers polonais ont peur des plombiers ukrainiens.

Tant qu'on n'aura pas régulé la mondialisation, tant qu'il régnera une telle pauvreté dans le monde, ces angoisses ancestrales seront toujours vivaces.

L'accord de libre-échange entre États-Unis et Europe

Mardi 11 février 2014

À l'occasion de la visite d'État du président français aux États-Unis, Barack Obama et François Hollande vont beaucoup parler business, et notamment de l'accord de libre-échange qui se discute en ce moment entre l'Union européenne et les États-Unis.

Ce fameux accord de libre-échange veut surmonter les obstacles techniques qui entravent la bonne marche du commerce. Plus de deux milliards de biens et de services s'échangent tous les jours entre l'Europe et les États-Unis.

Prenons un exemple : le miel. En Europe, la législation européenne impose que le miel importé ne contienne pas de pollen génétiquement modifié. Ce n'est pas le cas aux États-Unis qui, du coup, refusent de discuter de ce problème.

Pour cela, ils ont un instrument machiavélique, diabolique.

Ça s'appelle le « tribunal arbitral investisseur-État ».

Quésaco ?

C'est un tribunal qui permet aux investisseurs de demander des compensations financières à l'Union européenne, un État membre ou une collectivité régionale s'ils prennent des décisions de protection sanitaire, environnementale, ou sociale, qui remettent en cause les perspectives du profit. Je vous donne un exemple : dans l'accord États-Unis - Canada, la multinationale Lone Pine exige 250 millions de dollars au gouvernement québécois pour le moratoire mis en place sur l'exploitation de gaz de schiste par la fracturation hydraulique.

Les Américains ne sont pas fous. Ils ne racontent pas des fariboles. Simplement, ils sont dominants et ne reconnaissent pas les décisions locales quand elles vont contre leur intérêt.

Dans le domaine du commerce international, il nous faut revenir à des négociations multilatérales. Il est vrai que c'est très compliqué parce que cela permettrait du même coup aux États émergents d'avoir leur mot à dire dans la régulation du commerce international.

Et ça, ceux qui sont au pouvoir en ce moment, les Américains, comme les États membres de l'Union européenne, veulent à tout prix l'éviter.

Un pas vers la réunification de Chypre ?

Mercredi 12 février 2014

Les négociations ont repris hier pour tenter de réunifier Chypre coupée en deux depuis 1974. Cette réunification des Chypriotes turcs et des Chypriotes grecs n'a jamais été possible jusque-là.

Il faut savoir qu'on a découvert du gaz et du pétrole au large de l'île chypriote. L'affaire n'est pas simple. On sait que l'économie chypriote est complètement exsangue, donc il faut utiliser ce pétrole. Seulement, pour la Turquie, pas question que ce soit simplement les Chypriotes grecs qui utilisent cette manne. Il faut créer un consortium entre les Chypriotes du Nord et ceux du Sud. D'un autre côté, ce pétrole est présent au large d'Israël, et il est très difficile de délimiter exactement, dans les eaux territoriales, à qui appartient ce gisement.

Aucune entreprise ne va investir si elle ne sait pas comment et avec qui elle peut exploiter ces précieux produits.

De fait, il s'est créé un intérêt commun entre Israël et une Chypre réunifiée pour amener sur le continent le gaz et le pétrole qu'on va pomper. Il va falloir construire un pipeline jusqu'à la Turquie pour rejoindre les pipelines qui iront vers l'Europe. C'est la solution la moins chère. Même la Grèce en profiterait.

Nous sommes aujourd'hui devant une situation paradoxale. L'intérêt commun d'Israël, de la Turquie, de la Grèce, de Chypre réunifiée, c'est d'exploiter ensemble cette manne de gaz et de pétrole.

Jamais, me direz-vous, ces ennemis de toujours ne se mettront d'accord.

Quoique...

Dans une situation aussi catastrophique que celle qui dévaste l'est de la Méditerranée, je suis convaincu qu'ils peuvent y arriver.

À long terme, ils devront aller plus loin, pour la simple raison que cette énergie fossile n'est que transitoire. Ils vont devoir créer une communauté d'énergie renouvelable dans la région. Ils ont tout pour réussir.

Heureux peuples, ils ont le soleil et le vent.

L'énergie de demain sera le moteur de pacification de la région.

Le vote blanc bientôt comptabilisé

Jeudi 13 février 2014

À partir des élections européennes, les fans du vote blanc vont pouvoir aller voter pour dire qu'ils auraient préféré ne pas se déplacer, mais qu'en bons citoyens ils se déplacent quand même. Ils veulent qu'on sache qu'ils récusent tous les partis et qu'ils considèrent l'abstention comme un déni de citoyenneté.

Soit.

Quelle sera l'intime conviction de ce bulletin blanc ?

Quelle sera sa vraie couleur ?

Je vote blanc plutôt que rouge parce que l'offre de la gauche est trop timide ? Blanc plutôt que vert parce que l'offre écologiste est trop puritaine, trop modérée, trop rouge ? Un blanc bleu qui trouve l'UMP trop brune ou pas assez ? Un blanc orange qui rêve d'un centre décentré ? Et j'en passe... Bref, Europe 1 pourra inviter le matin des élections tous les politologues spécialistes du blanc.

Franchement, un électeur qui vote blanc sans en annoncer la couleur, en quoi se différencie-t-il d'un abstentionniste qui se la coule douce sur la plage ?

Je ne sais pas et je ne comprends pas.

Cette nouvelle loi aurait un sens si, comme en Belgique, le vote était obligatoire. Comme on ne peut pas s'abstenir, au moins le vote blanc compte.

Mais là, ça ne change rien, puisqu'on ne prendra pas en compte ces votes pour trouver la majorité.

Les élections sont basées sur le principe d'une offre politique.

Si les citoyens ne sont pas d'accord avec l'offre, qu'ils restent chez eux ou qu'ils essaient de proposer une nouvelle offre politique.

Non ?

L'ABCD de l'égalité à l'école

Vendredi 14 février 2014

Les conflits de société se ressemblent d'un côté du Rhin et de l'autre.

L'ABCD de l'égalité, cet outil pédagogique censé lutter contre les stéréotypes fille-garçon à l'école, a déclenché en France de nouvelles hostilités. En Allemagne, un débat quasiment identique fait rage.

L'enseignement outre-Rhin a été régionalisé. Donc tempête force 6 dans le Wurtemberg, région de Stuttgart. Le gouvernement régional veut introduire une instruction sur la famille, expliquant les réalités diversifiées dans le monde d'aujourd'hui. La famille traditionnelle, papa, maman, les enfants, les familles recomposées, les familles monoparentales et, évidemment, des familles de parents de même sexe, homosexuels ou lesbiennes. Scandale !

En France, comme en Allemagne, les protestataires revendiquent une équation très simple : il y a d'abord la règle et ensuite l'exception. Tandis que la gauche revendique les lumières et demande qu'on prenne en compte les évolutions du monde moderne, la droite revendique la tradition et l'histoire de l'humanité. La règle pour la droite correspond à la nature humaine, l'exception, c'est une déviance minoritaire que l'on peut tolérer mais non accepter. L'école doit apprendre aux enfants à compter, à lire, à écrire, basta. Il faut laisser aux familles et aux religions le soin d'éduquer les enfants.

FÉVRIER 2014

Cette histoire de règle et d'exception est très contestable.

L'école, par exemple, enseigne l'histoire. Pour les Français, pendant la Seconde Guerre mondiale, la règle, c'étaient l'Occupation, la collaboration, l'indifférence. Et l'exception, c'était la Résistance. Donc ce n'est pas simple de faire un peu de morale. En Allemagne, c'est la même chose, la vague nazie était la règle et l'exception la résistance.

Il faut admettre que le monde évolue.

Un exemple tout bête : dans les années 60, une femme mariée, si elle voulait ouvrir un compte en banque, devait avoir l'autorisation écrite de son mari. Fallait-il respecter la tradition ?

Je crois que l'école doit discuter des évolutions de la société, sinon nos pauvres enfants n'y comprendront rien, puisque souvent les parents, eux-mêmes, s'y perdent.

Il est difficile d'avoir des débats apaisés sur ces sujets parce qu'on touche à l'intime. Trop de parents ont peur de perdre la mainmise sur leurs enfants.

Derrière ces déchirements, il y a ce conflit entre les enfants qui doivent devenir autonomes et les parents qui veulent garder le pouvoir sur leurs enfants.

L'Angleterre prend l'eau

Lundi 17 février 2014

L'Angleterre prend l'eau.

À cause des intempéries, les dégâts sont, par endroits, très importants et le Premier ministre britannique, David Cameron, demande l'aide financière de l'Union européenne.

Je suis estomaqué.

M. Cameron a la mémoire courte. Je me souviens des débats au Parlement européen quand Cameron se battait comme un lion pour réduire de 250 milliards d'euros sur sept ans, le budget européen. Et surtout, comment sous pression britannique, il a fallu réduire de 50 % le Fonds de solidarité. On est passés de 1 milliard à 500 000 millions d'euros. Or, il faut savoir que c'est de ce fonds qu'il a besoin. En 2009, après le séisme des Abruzzes, on a donné 500 millions d'euros aux Italiens.

Et Cameron continue, il persiste, il dit : « J'ai besoin aussi de l'aide technique des Néerlandais pour le pompage et pour la protection contre les inondations. »

Là encore, je suis stupéfait. Le 19 mai 2006, le commissaire Michel Barnier a proposé la mutualisation de la protection civile européenne pour améliorer la réponse européenne aux catastrophes. Eh bien, nenni. Les euroméfiants, Angleterre en tête, ont bloqué le processus et rien n'a pu être fait.

Il ne s'agit pas de tourner le dos aux Anglais.

Le Royaume-Uni, comme la Bretagne, a droit à la solidarité européenne. Mais au rythme des catastrophes climatiques de ces dernières années, le Fonds de solidarité de 500 000 millions va exploser. Une fois le plafond du budget atteint, il faudra une décision à l'unanimité des gouvernements, du Conseil européen, pour augmenter le budget européen. Et M. Cameron avait, il y a un an, annoncé la couleur. Pas question de financer le gaspillage européen.

Une petite histoire : la reine d'Angleterre est la plus grande propriétaire terrienne d'Europe. C'est pour ça que M. Cameron s'est opposé au plafonnement des subventions, car c'est la reine d'Angleterre qui reçoit le plus de subventions en Europe.

C'est pas mal, non ?

Un campus universitaire à Strasbourg à la place du Parlement européen

Mardi 18 février 2014

En papotant avec des étudiants français et allemands, François Hollande a avancé l'idée de construire un campus européen à Strasbourg.

Très bien !

Imaginons une université européenne avec des étudiants européens, des professeurs européens, une sorte d'université de troisième cycle de l'excellence européenne. Avec, pourquoi pas, une rotation des professeurs et des étudiants, scientifiques, littéraires, en sciences humaines, européens, tous unis à Strasbourg. Et, dans la foulée, on construit une université européenne.

Il faut savoir que la majorité des députés européens souhaitent abandonner Strasbourg. Tous plébiscitent un siège unique à Bruxelles. Le cirque ambulant qui voit plus de 5000 personnes faire l'aller et retour onze mois par an entre Bruxelles et Strasbourg est devenu complètement anachronique.

Cette aberration coûte 200 millions d'euros par an (sans compter, comme je suis écolo, l'émission de 15000 tonnes de CO_2). Pour comparer : l'université de Nanterre compte 32000 étudiants, 2000 enseignants, 700 personnes administratives, pour un budget annuel d'environ 155 millions d'euros. Sciences Po Paris, 9600 étudiants, budget 2010, 145 millions d'euros.

Donc nous transférons tout le personnel politique et administratif de Strasbourg à Bruxelles, et nous avons à Strasbourg un campus déjà construit que sont les bâtiments du Parlement européen. J'ai même un nom : ça sera l'université Voltaire. Parce que Voltaire est né le 21 novembre 1694. Il y a trois cent vingt ans.

Dans l'histoire de l'Europe, je comprends la valeur symbolique de Strasbourg. Et je serais le dernier à la nier. Mais de temps en temps, il faut faire évoluer les symboles.

L'Europe des Vingt-Huit, ce n'est plus l'Europe des Six. Au moment où on avait distribué entre Bruxelles, Luxembourg et Strasbourg les sièges des institutions européennes, c'était l'Europe des Six.

Aujourd'hui, il faut donner à Strasbourg cette perspective extraordinaire de devenir le centre culturel et scientifique de l'Europe. La ville de Strasbourg y trouverait pleinement son compte. Des professeurs et des étudiants par milliers enrichiraient la ville financièrement et intellectuellement et tout cela grâce à un transfert intelligent des dépenses de l'Union européenne.

Massacre en Ukraine

Mercredi 19 février 2014

25 morts en Ukraine selon un bilan officiel.

Un massacre annoncé depuis longtemps.

Le président Ianoukovitch avait misé sur l'essoufflement du mouvement. En partie lâché par ses propres partisans au Parlement, il a décidé d'en finir avec la chienlit démocratique et pro-européenne. Une majorité semblait émerger au Parlement pour amender la Constitution, donc réduire le pouvoir du président, ce qui ouvrirait la possibilité de dégager le président mal aimé par une élection législative anticipée. Ianoukovitch a bloqué la procédure, et les Jeux de Sotchi étant pratiquement terminés, Poutine a donné le feu vert.

Moscou a dit : « Vas-y mon pote, nettoie-moi tout ça. »

L'homme de Poutine, le président Ianoukovitch, ne poursuit qu'un seul objectif : faire que l'Ukraine reste dans le giron de la Russie.

Et c'est ainsi que Kiev devient la capitale de l'espoir et du désespoir.

Des femmes, des hommes sont prêts à sacrifier leur vie pour un idéal (idéal dédaigné d'ailleurs par beaucoup ici, chez nous). L'Europe des communards de Kiev est synonyme de liberté et de bien-être. Ils ne veulent plus retomber dans la logique de la répression ni de la corruption incarnée par Ianoukovitch.

L'Union européenne et les États-Unis doivent rompre avec le gouvernement Ianoukovitch, geler les avoirs des oligarques et des responsables politiques ukrainiens dans les banques occidentales, parce qu'il y a beaucoup d'argent ukrainien dans les banques occidentales. Ils doivent mettre en place une interdiction de voyager en Europe et aux États-Unis pour les responsables des massacres. Convoquer une réunion du Conseil de sécurité. Mettre la Russie devant ses contradictions. Appeler à la seule solution possible : élections anticipées, surveillées par des observateurs de l'Union européenne et de l'OSCE, l'Organisation pour la sécurité et la coopération en Europe.

Bref, signaler clairement que nous ne laissons pas tomber la révolution en Ukraine.

Si on laisse tomber les Ukrainiens, ce sont des espoirs de démocratie qui vont s'effondrer dans beaucoup de pays du monde.

Alors, messieurs Fabius et Steinmeier, madame Ashton, monsieur Kerry, rendez-vous à Kiev et augmentez la pression sur Ianoukovitch. Votre place n'est pas dans votre capitale, mais à Kiev ce matin, aujourd'hui et demain.

Portrait de Matteo Renzi

Jeudi 20 février 2014

Matteo Renzi va devenir le nouveau Premier ministre de l'Italie. J'éprouve à son égard un sentiment mitigé.

D'un côté, nous avons un homme de trente-neuf ans, animé d'une ambition incroyable qui en veut et qui veut le pouvoir. Après avoir perdu la primaire contre Bersani en 2012, il s'est ressaisi et il a gagné. Il veut maintenant changer toute l'Italie. Bravo !

Les Italiens se sont pris à rêver à ce nouvel homme politique, entre Kennedy et Blair. En revanche, il n'a aucune expérience de gouvernement. Il est un peu comme François Hollande qui a absolument voulu être président sans avoir une expérience de gouvernement. Et il est aussi comme Nicolas Sarkozy, il veut casser la baraque. Chaque mois, une réforme. Premier mois, la réforme des institutions, c'est-à-dire une nouvelle loi électorale. Deuxième mois, le marché du travail. Troisième mois, une réforme administrative. Quatrième mois, fiscalité. Cinquième mois, je ne sais quoi...

Il veut aller très vite, mais l'Italie reste l'Italie. Renzi a-t-il l'expérience, le doigté pour pouvoir faire évoluer l'Italie ? C'est vrai que j'en doute.

Réformer à un rythme aussi accéléré peut créer un électrochoc dans le pays, mais peut aussi provoquer une crise cardiaque.

Par exemple, il veut changer le marché du travail. Les syndicats italiens sont comme les syndicats français. Donc vous allez avoir des millions de travailleurs dans la rue, des manifestations très dures. Saura-t-il résister tout en discutant avec les syndicats ? Voilà la question.

Pour l'instant, il balaie tout. Il avance en écartant tous ceux qui veulent s'opposer à lui. Enrico Letta a payé le prix. Bersani a payé le prix.

L'Italie aujourd'hui est dans l'expectative. Elle a envie de Renzi et elle a peur de Renzi.

L'Italie, comme la Francc, est confrontée à ce problème récurrent. À quoi sert de changer les têtes si les peuples refusent les réformes indispensables ?

L'intelligence politique, c'est d'amener les gens à accepter ces réformes.

Il faut trouver le rythme de ces réformes, les annoncer, les préparer. Il faut maîtriser la pédagogie du pouvoir. Ce n'est pas inné. Ça s'apprend par l'expérience.

Alors, c'est vrai. J'hésite à croire en Renzi.

J'espère pour l'Italie qu'il pourra justement développer flexibilité et sécurité du travail. Mais cela dépendra aussi de son parti politique. Il a vraiment démoli Letta. Et maintenant, évidemment, l'esprit de revanche dans son parti est très grand.

Le trio franco-germano-polonais à Kiev pour dénouer la crise ukrainienne

Vendredi 21 février 2014

Le trio franco-germano-polonais se réunit pour tenter de dénouer la crise.

Dans la situation actuelle, c'est une bonne méthode. Il serait préférable que la discussion soit générale à l'échelon européen, mais tant que Mme Ashton sera Mme Ashton et M. Barroso, M. Barroso, il est très bien que les ministres des Affaires étrangères français, allemand et polonais se concertent parce qu'ils représentent les forces dynamiques de l'Europe, et qu'ils ont de l'influence.

Ianoukovitch doit les écouter.

Et Poutine, qui est le véritable interlocuteur, doit les écouter. Et il le sait.

C'est toujours la même chose avec lui, il tire, il tire, il tire sur la corde, mais il sait qu'il a besoin économiquement de l'Europe et qu'il doit politiquement entretenir des relations étroites avec les dirigeants des pays européens. Son peuple veut une grande Russie, mais il veut aussi des relations avec l'Europe.

Je suis convaincu que lorsque ces trois ministres se présentent ensemble, ils représentent beaucoup plus que la France seule, l'Allemagne seule ou la Pologne seule.

Quels que soient les mots, quelles que soient les méthodes, je soutiens sans réserve cette révolte (on doit dire désormais, cette révolution) qui secoue l'Ukraine.

FÉVRIER 2014

Il ne faut pas faire la fine bouche. Tout le monde sait qu'au cours d'une révolution, il se passe des choses qu'on préférerait ne pas voir. Mais ça, c'est autre chose.

Aujourd'hui, cette révolution, née du refus obstiné de Ianoukovitch d'accepter le souhait de ses compatriotes de se tourner vers l'Europe et non vers la Russie, pose la question de la légitimité du pouvoir en place.

Une majorité d'Ukrainiens veulent de nouvelles élections et il serait vraiment complètement idiot de ne pas les soutenir.

Ils sont le symbole de la liberté, le symbole d'un peuple qui veut se libérer.

Manifestation au Venezuela

Lundi 24 février 2014

Loin de l'Europe, une révolte populaire passe inaperçue. Depuis des semaines, des dizaines de milliers de Vénézuéliens manifestent contre le pouvoir du président Maduro.

Au moins 10 morts, des centaines de blessés au cours des manifestations où se mêlent des jeunes, des bourgeois, des pauvres, des intellectuels qui dénoncent l'inflation, la criminalité et la corruption. (Vous savez qu'il y a plus de 100 ministres dans le gouvernement Maduro ?)

Le pays manque de tout. Jadis pays d'élevage et d'agriculture, le Venezuela doit tout importer aujourd'hui. Le pays ne vit que de la rente pétrolière, résultat : une inflation record : 56 % en 2013. Effondrement du pouvoir d'achat, surtout des plus pauvres, auquel s'ajoute l'insécurité : 25 000 homicides l'année dernière, alors qu'on en comptait 5 000 en 1998, avant la première élection de Chávez.

La propagande du pouvoir ne passe plus. Après quinze ans de pouvoir de Chávez on ne peut justifier la crise par les errements du pouvoir précédent. Alors, on joue de l'anti-impérialisme et de l'antiaméricanisme bêtes et méchants.

Maduro, le successeur de Chávez, est l'homme de Cuba, comme Ianoukovitch est l'homme de Moscou. Les services secrets cubains forment la police politique vénézuélienne. Maduro mobilise ses partisans et en appelle à la lutte antifasciste et anti-impérialiste. La révolte contre lui est une révolte fasciste. Voilà ce qu'il déclare !

Unc partie de la gauche française a soutenu Chávez et soutient encore Maduro, mais que dire de la présidente brésilienne, Mme Rousseff, résistante courageuse contre la dictature, qui se solidarise aujourd'hui avec Maduro ? *Libération*, pourtant mon journal préféré, parle de l'opposition vénézuélienne, de la droite dure, comme si c'étaient des fafs.

Fidel Castro, puis Chávez ont été les libérateurs populaires qui ont suscité l'admiration de beaucoup de grands tribuns et celle de Jean-Luc Mélenchon.

Que la presse soit bâillonnée désormais dans ces pays, que les libertés soient confisquées, que la corruption fasse rage ne les dérange pas.

Le *mano a mano* de Chávez avec Ahmadinejad ne les a pas choqués. Pourquoi auraient-ils des états d'âme aujourd'hui ?

Les ennemis de mes ennemis sont mes amis. Quels qu'ils soient, quoi qu'ils fassent.

C'est bien la devise de Mélenchon.

Pouvoir comme Chávez ou Maduro parler six heures sans interruption à la radio et à la télévision publiques, c'est le grand rêve de Mélenchon.

Le bilan des JO de Sotchi

Mardi 25 février 2014

La flamme s'est éteinte. Les athlètes ont plié bagage. Les JO de Sotchi sont finis.

Je ne veux pas mentir. J'ai goûté les médailles de Martin Fourcade, j'ai admiré le ski cross, j'ai été fasciné par le snowboard, et les slaloms m'ont passionné.

Et surtout, j'étais aux anges en voyant le visage écœuré de Poutine lors de la défaite de la Russie en hockey, éliminée par la Finlande.

Poutine me reste en travers de la gorge.

Le Comité international olympique interdit toute manifestation politique, même un petit ruban noir par l'équipe ukrainienne en signe de deuil. *Niet, niet, niet*, interdit, dit le CIO, alors que, dans le même temps, le président du Comité international olympique, un certain M. Thomas Bart, Allemand, se montre tous les jours à la tribune avec M. Poutine. Il rigole, il est souriant, il est servile, on croit qu'il va lui faire des bises à droite et à gauche. Eh bien ces gestes, ce sont des gestes politiques.

Nous sommes en pleine hypocrisie.

Le simple fait de s'afficher à côté de Poutine légitime Poutine.

Le pompon, c'est quand au cours de sa dernière interview ce responsable félicite la Russie pour son organisation. Il ne parle pas des 37 milliards d'euros gaspillés. Il ne parle pas de la destruction écologique pour organiser ces Jeux. Il ne parle pas du militant écologiste qui a écopé de trois ans de camp pour avoir dénoncé avec des graffitis la catastrophe écologique à Sotchi.

Ce gâchis financier va se reproduire ailleurs.

Pour la Coupe mondiale de football, la FIFA impose des normes telles que les stades sont très chers. Il y aura trois ou quatre stades au Brésil qui ne serviront à rien. Comme en Afrique du Sud, où, depuis la Coupe du monde 2010, 50 % des stades ne sont plus utilisés. Le Comité international olympique, la FIFA sont désormais des méga-organisations qui imposent des dépenses qui font que les événements d'importance mondiale sont réservés aux seuls pays riches.

La Coupe du monde promise au Qatar en 2022 est un véritable scandale. On va organiser une Coupe du monde de football dans un pays esclavagiste. Un pays où les droits de l'homme sont bafoués chaque jour de l'année, du matin au soir.

Au cours de mon dernier voyage au Brésil, dans une favela, un amoureux du football m'a dit : « La Coupe du monde n'aura pas lieu au Brésil. Elle aura lieu en Fifaland. »

La FIFA a imposé au Brésil de voter de nouvelles lois pour que rien de ce qui sera vendu ou distribué à moins de 3 kilomètres autour des stades ne le soit sans l'autorisation de la FIFA. La FIFA prend possession d'un pays.

Il faut arrêter cela. Les Coupes du monde, les Jeux olympiques sont des événements conçus pour les citoyens. Pas pour faire des affaires et pour que les fonctionnaires de l'olympisme et du football se la coulent douce en compagnie des grands dirigeants de ce monde.

Europe Écologie et Notre-Dame-des-Landes

Mercredi 26 février 2014

Jean-Marc Ayrault a demandé aux Verts et à Cécile Duflot de sortir de leur ambiguïté après la manifestation contre l'aéroport de Notre-Dame-des-Landes.

Analysons sans ambiguïté cette soi-disant ambiguïté.

Les militants d'Europe Écologie ont toujours été contre Notre-Dame-des-Landes. Ils ne sont pas pour la violence, ils l'ont déjà dit. Sans ambiguïté.

Jean-Marc Ayrault sait parfaitement que, même à la mairie de Nantes, les écologistes sont contre cet aéroport.

Sans ambiguïté, la droite, aujourd'hui, est dans l'ambiguïté. Guidée par Nicolas Sarkozy, elle avait signé le pacte de Nicolas Hulot et fait le Grenelle de l'environnement. Aujourd'hui, dans la plus parfaite ambiguïté, elle vote contre la taxe écologiste qu'elle avait voulue et décidé d'appliquer pendant le Grenelle de l'environnement.

Le PS a signé ce même pacte de l'environnement de Nicolas Hulot. Il a signé un accord avec Europe Écologie où sont programmées la transition énergétique et la transition écologique, mais le dieu de l'Élysée, avec son gouvernement de Matignon, ne veut plus rien savoir de ce qu'a signé Martine Aubry parce que ce n'est plus l'humeur du temps.

Prenez les inondations en Bretagne et en Europe. Voyez le froid incroyable et les tempêtes à l'est des États-Unis et, à l'ouest, les niveaux de sécheresse inconnus depuis une cinquantaine d'années... La dégradation du climat créée par le réchauffement climatique est en marche, mais on ne veut pas s'attaquer aux raisons.

Nous payons ce que nous n'avons pas fait il y a trente ans. Et aujourd'hui, quand il s'agit de s'attaquer vraiment au réchauffement climatique, on dit : « En toute ambiguïté, on peut attendre demain. »

Et ne me dites pas que nous sommes prisonniers de la crise.

On ne peut pas choisir entre l'économie et l'écologie.

Si nous n'agissons pas aujourd'hui, ce sont nos enfants qui paieront.

Et on sera sorti de la crise en dégradant l'environnement et le futur de nos enfants. Voilà ce qu'il faut comprendre.

Il faut sortir de la crise écologique, de la crise économique en adoptant une politique intégrée sans ambiguïté.

Les jeunes Français perdus et révoltés

Jeudi 27 février 2014

L'automne dernier, France Télévisions a lancé un grand questionnaire sur la jeunesse. Il faut avouer que les réponses sont alarmantes. Les jeunes sont mal dans leur peau. Ils se considèrent comme une génération perdue.

Au fil de l'enquête, nous apprenons que près de 60 % des jeunes s'imaginent pouvoir participer à une révolte, même s'ils n'ont confiance ni dans la politique ni dans les partis politiques. Alors, évidemment, en France, l'imaginaire de 68 remonte à la surface. Seulement voilà, en 68, nous étions prométhéens, nous n'avions pas peur de l'avenir. Tout nous semblait possible. Nous voulions prendre notre avenir en main, et laisser le Vieux Monde derrière nous.

Aujourd'hui, c'est beaucoup plus difficile d'être jeune. Le chômage, les menaces écologiques, les crises économiques angoissent. Une sexualité à l'ombre du sida renforce cette anxiété. Aujourd'hui, beaucoup de jeunes ont peur de l'avenir. Toutes les idéologies politiques promettant un avenir radieux ont perdu de leur force de fascination. Socialisme, anarchisme, communisme sont pour les jeunes des coquilles vides. Même le nationalisme, qui remonte un peu à la surface, ne mobilise qu'une infime minorité de jeunes.

Reste une morale, un rêve de justice, un engagement associatif pour certains et un refus de la haine de l'autre.

Et pourtant, bien des combats sont encore à mener.

Les jeunes pourraient revendiquer, par exemple, un revenu minimum pour tous. Pourquoi sont-ils exclus du RSA ? Un revenu minimum les rassurerait, gommerait leur peur. Ils pourraient réclamer la création d'un service civil européen qui leur permettrait à tous de s'engager un an dans un autre pays de l'Union européenne. Ce qui ouvrirait leurs horizons. Ils pourraient demander la création d'une carte de citoyenneté jeunesse leur ouvrant l'accès à tarif réduit aux spectacles, aux musées, aux piscines.

Nous devons prendre la crise de la jeunesse au sérieux. Nous devons établir le dialogue avec cette jeunesse. Parce que les prises de parole des jeunes, c'est le début de l'intégration. Cette enquête montre que les jeunes ne se sentent pas intégrés dans la société. Quand on n'est pas intégré, on se sent exclu et on se révolte.

Mais une révolte qui a peur de l'avenir est souvent malheureusement une révolte négative.

Quand on annonce, aujourd'hui : « La révolte arrive », je n'y crois pas. Je n'en sais rien, bien sûr, et je serais le premier observateur fasciné si un tel mouvement démarrait. Mais nous devons en priorité proposer un avenir pour les jeunes. Si nous ne nous occupons pas des jeunes, ça va nous claquer dans les doigts. Et si ça nous claque dans les doigts, vous allez voir ce que vous allez voir.

Ianoukovitch parti, que va faire Poutine ?

Vendredi 28 février 2014

Vladimir Poutine n'accepte pas que la Russie perde de son influence. Il ne pouvait pas risquer un conflit majeur pendant les Jeux de Sotchi. Il a dû laisser tomber Ianoukovitch.

Seulement voilà, pour un homme comme M. Poutine, la vengeance est un plat qui se mange froid. Et son travail de déstabilisation est en marche.

Premier acte : il mobilise les Russes de Crimée qui représentent 68 % de la population, sans compter la flotte russe et les 14000 hommes qui y sont basés. Donc première étape de déstabilisation avec la revendication d'un référendum pour plus d'autonomie de la Crimée. Cela va de pair avec la mobilisation des troupes russes à la frontière de l'Ukraine.

Autre levier : le gouvernement ukrainien n'a plus d'argent, le chef kleptocrate de l'Ukraine, M. Ianoukovitch, a laissé s'évaporer fiscalement 70 milliards d'euros.

Autre problème : dans le nouveau gouvernement siège un parti d'extrême droite, le parti Svoboda, dont un responsable, un certain M. Tyahnybok, déclarait en 2010 que l'Ukraine était gérée par une mafia judéo-russe et protestait contre la présence au Grand Prix de l'Eurovision de Mme Gaitana, dont il disait : « Ce n'est pas une Ukrainienne, puisqu'elle a un père congolais. » L'extrême droite est très présente en Ukraine, une extrême droite raciste et antisémite.

La responsabilité des Européens et des Américains risque d'être décisive dans cette affaire. On dit qu'ils s'apprêtent à donner 1,5 milliard d'euros chacun à l'Ukraine, ce qui est vraiment ridicule. Si nous ne voulons pas que l'Ukraine tombe dans les bras de l'extrême droite, il faut que l'Ukraine puisse relever la tête économiquement. Et là, c'est la responsabilité de l'Europe. C'est la responsabilité du FMI, car le FMI doit donner de l'argent. Mais le FMI ne donnera de l'argent que s'il y a une stabilité politique. Et on en revient à... Vladimir Poutine ! S'il continue à déstabiliser, le FMI ne donnera pas d'argent, et l'Ukraine virera vers l'extrême droite.

L'Union européenne doit à tout prix essayer de calmer la Russie, et ça passe aussi par le carnet de chèques.

Remaniement ministériel

Lundi 3 mars 2014

J'avoue ne pas toujours comprendre la mystique qui rôde en France autour de l'idée d'un remaniement ministériel.

En Italie, le gouvernement de Renzi n'a pas encore écrit son histoire. Sera-t-il capable de bousculer l'Italie et de réformer en profondeur le pays avec son gouvernement restreint ? On verra.

En Allemagne, le gouvernement Merkel fonctionne sur la base d'un accord gouvernemental de 160 pages signées en bonne et due forme par la coalition au pouvoir. Le duo Merkel (CDU)-Gabriel (social-démocrate) forme la charnière maintenant l'équilibre de la coalition.

Mais en France, un remaniement ne peut s'imposer, d'après moi, que s'il y a un remaniement du logiciel gouvernemental. Une équipe resserrée pour faire quoi ?

On abandonne les gouvernements composés pour refléter l'équilibre des courants du parti et de la gauche ? On change de pilote ? Jean-Marc Ayrault est un homme bien, social-démocrate, un peu vieux jeu, il est sympa. Mais il faut un réformiste, actif, volontariste, moderne, imaginatif, sachant bousculer et rassembler. Un meneur, quoi. Si on ne change pas pour trouver quelqu'un qui a cette image, ce n'est pas la peine. Ce n'est pas la peine de changer pour faire la même chose.

Dans un gouvernement à quinze, on pourrait demander à Ségolène Royal, ministre de l'Intérieur et de la Réforme administrative, de négocier l'explosion du millefeuille dans le cadre de cette démocratie participative à laquelle elle est attachée. On pourrait constituer des duos qui reprendraient en main les priorités de l'Élysée. Exemple : je ferais un duo Martine Aubry-Cécile Duflot pour la transition écologique et énergétique et je lancerais un programme destiné à créer des centaines de milliers d'emplois, ou je nommerais un homme à poigne comme Manuel Valls à l'Économie, en tandem avec Bernard Cazeneuve, pour rassurer, ou avec Pascal Canfin, pour donner enfin des idées au ministre de l'Économie.

Jean-Luc Mélenchon, défenseur de Vladimir Poutine

Mardi 4 mars 2014

Je voulais consacrer cette chronique à Cate Blanchett qui vient d'obtenir l'Oscar et que je trouve formidable, mais j'ai lu le billet sur l'Ukraine que Jean-Luc Mélenchon a posté sur son blog et j'ai changé d'idée.

Pour Mélenchon, les événements qui secouent l'Ukraine ne sont ni plus ni moins qu'un putsch dont l'unique contenu est l'hostilité à la Russie.

Formidable prise de position de Mélenchon. Après avoir défendu Castro, Chávez et Maduro, il défend Ianoukovitch et Poutine.

« Je hais les masses », voilà ce que dit Jean-Luc Mélenchon. Parce que Monsieur la Révolte méprise le peuple et le mouvement.

Quand un peuple se lève, c'est vrai, tout n'est pas très clair.

Mais quand le peuple ukrainien refuse une union douanière avec la Russie et lui préfère un accord d'association avec l'Union européenne, on peut le comprendre et le soutenir. On n'est pas antirusse pour autant.

On l'est davantage quand on est d'accord avec les Ukrainiens qui reprochent à Ianoukovitch d'avoir viré des fortunes en Suisse à son profit et à celui sa famille, puisqu'il ne fait que suivre l'exemple de Poutine et de sa clique. Donc si on critique Ianoukovitch pour se conduire de la sorte, on critique les Russes.

On peut se demander pourquoi Mélenchon défend de telles pratiques. Je pourrais dire méchamment : une fois trotskiste, toujours trotskiste. En d'autres temps, il a fait partie de l'OCI, la secte trotskiste la plus débile de l'époque. Être un peu débile dans sa jeunesse, ça peut arriver à tout le monde, même à moi. Mais, en général, on change. Lui n'a pas changé. Il est resté dans la même structure mentale. À Périgueux, les responsables du Front de gauche ont exclu une tête de liste pour les municipales parce qu'il avait pris un verre avec un copain de trente ans qui était candidat à l'UMP. On ne boit pas avec l'ennemi de classe. Point !

Ça situe le niveau.

Mélenchon est resté scotché aux années 30.

Il n'arrivera jamais au pouvoir et c'est tant mieux. Il mettrait tous les anti-Mélenchon en taule.

Il rappelle Georges Marchais qui est son héros. Sa manière de parler, d'intervenir, la manière dont il casse. Il ne dit pas : « Elkabbach, taisez-vous », mais il dit à peu près la même chose.

Dès qu'un journaliste ose le critiquer, il tape.

Si, d'aventure, vous êtes en plus une femme, vous en prenez plein la gueule.

Pour un Salon de la mobilité

Mercredi 5 mars 2014

Le Salon de l'automobile de Genève n'est pas ma tasse de thé, mais *L'Équipe* m'a dit : « Passez au Salon. » Alors, je suis passé.

Quand je suis tombé sur une Cayenne turbo, 500 chevaux, vitesse maximum : 278 kilomètres à l'heure, consommation : 11,5 litres au cent, émissions de CO_2 : 270 grammes au kilomètre, j'ai toussé. Sachant que d'ici à 2020 la réglementation européenne ne tolérera que 120 grammes au kilomètre d'émissions de CO_2, je me demande ce que vous allez foutre de votre Cayenne turbo.

J'ai vu, c'est vrai, des voitures équipées d'un moteur hybride.

Il est incontestable qu'on commence à repenser l'automobile.

N'empêche, il y a trop de voitures et trop de constructeurs de voitures. On ne va pas forcer les familles à s'acheter deux ou trois voitures. Sans parler des embouteillages. À Paris, on passe 65 heures par an dans les bouchons. À Moscou, 150 heures. À Pékin, 130 heures. À São Paulo, 140 heures. À Londres... À Londres, ça va...

Il faut inventer autre chose.

Moi, je suis pour un Salon de la mobilité. On y présentera des voitures, évidemment, mais moins de voitures. On déclinera la notion de mobilité en proposant tous les modes de transport individuels et collectifs. Vous aurez des tramways, des minibus à itinéraires variables, vous aurez des vélos... Aujourd'hui, en faisant une fixette sur la voiture, on va dans le mur et, comme pour le charbon ou l'acier, l'industrie de l'automobile va se rétracter et anéantir des emplois.

Il faut inventer de nouveaux emplois. Pendant des années, on a dit : « Attention, si on réduit le charbon, on va supprimer des emplois. » On n'a pas voulu réduire à temps, on a supprimé des emplois et on n'a pas réinventé une alternative industrielle. Moi, je crois à l'alternative d'une nouvelle mobilité. Par exemple, il est tout à fait concevable de créer un grand consortium européen du tramway. Le tramway, c'est la perspective de transport dans toutes les villes du monde, pas seulement en Europe.

Grâce aux perspectives d'exportation, on pourrait réembaucher des gens et échapper à la casse sociale qui va immanquablement dévaster l'industrie automobile.

Vive le dictaphone de Patrick Buisson

Jeudi 6 mars 2014

Soyons francs. Nous sommes tous des petits voyeurs, friands des moindres ragots.

Je dis : vive le dictaphone de M. Buisson.

C'est rassurant que les conseillers d'un président de la République tout-puissant puissent être aussi glauques.

Reste à savoir à qui profite le crime.

Patrick Buisson, grand penseur de la Sarkozie, ex-rédacteur en chef de *Minute*, royaliste, maurrassien (donc par définition un tant soit peu parano), espionne ou simplement enregistre avec l'idée que ça peut toujours servir.

En difficulté juridique sur l'histoire des sondages, il annonce la couleur : « Si vous ne me lâchez pas les baskets, je vais faire un malheur. »

« Allez, Patrick, balance, mais vite, avant la campagne des européennes. Et surtout, tu dois avoir des petits enregistrements avec tes ex-copains de l'extrême droite, du temps de l'OAS, de *Minute*, de croustillantes petites histoires, politiques bien sûr, de papa Le Pen, au temps de l'Algérie française. »

Une révélation au passage : je viens d'apprendre que c'est à cause de Patrick Buisson que j'ai été arrêté pour la première fois en Mai 68. Militant au syndicat de l'extrême droite étudiant, le petit garnement avait prétendu avoir été agressé par le Mouvement du 22-Mars et il avait déposé plainte contre moi.

Cette histoire en dit long sur le monde de Sarkozy. Ils peuvent tous prétendre être outrés, ils savaient qui était Patrick Buisson, ils le connaissaient, ils connaissaient son histoire. Ils ne peuvent pas dire : « On a été trahis par Patrick Buisson... » Ils n'ont pas été trahis. C'est leur monde. Voilà la vérité.

La réaction des Français est mitigée.

Beaucoup sont navrés, d'autres dégoûtés, d'autres encore s'en amusent.

Combien de couples s'espionnent-ils l'un l'autre parce que ça va mal ? L'espionnite, c'est quelque chose qui n'est pas la seule priorité de certains politiques, non. Dans la vie quotidienne, malheureusement, parfois, les uns espionnent les autres.

Nous venons d'apprendre que les politiques, les grands commis de l'État, sont comme tout le monde.

C'est rassurant et c'est triste.

Hillary Clinton à la Maison-Blanche

Vendredi 7 mars 2014

D'après un sondage, 80 % des électeurs démocrates souhaitent qu'Hillary Clinton succède à Barack Obama à la Maison-Blanche.

Une chose est déjà claire : elle se prépare à la candidature.

À l'automne prochain, deux ans avant les primaires, elle publiera un livre de positionnement politique – c'est ce que dit l'éditeur –, et elle a déjà planifié une tournée à travers tout le pays. Vous pouvez avoir un avant-goût en visionnant son intervention à l'UCLA, une université californienne de Los Angeles. Mise en cause pour sa comparaison Poutine-Hitler, elle s'explique. Elle explique calmement, avec détermination, qu'elle ne voulait pas mettre Hitler et Poutine sur un même plan. Non, ce n'était pas ça. Elle comparait les stratégies politiques des années 30 qui prétendaient « défendre » les minorités des pays à l'étranger. Et celles de Poutine, lequel avance le même genre d'argument à propos des minorités russes vivant hors de la Russie. Elles représentent près de 20 millions de personnes.

Elle fait part de son expérience politique, de ses rencontres en tant que secrétaire d'État. Bref, elle sous-entend : « *I am ready* », « Je suis prête ». À la question de savoir si les États-Unis ont besoin d'une présidente, elle botte en touche, expliquant que l'Amérique latine, Bachelet, Kirchner, Rousseff, ou l'Europe avec Mme Merkel (une référence pour elle) sont en avance. Pour finir, elle dit, elle explique : « Cela arrivera aux États-Unis quand cela doit arriver », comme si elle chantait du Bob Dylan : « The Times they Are A-Changin' ».

Son ambition est légitime. Elle en a l'envie. Elle en a le profil. Elle a une expérience exceptionnelle. Et puis, il y a quelque chose qui la fait courir, elle a un besoin de revanche. C'était déjà dur pour une femme intellectuelle, autonome, d'être « seulement » la *First Lady* Hillary Clinton, alors qu'elle fut, à ses côtés, beaucoup plus que cela.

Elle n'a jamais totalement surmonté les douleurs et l'humiliation imposées par l'affaire de son mari avec Monica Lewinsky. Alors, le Bureau ovale devient le lieu mystique où elle pourra définitivement démontrer qu'elle n'est pas seulement une épouse trompée.

Une chose est sûre : le vote féminin lui est assuré. Elle a de grandes chances. La seule question, la vraie, et là je dois un peu freiner mon machisme naturel : est-ce que pour une femme, soixante-huit ans, ce n'est pas déjà trop tard ? Mais c'est la même question pour les hommes.

Je n'hésite pas à dire : « Pour les États-Unis, Hillary Clinton peut être une bonne et belle solution. »

Allez, courage, Hillary !

Les candidats à la présidence de la Commission européenne

Lundi 10 mars 2014

Nous le savons aujourd'hui : le futur président de la Commission européenne sera soit Martin Schulz, candidat du centre gauche, soit Jean-Claude Juncker, candidat de la droite.

Cette perspective ne m'emballe pas car j'ai le sentiment qu'aussi bien le Parti populaire européen que le Parti socialiste européen jouent au poker menteur.

Jean-Claude Juncker, l'ex-Premier ministre luxembourgeois et ex-président de l'Eurogroupe, nous a laissé entendre pendant des mois qu'il ne voulait pas du job. Le socialiste Martin Schulz fait campagne depuis au moins un an en se servant d'ailleurs habilement – je dirais même trop habilement – de son statut de président du Parlement européen.

M. Juncker dit vouloir une Europe plus sociale, alors que comme président de l'Eurogroupe, on ne l'a pas beaucoup entendu là-dessus. Sans compter qu'en bon Luxembourgeois, il a toujours défendu avec vigueur le statut de paradis fiscal de son pays.

Quant à Martin Schulz, il est social, écolo, régulateur, et tutti quanti. Plus à gauche que lui, tu meurs.

Seulement voilà. ils savent pertinemment tous les deux qu'une majorité du centre gauche ou du centre droit au Parlement européen sera très difficile à trouver.

On retombera dans les errements de la présidence de Barroso.

La stratégie de M. Barroso, c'était de trouver un accord avec les grandes capitales, Berlin, Paris, Londres, Varsovie de temps en temps, avant d'avancer une proposition.

Il faut précisément aller dans le sens contraire.

Il faut que les forces centrales du Parlement européen, c'est-à-dire les libéraux centristes d'un côté, et les écologistes de l'autre, deux forces politiques fédéralistes mais avec des positionnements différents, jouent un rôle déterminant dans le prochain Parlement.

Ce seront les empêcheurs de tourner en rond.

Si on laisse les deux grands partis dominer les débats, ce sera le consensus mou des uns et des autres, dépendant des humeurs des gouvernements, que ce soit à Berlin ou à Paris, mais ce ne sera pas vraiment une innovation politique pour l'Europe.

Le président du Bayern de Munich en procès

Mardi 11 mars 2014

Président du Bayern de Munich, Uli Hoeness, est jugé pour avoir caché 18,5 millions d'euros au fisc.

C'est navrant et c'est honteux.

L'histoire d'Uli Hoeness est un peu l'histoire du capitalisme financier d'aujourd'hui, qui peut complètement déglinguer un être humain. Imaginez le loup de Bavière devant la barre. Contemplez ce malade du Monopoly réalité, cet escroc accro qui se fait petit, humble et pitoyable et qui balbutie : « Excusez, Votre Honneur, je n'ai pas dissimulé 3,5 millions d'euros au fisc, mais plus de 180 millions pour une fraude d'environ 18 millions d'euros. Pardon, j'ai péché. » Il a perdu sa superbe, son arrogance. Lui qui avait su conquérir les plus hautes marches, non seulement de la société bavaroise, mais allemande, le copain de Mme Merkel, de tous ceux qui comptent dans la société, des entrepreneurs, des banquiers, des artistes, des politiques, lui qui pérorait dans les talk-shows, instance morale pour tous ceux qui veulent du succès. Eh bien voilà, il tombe, comme renversé par la foudre.

Et quand il dit : « Quand j'ai fait mes déclarations fiscales, tous les reçus étaient là, j'ai déclaré tout ce que je possédais en Allemagne. – Et pour la Suisse ? – Ah non, je n'ai aucun relevé complémentaire. – Comment, ça ne vous intéressait pas ? – Non, pas du tout, il y a quelqu'un qui s'occupait de ça. – Mais enfin, vous ne saviez pas combien de millions vous avez gagnés ou perdus ? – Ah non, jamais, je ne regarde pas. » Il faut être complètement dingue. Il est schizo. Il est accro comme on peut être accro à la cocaïne, à l'héroïne, au sexe.

C'est un malade. Je ne dis pas qu'il ne doit pas être condamné. Je dis simplement qu'il faut savoir que, dans un certain monde, l'argent rend fou. C'est ça, le capitalisme d'aujourd'hui. Qui saura m'expliquer pourquoi un homme qui gagne 2 millions par mois au Bayern de Munich a besoin d'emprunter à Adidas 5, 10, 15 millions pour pouvoir les jouer en bourse ? Ce même homme qui, par ailleurs, est vraiment sympa, vraiment simple et qui partage depuis quarante ans la vie de sa femme aimée.

L'argent rend fou.

Contre le « tous pourris » en politique

Mercredi 12 mars 2014

Les écoutes des uns, les dossiers des autres, ce que savait Untel, ce qu'ignorait tel autre, ça n'arrête pas, ces jours-ci. La tentation de se dire qu'ils sont tous pourris est assez en vogue en ce moment du côté des machines à café.

Même si je suis accablé par tout ce qu'on apprend, franchement, je trouve ça injuste.

À la veille des élections municipales au cours desquelles des dizaines de milliers, même des centaines de milliers d'acteurs politiques dévoués à l'intérêt général, vont défendre avec détermination une certaine idée de leur village ou de leur ville, je trouve particulièrement injuste et faux ce cri débile et irréfléchi de « tous pourris ».

Je ne veux pas dire que je partage ou que je défends tout ou même une partie des idées, des propositions défendues par les candidats, qu'ils soient de droite, de gauche, écolos, centristes, du haut, d'en bas, non, bien au contraire. Je trouve les programmes souvent dépourvus d'imagination, insipides même, et sans véritable vision du futur. Mais là n'est pas le sujet. Ces dizaines de milliers de candidats sont dévoués, sincères. Alors, quand le « tous pourris » se répand parce que, à Paris, Untel ou Untel se conduit de façon désastreuse, je dis qu'on passe à côté du problème.

Il est vrai que politique et pouvoir peuvent être une drogue qui pousse certains responsables politiques à des comportements déviants, voire mafieux. Ce n'est pas parce que Cahuzac est un foutu menteur que tous les socialistes sont logés à la même enseigne. Ce n'est pas parce que Copé aime l'argent que tout l'UMP se comporte de même. Non, le problème, ce sont les structures de fonctionnement des partis politiques. Et surtout, il faut rappeler une chose : quand, par exemple, à la tête du gouvernement, on dit : « Je ne savais rien », et puis après : « Je savais quand même », ce n'est pas qu'ils sont pourris, c'est qu'ils sont mauvais. Alors de dire qu'en politique il y a des mauvais, oui, c'est vrai. Mais des mauvais, il n'y en a pas simplement à gauche ou à droite. Et quand la droite fait du cinéma en disant : « C'est le problème du chef de l'État », et quand la gauche fait le cinéma : « C'est le problème de Copé ou de Fillon », c'est idiot. Ils sont tous logés à la même enseigne.

Il faut continuer à se passionner pour la chose politique.

Il faut rester curieux et sceptique.

Il faut écouter les candidats, regarder les programmes, essayer de comprendre et aller voter.

La Crimée fédérée

Jeudi 13 mars 2014

La Crimée prend tout doucement le chemin de l'indépendance et ce qui se passe est fascinant.

On peut croire qu'Obama est bloqué. Après sa tentative d'affirmation militaire, retrait de l'Irak, retrait de l'Afghanistan, il y a eu la période des grands discours, son soutien au Printemps arabe, son grand discours du Caire, sa volonté de négociation avec l'Iran, mais ce qu'Obama n'arrive pas à trouver, c'est la manière de s'affirmer sans qu'il y ait une menace militaire. Il peut élever la voix, rappeler qu'il existe des lignes rouges à ne pas franchir, mais, comme on le voit en Syrie, quand la ligne rouge est explosée et que les massacres sont là, Obama est aux abonnés absents.

Aujourd'hui, l'Amérique peut se replier sur elle-même, rester omnipotente, surveiller tout le monde jusque dans nos salles de bains et ne s'intéresser qu'à elle-même. On peut penser aussi que quand Obama dit : « Si vous ne voulez pas d'une Amérique impériale, prenez vos responsabilités », il a une arrière-pensée. Et c'est pour cela qu'il laisse faire en Crimée, qu'il pousse les Européens à prendre leurs responsabilités, et donc pousse la leader momentanée de l'Europe, Mme Merkel, à prendre ses responsabilités. Ce n'est peut-être pas mal.

En attendant, on voit des choses surprenantes. La Russie a invité le Front national, l'extrême droite autrichienne, flamande, et tutti quanti, à envoyer des observateurs pour juger de la qualité du référendum. Ça, c'est extraordinaire. Après Mélenchon, Mme Le Pen se retrouve agente électorale de M. Poutine. Ça va de mieux en mieux en France.

Par ailleurs, M. Kissinger a fait une proposition qui n'est pas bête : premièrement, l'Ukraine choisit avec qui elle veut passer des accords, c'est une République, c'est un État autonome indépendant. Deuxièmement, l'Ukraine dit : «Nous ne voulons pas rentrer dans l'Otan. Troisièmement, l'Ukraine devient une fédération, c'est-à-dire qu'elle permet justement une autonomie politique, c'est l'Ukraine fédérale, une autonomie politique des régions et donc de la péninsule de Crimée. Plus grande autonomie n'est pas annexion par la Russie.

Je trouve que c'est très intéressant parce que ça donne une dynamique. De toute façon, que ce soit sous Timochenko, sous les communistes, ou sous Ianoukovitch, l'Ukraine était malade du centralisme, malade du centralisme de Kiev.

Fédéraliser l'Ukraine serait peut-être une solution.

Lettre ouverte à Christiane Taubira

Vendredi 14 mars 2014

Ce matin, j'aurais pu mettre un mot à Christiane Taubira :

« Salut Christiane. Je t'admire et j'ai énormément d'affection pour toi. Tu resteras dans l'histoire de la République "Madame Mariage pour tous", comme Simone Veil, "Madame Droit à l'avortement", et Robert Badinter, "Monsieur Abolition de la peine de mort". C'est pour cela que j'ai énormément de peine de te voir embourbée dans cet imbroglio des écoutes. Pourquoi n'expliques-tu pas tout simplement ce qui s'est passé ? Le 28 février, tu es informée de cette affaire. Quand *Le Monde* sort l'info le 7 mars, tu sais qu'il y a une enquête. Pourquoi ne peux-tu pas le dire tout simplement ? Dire que le procureur général t'a mise au courant du cadre de l'enquête et qu'évidemment tu as averti le Premier ministre. Peut-être que lui a averti le président de la République. Mais il est évident que tu n'avais en aucun cas à intervenir dans un sens ou dans un autre. Christiane, pourquoi n'as-tu pas eu le réflexe naturel de la vérité dans sa plus simple expression... ? »

Je ne l'ai pas écrite, cette lettre, mais j'ai beaucoup réfléchi à cette étrange mentalité française.

Dans ce pays, tout le monde est tellement convaincu que les plus hautes autorités de l'État interviennent à tout bout de champ dans les affaires juridiques que, toute nouvelle ministre de la

Justice, Christiane Taubira a eu ce réflexe enfantin de nier pour se couvrir.

Fascinée ou effrayée par l'accumulation des affaires de cette droite où tous les pouvoirs copulent sans vergogne pendant que Buisson enregistre tout ce joli monde avec une délectation haineuse, Christiane Taubira s'est souvenue que, comme quand on est petit et qu'on joue à cache-cache, on se met les mains devant les yeux et on dit : « Je ne suis pas là. »

Au sommet de l'État, aujourd'hui, règne le dilettantisme.

Au sommet de la droite, règnent les réseaux politiques et financiers sans scrupules.

Que la gauche apprenne et que la droite nettoie ses écuries d'Augias.

Et vite...

La pollution à Paris

Lundi 17 mars 2014

En 1997, la circulation alternée a réduit de 15 % la pollution atmosphérique. Ce n'était pas pour faire plaisir aux Verts. C'était pour faire plaisir à la santé des Parisiens. J'en ai assez qu'on prétende que la circulation alternée est un gadget pour faire plaisir aux Verts.

Quand les Verts disent qu'il y a un problème et qu'ils ont raison, disons-le.

La dégradation de la qualité de l'atmosphère est liée au réchauffement climatique. Je ne sais pas si Hollande est social-libéral ou social-démocrate, mais il ne comprend rien au réchauffement climatique. Il ne voit pas qu'il est obligé de prendre immédiatement des mesures qui n'auront d'effet qu'à long terme.

J'en ai assez !

Les évolutions du climat provoquent des tempêtes, des inondations, aux États-Unis et ailleurs. Ce qui se passe aujourd'hui, ce sont nos erreurs d'il y a trente ans. Est-ce que oui ou non, aujourd'hui, on va s'attaquer à la dégradation climatique ? Va-t-on admettre que 40 % du réchauffement est lié à la circulation, 30 % est lié à l'industrie, et que notre agriculture et notre habitat sont également des sources de pollution ?

Il faut qu'on se mette dans la tête que si nous continuons comme ça, nous mettons en danger la vie, la santé de nos enfants et de nos petits-enfants. Voilà notre responsabilité.

MARS 2014

Ouvrons le débat indispensable sur le diesel. Il faut prendre des décisions aujourd'hui pour que le diesel ait disparu de nos voitures dans les quinze ans. C'est unc décision difficile car des tas de gens achètent ces voitures parce que ce sont les moins chères du point de vue de la consommation de carburant. Mais là aussi ils se font avoir, parce qu'il faut faire au moins 20 000 kilomètres par an pour rattraper le surcoût de la voiture diesel.

Il faut agir : ramener la fiscalisation du diesel au niveau de l'essence et redonner une partie dc cette taxe pour inciter les gens à changer de voiture.

Agir au niveau des municipalités. Savez-vous d'où viennent les bus propres dont se dotent les grandes villes européennes ? De Chine ! On est incapable de faire en Europe des bus zéro émissions. À Francfort, à Copenhague, ils achètent ces bus en Chine.

Il faut créer un consortium européen de tramways, de bus zéro émissions, c'est-à-dire qu'on investisse dans l'avenir, qu'on arrête d'en parler.

Il faut faire confiance à l'intelligence des gens.

Il faut le dire, le redire, le répéter.

Oui, ce sera difficile, mais nous n'avons pas le choix.

Un ancien d'Oradour peut-il vivre normalement ?

Mardi 18 mars 2014

Il y a quelques semaines, Werner C., un ancien SS âgé aujourd'hui de quatre-vingt-neuf ans, a été inculpé pour avoir participé au massacre d'Oradour-sur-Glane, commis il y a soixante-dix ans.

Faut-il aller au procès ? C'est tout le problème.

La cour de Cologne va devoir décider la semaine prochaine si le dossier est assez fourni. Les chasseurs de nazis ont réuni sur ce crime un dossier de 40000 pages sans jamais qu'apparaisse le nom de Werner C. Son nom a surgi quand, par hasard, ils sont tombés à Berlin-Est sur la liste des soldats qui composaient la compagnie qui a commis l'irréparable. C'est la seule chose qu'ils ont. Werner C. se défend : « J'ai sauvé deux femmes, un enfant, etc. » Doit-on en tenir compte ?

Werner C. peut-il parler ? Peut-il raconter comment une telle horreur a pu advenir ? Il y était. Il ne le nie pas. Que s'est-il passé dans la compagnie ou dans le bataillon qui a massacré Oradour ? Que s'est-il passé avant, pendant, après ces terribles événements ? Il n'y a que le roman, *Les Bienveillantes*, de Littell, qui raconte, qui essaie de nous faire comprendre. D'après les enquêteurs, Werner C. ne sait plus quelle est la réalité. Il a tout refoulé pendant soixante-dix ans. Il est complètement perdu.

Comme il n'avait que dix-neuf ans au moment des faits, et qu'à cette époque un garçon de dix-neuf ans était encore mineur,

Werner C., s'il est traduit devant la justice, sera présenté devant un tribunal pour mineurs. Malgré ses quatre-vingt-neuf ans. C'est la loi.

Cette histoire passionne l'Allemagne, mais je préférerais que mes compatriotes s'intéressent davantage à la cinquantaine de militants de Greenpeace qui, devant la centrale de Fessenheim, veulent que le gouvernement tienne sa parole et ferme le site.

Ils ont raison.

On ne peut pas dire : « On va fermer Fessenheim », sans dire quand et comment.

L'action Greenpeace est typiquement une action extraparlementaire pour bouger un gouvernement.

Et c'est bien.

Comment aider l'Ukraine, maintenant que la Crimée est russe ?

Mercredi 19 mars 2014

Les chefs d'État occidentaux ont passé une bonne partie de la journée d'hier à déplorer le résultat du référendum en Crimée et à dire qu'ils ne reconnaîtraient jamais cette annexion.

La question n'est pas de savoir s'il faut continuer à se battre pour la Crimée, puisqu'on ne s'est jamais battu pour la Crimée.

En fait, Poutine avait préparé son coup. Sachant qu'il avait perdu l'Ukraine, il a au moins essayé de sauver la Crimée. Il a tout préparé pendant les Jeux de Sotchi. 14000 soldats russes dont on ne sait d'où ils viennent – disons de la Lune russe parce que la Lune est aux mains des Russes – occupent la Crimée. Dès lors, on ne pouvait plus rien faire, puisque militairement il avait organisé cette agression.

En revanche, nous devons nous battre pour l'Ukraine. Il faut dénoncer avec détermination cette violation du droit international. Il faut faire de la Crimée une victoire à la Pyrrhus pour Poutine. Si demain on aide vraiment l'Ukraine, si on investit économiquement en donnant de l'argent tout de suite, s'ils réussissent l'élection présidentielle et que la Crimée devient économiquement un pays où l'on vit mieux qu'en Russie, des tas d'électeurs, même russophones de Crimée, se diront dans deux ou trois ans : « On a peut-être été un peu rapide de vouloir rentrer chez Poutine. »

Bien sûr, on ne peut pas proposer à l'Ukraine d'intégrer l'Union européenne.

Tant qu'on n'aura pas les États-Unis d'Europe, donc une capacité d'intégrer un pays comme la Crimée, ou la Turquie, on ne le fera pas. Mais on peut faire beaucoup de choses. Le seul vrai problème, c'est qu'il faut dire à l'Ukraine : « On vous garantit votre territoire, mais pour l'instant on met de côté l'entrée de l'Ukraine dans l'OTAN. » Il faut comprendre que quand Ianoukovitch avait fait l'accord avec Poutine, il croyait avoir intégré l'Ukraine dans la zone d'influence de la Russie. Ça, il a perdu. Il faut dire que Poutine est le perdant de ce qui s'est passé en Ukraine.

Il est difficile d'accepter que Poutine ait pu aussi aisément se conduire de la sorte en Crimée. Mais depuis trente ans, on ne sait pas comment se comporter face à un antidémocrate, un dictateur comme Poutine.

C'est gênant, c'est difficile, mais ça sera moins gênant si on gagne, si on aide les Ukrainiens à gagner la bataille de l'Ukraine.

Comment les cigarettiers ont trompé la société

Jeudi 20 mars 2014

Je viens de lire les 700 pages du livre de Robert N. Proctor, *Golden Holocauste, la conspiration des industriels du tabac.*

C'est un pavé incroyable. C'est lourd mais c'est fascinant.

Proctor nous raconte comment les cigarettiers ont entubé pendant des années et des années des générations entières pour qu'ils continuent à fumer. Les industriels du tabac ont noyé toutes les velléités des médecins, de certains qui disaient : « Attention, la cigarette, c'est dangereux », sous des tonnes de dossiers, 80 000 pages de contre-enquêtes pour dire : « Non, tout va bien. » Chaque fois qu'un feu démarrait, ils allumaient un contre-feu.

Ils n'ont pas toujours gagné.

Par exemple, en 1998, 46 États américains ont porté plainte contre les cigarettiers qui ont été condamnés à verser 188 milliards de dollars d'indemnité aux victimes des cigarettes. Et de plus, la cour avait décidé que toutes les recherches scientifiques, tous les dossiers devaient être maintenant du domaine public.

Théoricien des sciences, Robert N. Proctor a tout compilé et décrit en détail comment ces cigarettiers ont fait.

Ils sont particulièrement efficaces dans l'art de faire du lobbying.

Dans son livre, José Bové a consacré 60 pages pour raconter comment Swedish Match, une société de lobbying, a tenté au jour le jour d'empêcher une directive européenne sur les cigarettes.

Comment ils font ? C'est très simple. Ils invitent des députés. Ils voient les résolutions, ils voient les textes des directives, ils proposent des changements, ils vous disent : « Venez voir ici », ils proposent des voyages. Voilà comment ça fonctionne. Et vous avez la même chose avec l'industrie de la chimie qui organise des voyages pour certains députés européens au moment du débat de la directive REACH afin que l'encadrement des substances chimiques n'aille pas trop loin.

Ils utilisent un mélange d'arguments « scientifiques » et de corruption voilée. Ils envoient des pseudo-scientifiques qui vous disent : « Vous voyez, la direction de cette loi est erronée, il faut aller dans une autre direction... » Ils réécrivent les textes, ils vous invitent à des colloques où vous êtes bien reçus, dans de grands hôtels, et c'est comme ça que vous êtes pris dans un engrenage, vous ne vous en sortez pas.

Moi, je n'ai jamais fumé parce que mon père est mort d'un cancer généralisé quand j'avais treize ans. Il fumait 60 à 80 cigarettes par jour.

J'ai dû fourrer de hasch des petits gâteaux au chocolat parce que j'ai toujours refusé de fumer.

Le vote utile et le FN aux élections municipales

Vendredi 21 mars 2014

C'est nul !

L'appel au front républicain lancé par Jean-Marc Ayrault hier, nous incitant à tout faire pour qu'il n'y ait aucun maire Front national, c'est nul.

Premièrement, il brandit une fois de plus la peur du Front national qui réjouit tous ceux qui veulent voter Front national. « Puisqu'on leur fait peur, puisqu'on les embête, puisqu'on les enquiquine, on ne va pas se gêner. »

Deuxièmement, l'élection municipale au premier tour, c'est une élection à la proportionnelle qui donne la possibilité au citoyen non seulement de choisir les grands partis, mais peut-être d'autres forces politiques. Donc c'est un plus de la démocratie. Réduire le débat des municipales au front républicain, c'est réduire la démocratie.

Le front républicain, c'est pour le second tour et il ne fallait pas en parler avant le premier tour.

Si le Parti socialiste avait voulu jouer le front républicain, Harlem Désir (pas Jean-Marc Ayrault) aurait dû dire depuis des semaines : « Si nous arrivons derrière l'UMP et qu'il y a une triangulaire, nous nous retirons dans toutes les villes de France. »

Sans compter qu'il est complètement idiot de donner des consignes de vote aux électeurs comme si les partis étaient propriétaires de leur voix. 50 % de l'électorat UMP n'a rien contre une alliance avec le Front national. Donc ce n'est pas comme ça qu'on va régler ce problème. On prend les gens pour des imbéciles. Il est évident qu'un tas de gens, face au danger Front national, iront voter pour quelqu'un d'autre, sans se soucier des conseils de M. Ayrault.

Bien sûr qu'il faut faire barrage au Front national.

Comme nous l'avons fait en 2002, en manifestant et en appelant à voter Chirac.

En l'occurrence, ça dépendra des villes et des situations. Par exemple, à Marseille, sur l'insécurité, le Front national et Samia Ghali, la candidate du PS, disent exactement la même chose. Samia a eu peur de s'opposer à Philippot et de lui démontrer que c'est une imbécillité incroyable de prétendre qu'en réduisant les peines et en accroissant les peines de substitution, on va augmenter l'insécurité. Prenez les exemples de la Suède, de l'Allemagne et d'autres pays, ce n'est pas le cas.

Au lieu de dire : « Moi aussi, je suis pour la sécurité », est-ce qu'on ne peut pas dire enfin au Front national : « Vous dites une connerie » ?

Qui n'est pas pour la sécurité ?

À chaque élection présidentielle, on nous dit : « Nous, on va faire la sécurité. »

Y en a marre des phrases toutes faites que reprend aussitôt le Front national.

Les municipales : premier tour

Lundi 24 mars 2014

Un Front national qui marque les esprits, une droite qui ne s'en sort pas si mal et une gauche qui prend quelques claques retentissantes, ce n'est pas une surprise. C'était annoncé depuis longtemps.

Tout le monde savait que le Front national progressait et Jean-Marc Ayrault leur a donné un coup de pouce trois jours avant les élections en disant : « Attention, attention, front républicain. » Tous les électeurs du Front national se sont dit : « S'il dit ça, c'est qu'il connaît les résultats, il a les renseignements des RG », donc ça les a mobilisés.

Ce résultat pose quand même des tas de problèmes à la droite, à la gauche, et à tout le monde.

Guaino a dit : « On va gagner des villes, on sera les vainqueurs. » Et après ?

La droite a deux possibilités : soit droite-centre : Juppé, Bayrou, Borloo, ou droite et FN : Copé et Marine Le Pen. La droite devra à un moment décider si elle veut devenir majoritaire dans ce pays. Et ça, c'est un débat intéressant qui va s'imposer à droite.

Vous avez la même chose pour le FN. Ça ne va pas être facile. Si le FN joue la carte Marine, présidente, il ne faut pas faire d'alliance. Marine Le Pen doit tout faire pour arriver au second tour des présidentielles et tenter sa chance. C'est une stratégie. Si elle sait qu'elle ne pourra jamais être présidente de la République (ce dont je suis convaincu), elle doit négocier une alliance rationnelle et intelligente avec l'UMP. Ce n'est pas si simple.

À gauche, le PS va très mal.

Ceux qui sortent la tête un peu de l'eau, ce sont les écologistes, les Verts. À Grenoble, ils passent devant le PS et ont gagné la mairie en s'alliant avec la gauche de la gauche. Au vu des résultats (à Nantes, ils font près de 15 %, à Rennes, ils font près de 15 %, à Paris, ils sont déterminants pour Mme Hidalgo), on voit mal François Hollande virer Europe Écologie Les Verts du gouvernement.

Je crois qu'aujourd'hui il y a une redistribution des cartes à gauche. Ce n'est pas formidable, mais ce n'est pas mal.

Et le grand perdant de cette élection, c'est Jean-Luc Mélenchon. Il disait à Marine Le Pen : « Le peuple est avec moi. » Le peuple, il est allé voir autre part. Jean-Luc Mélenchon et le Front de gauche, quand ils sont en autonomes, sont toujours derrière les Verts. C'est le contraire des présidentielles. On voit que sa stratégie agressive ne paie pas. Donc il y a un rééquilibrage à gauche de la gauche dans la gauche.

Le grand problème, c'est que le Parti socialiste, et surtout François Hollande, est complètement désorienté. Il ne sait plus où donner de la tête.

C'est vrai, quand vous avez un président à 19 %, ce n'est pas facile de remonter la barre.

Visite du président chinois en France

Mardi 25 mars 2014

Le 10 juillet 2008, à quelques semaines de l'ouverture des JO de Pékin, j'ai vertement reproché à Nicolas Sarkozy, président de la République, de se coucher devant le président chinois de l'époque : « Vous allez manger avec des baguettes avec le président de Chine pour ouvrir les Jeux olympiques. Bon appétit. Moi, je penserai à tous les prisonniers qui croupissent dans les prisons chinoises, Monsieur le président, c'est une honte, c'est minable, d'aller à l'ouverture des Jeux olympiques. »

Je ne tiendrai pas le même discours à François Hollande qui reçoit demain le président Xi Jinping.

Parce que ce n'est pas le temps des Jeux olympiques et parce que, c'est vrai, je suis un peu désenchanté, un peu résigné.

Mais tout de même.

Ce M. Xi Jinping, qui est à la tête du Parti communiste, qui est à la tête de l'armée, qui est président de son pays, qui a pris tous les pouvoirs du Premier ministre, qui aime se comparer à un certain Vladimir Poutine, en disant : « Lui et moi, on est des hommes de la même trempe », avec un mot d'ordre : la croissance, la croissance, la croissance – croissance du PIB, croissance de la répression, croissance des purges.

Je comprends pourquoi François Hollande organise en tête à tête, au Trianon, un dîner aux chandelles avec M. Xi Jinping.

Après s'être congratulés : « Comme tout va bien entre nos deux pays », on passe à table.

Au hors-d'œuvre, il y aura « technologies bio et énergie renouvelable ». En plat de résistance, nous aurons évidemment « Airbus et centrales nucléaires ». Au dessert, on se touchera un mot sur l'entrée de Dongfeng dans le capital de Peugeot. Et pour faire passer le cognac, il y aura un texte que *Le Figaro*, ce grand journal qui avait déjà ouvert ses pages à Assad, se plaira à éditer en bonne place. M. Xi nous expliquera le grand renouveau de la nation, à travers la promotion d'un nouveau modèle d'industrialisation, d'informatisation, d'urbanisation, et de modernisation agricole.

« Il ne faut pas recevoir le président chinois ? » me demanderez-vous. « Il ne faut pas essayer de développer un peu notre économie ? »

Bien sûr que si, il faut le recevoir, mais peut-être y mettre d'autres formes. Je ne demande pas à François Hollande de parler du Tibet à M. Xi. Non, ça serait exagéré. Mais il pourrait souligner qu'il existe une distance entre la conception de la liberté, la conception de la démocratie que nous avons ou que nous devrions avoir, et celle du président chinois. Il pourrait intercéder pour un Prix Nobel de la paix qui est en prison, lui parler d'un Prix Sakharov du Parlement européen qui est en résidence surveillée, évoquer les centaines et milliers de dissidents qui sont en prison, qui croupissent dans les geôles. J'imagine bien que ça ne changerait pas grand-chose, mais M. Xi entendrait que la France et la Chine, ce n'est pas la même chose.

Mais si on fait des mamours, si on lui donne des petits desserts, si on remplit son verre d'un grand cru français – il paraît qu'il adore le vin français – en répétant : « Nous n'avons aucun problème avec vous », on ment.

Nous avons des problèmes avec la Chine telle qu'elle est aujourd'hui.

C'est un pays totalitaire.

L'armée égyptienne au pouvoir

Mercredi 26 mars 2014

L'Égypte ne fait pas dans la demi-mesure dès lors qu'il s'agit de juger des fidèles de l'ancien président Mohamed Morsi. Lundi, 529 d'entre eux ont été condamnés à mort. Et dans un mois environ, 700 autres seront fixés sur leur sort, un sort qui pourrait bien être le même.

On est revenu à la case départ. On est revenu au régime de Moubarak.

Il faut se souvenir que c'est en février 2011 que Moubarak est tombé. Sa chute a entraîné un mouvement extraordinaire place Tahrir et tout le monde s'est émerveillé du Printemps arabe. Les Frères musulmans ont gagné les élections sans problème. Tout le monde s'est accordé à reconnaître qu'il s'agissait d'élections démocratiques et justes. Après, les Frères musulmans ont instauré un régime de la charia, de plus en plus intégriste, provoquant de nouvelles manifestations place Tahrir. Des centaines de milliers de personnes sont descendues dans la rue en criant : « Morsi dégage », comme ils avaient crié : « Moubarak dégage. » Et l'armée est intervenue et a recommencé à réprimer.

Les Égyptiens sont désespérés. Ils veulent manger, ils veulent boire. La situation économique est catastrophique. Et surtout, ils ne voient pas la porte de sortie. Le régime militaire de M. Sissi est aussi totalitaire que l'était celui de Moubarak. Comment faire renaître un Printemps arabe quand la guerre fait rage entre le régime de Sissi et les Frères musulmans. L'Égypte s'enfonce dans les ténèbres.

Le plus irritant reste l'attitude des grandes puissances, des États-Unis, des dirigeants européens, qui s'arrangent très bien avec les méthodes inadmissibles de Sissi. Comme ils l'avaient fait avec Moubarak, ils estiment que Sissi est un garant de l'équilibre stratégique qui doit régner dans cette région.

Tant que Sissi ne s'attaque pas à Israël, tout va bien.

La vie des Égyptiens, on n'en a rien à cirer.

Les municipales et le débat

Jeudi 27 mars 2014

La fin de la campagne pour le second tour des municipales approche.

On aura beaucoup entendu les candidats, mais le plus souvent séparément. Dernier exemple, c'est Jean-Claude Gaudin qui dit : « Pourquoi voulez-vous que je fasse un débat avec ces Pieds nickelés ? » Les politiques veulent bien parler, mais débattre, visiblement, ça leur fait peur.

Ce qui est incroyable, c'est la haine et le mépris des candidats les uns pour les autres.

Autant que je sache, l'élection municipale n'est pas une élection intermédiaire. C'est une élection fondamentale, ça concerne la vie des citoyens. On parle des crèches, du logement, de la circulation, de la sécurité, de la culture. Il serait intéressant que les candidats expliquent leur programme.

Exemple : la sécurité. Tout le monde en parle. Personne n'est contre la sécurité.

À Paris, Mme Hidalgo veut que l'État soit responsable de la sécurité. Mme NKM dit : « Non, il faut qu'il y ait une police municipale. » Derrière, il y a un problème très simple : un problème de budget. Si c'est l'État qui paie, ce n'est pas la ville. Un vrai débat. On n'a pas besoin de se haïr en étant pour l'un ou pour l'autre. Et peut-être qu'à la fin d'un tel débat, les candidats, plus les maires, qu'ils soient de droite ou de gauche, diront : « Il faudrait qu'on aille ensemble négocier un pacte de sécurité avec l'État, financé en partie par la municipalité et en partie par l'État. »

Ce serait intelligent.

Le problème, c'est que tous les politiques, quand ils partent en campagne, ont un communicant. Et ces communicants définissent une posture, non pas un contenu. Il faut que tu apparaisses comme ça, que tu aies cette attitude, cette gestuelle, que tu utilises ce vocabulaire. Donc les candidates, ou les candidats, quand ils vont dans les médias, se donnent un mal de chien pour ressembler à ce modèle. Le débat les dérange, parce que ça remet en question cette posture apprise.

Quand Mme Hidalgo, qui sait qu'elle aura à négocier avec les Verts, décide de les attaquer sur le diesel trois jours avant les élections en les accusant de faire le jeu de son adversaire, elle a tort. Elle aurait pu dire : « C'est un problème compliqué, où les différentes forces politiques, dont Mme NKM... »

C'est complètement idiot de dire : « Mme NKM, c'est Madame Diesel », ce n'est pas vrai.

Le premier tour des municipales

Vendredi 28 mars 2014

Je me suis penché sur les résultats du premier tour des municipales et j'ai étudié en détail les résultats dans deux villes du Nord séparées de 17 kilomètres : Hénin-Beaumont et Loos-en-Gohelle.

Pourquoi ces deux petites villes de même importance, dont la structure sociologique est semblable, ont-elles voté de façon diamétralement opposée (victoire du Front national à Hénin-Beaumont, victoire du PS à Loos-en-Gohelle) ?

La différence, c'est que Jean-François Caron, maire de Loos-en-Gohelle, a été élu au premier tour, avec 100 % des voix, parce que personne n'a osé être candidat contre lui. Il est reconnu, apprécié, les citoyens de sa ville reconnaissent ce qu'il fait pour la ville. Et c'est pourtant la même situation économique, politique que celle de Hénin-Beaumont où le maire PS a été balayé. La défaite est accentuée pour les socialistes quand les candidats sont, je ne dirais pas corrompus, mais moralement en difficulté dans leur ville. Et c'est le cas à Hénin-Beaumont comme à Fréjus. Là où les candidats contre le Front national sont des candidats « pas propres », le Front national s'en donne à cœur joie.

Dans un autre registre, on pourrait dire la même chose pour Jean-François Copé, réélu à plus de 60 % à Meaux. Je ne crois pas qu'on puisse être président de l'UMP, député, et maire, mais les gens de Meaux constatent que le travail municipal est bien fait et que leur maire les représente bien à l'échelon national. Vous pouvez dire la même chose du Grand-Quevilly où Laurent Fabius qui est onzième sur la liste la pousse et passe au premier tour à 60 %.

Il ne faut pas nier pour autant qu'une tendance de fond se dégage de ces scrutins locaux.

Il y a un effondrement de la gauche, du Parti socialiste.

Il n'en reste pas moins que, dans une élection municipale, la crédibilité des candidats est déterminante pour accentuer, inverser ou freiner une tendance.

À gauche comme à droite, ce qui compte d'abord, c'est la crédibilité du candidat sur le terrain.

Conseils à François Hollande

Lundi 31 mars 2014

Après la claque que vient de prendre la gauche, François Hollande ne doit pas se tromper d'analyse.

Ce n'est pas une défaite de la majorité présidentielle, c'est surtout et avant tout une défaite du Parti socialiste.

Je prends trois exemples : la surprise de la soirée, c'est évidemment la victoire de la droite à Saint-Étienne. Mais c'est aussi à Grenoble le candidat d'Europe Écologie, Éric Piolle, qui gagne devant le Parti socialiste. Ce sont encore les dissidents socialistes de gauche qui l'emportent à La Rochelle et à Montpellier. Donc ce sont vraiment le Parti socialiste et son fonctionnement qui sont en cause.

François Hollande doit clarifier sa position... et vite.

Veut-il un gouvernement avec Europe Écologie Les Verts? Peut-il rester sur la ligne du pacte de responsabilité et s'y engager à fond?

Ça peut marcher.

Si on veut recréer une dynamique économique, il faut soulager l'impôt sur le travail, il faut continuer sur la lucidité de réorientation budgétaire. Oui, il va falloir faire des économies. Ça veut dire faire des choix.

Choix sur les retraites, par exemple. Puisque nous vivons plus longtemps et que cette évolution heureuse est inévitable, nous devons travailler plus longtemps et il faut donc reculer l'âge de départ à la retraite.

D'un autre côté, je dis à Hollande : le pacte de solidarité doit être un effort pour les plus démunis et un soulagement fiscal pour les classes moyennes. Ce qui est le sens de la fiscalité écologique. Et j'insiste sur l'importance capitale du pacte sur la transition énergétique.

Si Hollande veut gouverner avec Europe Écologie Les Verts, il doit négocier sur ce point avec Europe Écologie avant de former son gouvernement, sinon il n'y aura pas de Verts au gouvernement.

Le choix de son Premier ministre est également déterminant.

Manuel Valls clive dans la société, clive même dans son électorat. D'où la difficulté à former un gouvernement d'unité. Pour moi, pas Valls. Martine Aubry pourrait réussir l'amalgame, mais il y a un tel mépris, un tel dédain de l'un pour l'autre, qu'il ne faut même pas y penser. Ségolène Royal, ça serait le grand bluff. Après le départ de Valérie Trierweiler de l'Élysée, la rentrée de Ségolène Royal à Matignon. Coup de chapeau ! Est-ce que ça donnera quelque chose politiquement ? Ça, c'est un peu difficile. Il peut aussi choisir la position du technocrate malin, comme Pascal Lamy. Et puis il y a le vieux sage, Fabius, qui est une possibilité.

Quel que soit son choix, Hollande doit dire très vite s'il veut continuer avec un gouvernement d'unité (c'est-à-dire avec Europe Écologie Les Verts) ou passer en force avec les seuls socialistes.

Que vont faire les écologistes après la nomination de Manuel Valls ?

Mardi 1er avril 2014

Il n'y aura ni Cécile Duflot, ni Pascal Canfin dans le prochain gouvernement.

Cécile Duflot et Pascal Canfin ont choisi la clause de conscience. Et c'est tout à fait légitime. Comme pour la nomination d'un nouveau directeur dans un journal quand les journalistes disent : « Non, ce n'est pas pour moi. » Donc, personnellement, je les comprends, ils ont le droit. Ils connaissent Manuel Valls depuis deux ans et ils disent que son comportement n'est pas compatible avec l'idée de cohésion qu'ils se font du gouvernement.

D'autres Verts pourraient prendre leur place, mais Cécile Duflot et d'autres disent : « Ce n'est pas l'attente des Français. » Je trouve cette déclaration un peu simpliste.

Il faut inverser la question et se demander comment Manuel Valls aujourd'hui peut attirer Europe Écologie dans le gouvernement. C'est à lui de prendre l'initiative de rencontrer le parti Europe Écologie et les présidents de groupe, et de négocier une feuille de route pour ce gouvernement. À l'allemande. Il faut signer un pacte. Prendre des engagements, les mettre sur papier, et en fonction de cela Europe Écologie pourra décider. Parce qu'il y a un Conseil fédéral qui a lieu les 5 et 6 avril et ce n'est pas avec du blabla qu'on arrivera à avoir une majorité pour qu'Europe Écologie rejoigne ce gouvernement.

Il faut ouvrir des pistes pour la négociation et Manuel Valls doit faire des propositions sérieuses et par écrit. La transparence est la base de la solidarité gouvernementale.

Et Hollande, dont le discours d'hier était beaucoup trop général, doit dire à Valls : « Dès aujourd'hui, tu dois impérativement clarifier les choses. »

Le refus d'EELV d'être au gouvernement

Mercredi 2 avril 2014

En refusant le grand ministère de l'Écologie, de l'Énergie et des Transports que leur proposait Manuel Valls, les Verts ont commis une grave faute politique.

On peut comprendre cette faute.

Contraint par les délais constitutionnels, Hollande a pris une semaine pour décider de la composition du nouveau gouvernement. Il n'a parlé à personne et les Verts se sont retrouvés face à Manuel Valls. Au lieu d'avoir réfléchi et travaillé sur le dossier, ils ont été aveuglés par le scepticisme que leur inspirent les positions du ministre de l'Intérieur. Manuel Valls leur proposait non seulement un grand ministère de l'Écologie, des Transports, mais surtout la mainmise sur la transition énergétique.

Ils ont refusé et c'est là où il y a erreur.

Il fallait y aller.

Pour les écologistes, la transition énergétique est le projet qui doit primer sur toute autre considération.

En refusant que les Verts participent au gouvernement de Manuel Valls, Cécile Duflot a pris une lourde responsabilité. D'autant qu'elle a pris cette décision sans en parler avec les responsables du mouvement et qu'elle a mobilisé après coup la base du parti en bombardant les militants de textos. Or, les deux tiers des parlementaires, aussi bien à l'Assemblée qu'au Sénat, étaient pour la participation. L'exécutif des Verts a décidé seul de ne pas y aller et je considère que c'est grave car Manuel Valls va trouver quelqu'un pour remplir ce vide. Il y a des écologistes ailleurs qu'à Europe Écologie.

Il fallait y aller.

Il fallait proposer.

Il fallait mettre le Parti socialiste et Manuel Valls devant leurs contradictions en agissant de l'intérieur du gouvernement. Avec un groupe parlementaire prêt à soutenir les initiatives. Surtout que, dans l'accord, Manuel Valls proposait que 25 % des députés de l'Assemblée soient élus à la proportionnelle. Ce qui est la condition sine qua non de survie d'Europe Écologie. Et on peut le dire, il leur a proposé également de trouver une solution pour l'enterrement de première classe de Notre-Dame-des-Landes.

Je trouve qu'avec tout cela, ne pas y aller est impardonnable.

Même si j'admets que ce fonctionnement de la Ve qui oblige à prendre en deux heures des décisions capitales pour l'avenir est totalement dingue.

L'Europe négligée par le gouvernement Valls

Jeudi 3 avril 2014

L'ayant privé de son ministère, l'Élysée envisage d'exfiltrer Pierre Moscovici vers la Commission européenne.

La carrière de Pierre Moscovici est intéressante. Élu député européen en 1994, il n'a cessé de lorgner vers l'Assemblée nationale. Élu député en 1997, il retourne à Paris et devient même ministre des Affaires européennes. En 2002, il perd son siège et, en 2004, retourne au Parlement européen, il est même vice-président du Parlement, mais il lorgne toujours vers l'Assemblée nationale. En 2007, hop, il repart à Paris. Député européen, c'est bien, c'est même pas mal, mais ça ne l'intéresse pas vraiment, enfin ça ne l'intéresse qu'à moitié. Aujourd'hui on lui dit : « Tu étais un peu léger à Bercy, donc on va te proposer d'aller à Bruxelles parce qu'ils sont tous légers là-bas. C'est le championnat des poids légers. »

Quand on estime qu'un ministre n'est plus bon pour le gouvernement, hop, on l'envoie à Bruxelles. Ça en dit long, quand même.

Pire : Fleur Pellerin, nommée secrétaire d'État au Commerce extérieur et au Tourisme, se voit confier, en sus, les Affaires européennes.

C'est scandaleux.

C'est un des couacs les plus retentissants de la composition de ce nouveau gouvernement.

Alors que vous avez un ministre à plein temps aux Outre-mer !

La construction européenne a tout de même plus d'importance et on la confie à un secrétaire d'État à tiers temps.

Tant que la France n'aura pas compris l'impérieuse nécessité de se battre pour l'Europe et de tout faire pour que les meilleurs s'investissent à plein temps dans ce projet, la France n'avancera pas.

Pour autant, il faut donner du temps à ce gouvernement. Je pense que Ségolène Royal peut être une très bonne ministre de l'Écologie. On verra.

Reste que Cazeneuve est la personnalité la plus intéressante de ce gouvernement. Il a été un bon ministre de l'Europe. Après, il s'est bien débrouillé (ce qui n'est pas facile) à Bercy. Et le voila ministre de l'Intérieur. Faut le faire !

Je crois qu'il mérite une médaille.

Les élections municipales en Turquie

Vendredi 4 avril 2014

On a énormément parlé de nos municipales cette semaine, mais nous ne sommes pas les seuls, puisque les Turcs ont fait la même chose.

Dans cette affaire, l'AKP, le parti du Premier ministre Erdoğan, avait beaucoup à perdre.

Je connais Recep Tayyip Erdoğan depuis une dizaine d'années et j'ai sincèrement cru qu'il voulait réformer son pays. Qu'il voulait en faire une société moderne et ouverte et y instaurer un système démocratique. En fait, il a instrumentalisé l'Europe pour se débarrasser de l'intégrisme kémaliste, de l'autoritarisme kémaliste.

Aujourd'hui, grâce aux succès économiques de sa politique qui lui ont permis d'élever le niveau de vie des plus pauvres, il prend la place des kémalistes et impose l'autoritarisme de l'intégrisme islamique. Une partie de ces pauvres un peu moins pauvres sont très très croyants et c'est avec ceux-là qu'Erdoğan dévoile son agenda caché.

Il est vrai qu'il a gagné ces élections, mais les résultats soulèvent pas mal de contestations.

À Ankara, la différence entre le candidat de l'AKP et le candidat de l'opposition se joue sur 1 % des suffrages. Si on recompte les voix, je ne suis pas sûr qu'Erdoğan ait gagné à Ankara.

À Istanbul, la différence est de 7 à 8 %. Ça pourrait même être moins. Les résultats d'Istanbul sont très révélateurs de la sociologie du corps électoral turc. Dans le centre-ville, Erdoğan a perdu, mais plus vous vous éloignez du centre, plus vous allez dans les banlieues loin du Bosphore où les gens n'ont jamais vu la mer, plus Erdoğan s'impose plus largement.

La société turque est profondément divisée.

Erdoğan s'appuie sur 55 à 60 % de la population qui est restée très archaïque, mais s'il veut se maintenir au pouvoir, il doit aider à l'avènement d'une société plus ouverte, plus dynamique, surtout dans les villes.

À long terme, ce grand écart va lui poser des problèmes.

Les élections présidentielles en Afghanistan

Lundi 7 avril 2014

Les Afghans ont voté ce week-end pour désigner un successeur au président de la République, Hamid Karzaï.

Quels que soient les soupçons de fraude et d'irrégularités qui pèsent sur ce scrutin, je suis ému par cet événement.

Chez nous, on décide librement de voter ou de ne pas voter et puis c'est tout.

En Afghanistan, pour voter, il faut du courage. Surtout pour les femmes. Les talibans n'ont pas seulement appelé au boycott des élections, mais ils ont menacé d'attaquer chaque bureau de vote. Toutes celles et tous ceux qui se sont alignés dans d'interminables files d'attente risquaient leur vie pour voter. Ils ont été sept millions à le faire ! Soit près de 60 % des électeurs inscrits, alors qu'ils n'étaient que 30 % en 2009. Et surtout près de 35 % de femmes ont bravé les menaces des talibans.

Cet élan citoyen démontre que les talibans ne sont pas majoritaires dans la société afghane. Évidemment, on va me dire qu'il y a eu des tentatives de fraude, que la société afghane reste traditionaliste et que l'intégrisme religieux et la domination de l'homme afghan sont toujours aussi prégnants. Choukria Barakzaï, militante acharnée de la cause des femmes et la députée la plus connue du Parlement afghan, a dit : « On croit rêver quand on voit ce qui s'est passé hier à l'élection. »

Oui, je m'incline sincèrement devant le courage de ces femmes et de ces hommes et je me dis que la démocratie, ça peut être très beau.

Nous vivons dans un monde bizarre, quand même. Qu'une femme avec un foulard ou même une burqa devienne une héroïne pour la démocratie, il fallait vraiment y penser.

D'accord, la démocratie n'a pas gagné en Afghanistan et ce désir de démocratie que viennent d'exprimer les Afghans ne valide pas pour autant ce qui a été fait depuis une dizaine d'années par les Américains et par leurs alliés.

Reconnaissons, néanmoins, que ce n'est pas la défaite totale que beaucoup ont décrite. Reconnaissons que les Américains et les Alliés ont réussi à stabiliser un peu la société afghane. Ils ont commis d'énormes erreurs, des bavures incroyables, mais le fait est qu'aujourd'hui cette élections marque une défaite cuisante pour les talibans.

Et ça, il faut le dire simplement, c'est une bonne nouvelle.

Jean-Louis Borloo se retire de la vie politique

Mardi 8 avril 2014

Comme l'a dit Édouard Balladur sur Europe 1, Jean-Louis Borloo est une personnalité particulière dans le milieu politique, par son originalité, son intelligence et sa créativité. Je suis touché par sa sincérité. Il préfère tout arrêter plutôt que de faire semblant.

Qu'un homme politique dise : « Stop ! Mon corps est fatigué, j'ai beaucoup donné, je me retire » stupéfie les médias et l'opinion.

Oui, le métier de politique est vraiment éprouvant.

On a tellement l'habitude d'insulter et de mépriser les hommes politiques que le geste de Jean-Louis Borloo interpelle l'opinion publique.

J'ai rencontré Jean-Louis en 1990. Il était à Génération Écologie, une organisation fondée par Brice Lalonde, alors ministre de l'Environnement d'un certain Michel Rocard. Au bureau national de Génération Écologie de 1990, il y avait, entre autres, Brice Lalonde, Jean-Louis Borloo, Noël Mamère, Félix Guattari... Ce qui est intéressant chez Jean-Louis Borloo, c'est que c'est un homme ouvert. Il cherche, il essaie de trouver et il a toujours eu une fibre écologiste. Il est sympa, il aime discuter, ce qui le différencie de beaucoup d'hommes politiques. Évidemment, on peut dire que, parfois, il a été opportuniste. Mais qui n'est pas opportuniste quand on fait de la politique ?

Quand il s'est retrouvé à la tête d'un grand ministère de l'Écologie, Borloo s'est vraiment défoncé, il a tout fait pour que l'Europe adopte des normes strictes et aille très loin pour les énergies renouvelables, etc. Il est vraiment dommage qu'il ait été lâché par le Premier ministre, François Fillon, et même par le président de l'époque, Nicolas Sarkozy.

C'est un exemple pour Ségolène Royal à qui je souhaite bon courage car elle ne pourra rien faire sans l'appui de son Premier ministre et du président de la République, et sans un Parlement qui la soutienne. Ça été le problème de Jean-Louis Borloo et je crois que, politiquement, il ne s'est jamais remis de ses blessures et des difficultés qu'il a eues à l'époque à la tête de son grand ministère.

Je ne suis pas surpris de la lassitude que vient d'exprimer Jean-Louis Borloo. Même si je n'ai jamais eu de responsabilités ministérielles, je comprends cette lassitude. Homme joyeux, bon vivant, Jean-Louis Borloo aime vivre. Or, le quotidien de la politique vous bouffe, vous empêche de vivre. Et je crois que c'est contre ce rythme-là que le corps de Jean-Louis Borloo s'est révolté.

Du coup, aujourd'hui, l'UDI se retrouve face à un grand vide. Je ne veux pas donner de conseils, mais s'il y a une personne qui partage avec Borloo le même esprit d'ouverture, c'est Chantal Jouanno.

Mais ce n'est pas à moi de faire la politique de l'UDI.

Les premières décisions des mairies FN

Mercredi 9 avril 2014

Dès son entrée en fonction, Steeve Briois, nouveau maire Front national d'Hénin-Beaumont, a supprimé les 300 euros de subvention que la municipalité précédente versait aux militants de la Ligue des droits de l'homme et les a chassés du local qu'ils occupaient.

Ce n'est pas illégal, c'est tout simplement bête, mesquin, et méchant.

Si j'osais donner des conseils au Front national, je leur dirais : « Gouvernez et ne soyez pas tout simplement Front national. » Une posture idéologique attendue ne vous facilitera pas la gestion municipale. Aujourd'hui, vous êtes des élus comme les autres et vos électeurs vont vous demander de prendre des décisions sur les impôts locaux, sur le logement, la circulation, la sécurité... C'est ça, exactement ça que vous devez faire. Sauf à sortir toujours la même rengaine, et dire : « C'est la faute à Bruxelles, je ne peux rien, etc. », vous devez être des gestionnaires compétents.

Quand j'entends Florian Philippot, vice-président du Front national, accuser les médias de fliquer les villes FN, j'avoue en avoir marre de ces gros balaises qui font campagne en disant : « Attention, attention, vous allez voir ce que vous allez voir », et qui, dès qu'ils sont élus, deviennent susceptibles et sensibles comme des petits enfants.

Fraîchement élu maire de Grenoble, Éric Piolle, Europe Écologie Les Verts, est lui aussi sous les projecteurs des médias, parce que c'est quelque chose de nouveau et que l'opinion publique veut savoir ce que les nouveaux sont capables de faire. Ça fait partie du jeu démocratique.

Je crois que le FN a des problèmes avec le jeu démocratique. Il croit qu'une fois élu, il peut faire ce qu'il veut.

Non, la démocratie, c'est aussi le droit des associations et de la société civile de critiquer les nouveaux élus. Ça, c'est une leçon de démocratie que le FN doit encore apprendre.

Les nationalistes en Hongrie

Jeudi 10 avril 2014

C'est une élection qui est passée un peu inaperçue et pourtant, en Hongrie, Viktor Orbán, celui que l'on qualifie de conservateur populiste, a très largement remporté les élections législatives du week-end dernier.

J'ai fait la connaissance de Viktor Orbán dans les années 90. Il avait les cheveux longs, c'était un libéral libertaire, à la tête d'un parti antitotalitaire. En 1998, il a gagné les élections, mais la vieille garde communiste et les médias qui alors étaient toujours à ses ordres l'ont balayé en 2002. Et là, surprise. Profondément blessé, Viktor Orbán se métamorphose en conservateur religieux et nationaliste. Son nationalisme titille l'orgueil blessé d'une majorité de Hongrois. Viktor Orbán est à l'initiative d'un monument à la mémoire des victimes du fascisme et de l'Holocauste. Faire de la Hongrie une victime du nazisme, c'est audacieux. Il passe à l'as la collaboration d'une partie de la population hongroise et de l'État hongrois avec Hitler. Jouant habilement sur l'attachement d'une partie de la population à l'idée d'une pureté de la nation hongroise, Orbán regroupe sur son nom les nationalistes qui représentent 44 % du corps électoral et les 20 % qui soutiennent un parti Jobbik ouvertement fasciste, antisémite et raciste.

La Hongrie fait peur.

Viktor Orbán, c'est un peu le Poutine de Hongrie.

Il a le sentiment d'être le sauveur suprême de ce peuple hongrois qui fut grand et qui n'est presque plus rien.

Il fait quelque chose d'extraordinaire, il aspire tous les fonds de l'Union européenne que la Hongrie peut mobiliser tout en montant la population contre Bruxelles. Les méchants, c'est Bruxelles (certes, ils nous donnent de l'argent, mais vous n'avez pas besoin de le savoir), mais moi, Orbán, je vous protège de Bruxelles.

On peut raisonnablement s'inquiéter de cette poussée nationaliste que l'on observe en Hongrie comme dans beaucoup d'autres pays européens. Elle provient en grande partie de la peur que fait naître cette mondialisation débridée, non régulée, dont les opinions voient les effets sans en comprendre les causes. Cela crée un sentiment de perte d'identité, crée une angoisse face à un monde qui tourne de plus en plus vite. Soudain, les discours des nationalistes de tout poil qui vendent des mirages paraissent crédibles. Ils disent : « Si on retourne à la nation, à la pureté de l'identité nationale, on règle tous les problèmes. »

Évidemment, ce n'est pas possible.

La semaine politique

Vendredi 11 avril 2014

Cette semaine, Manuel Valls a prononcé son discours de politique générale, le Parlement a voté la confiance et la dernière touche a été mise à la composition du gouvernement avec les nominations des secrétaires d'État.

Dure semaine !

Je partage l'avis de Michel Rocard qui disait mardi sur notre antenne : « Faire un gouvernement en vingt-quatre heures et une déclaration de politique générale en vingt-quatre heures, ça paraît un peu fou, et ce n'est pas sérieux. »

Évidemment, ce n'est pas sérieux.

Faisons de la politique fiction.

Après le premier tour des municipales, François Hollande sait que ça ne marche pas et qu'il lui faut changer de gouvernement. Le mardi, il déjeune avec Ayrault et lui annonce : « C'est fini. » Le mercredi, il déjeune avec Manuel Valls et lui dit : « C'est toi, prépare ton gouvernement. » Le lundi matin, après le second tour, Valls est nommé Premier ministre et Hollande lui dit : « Tu as huit à dix jours pour préparer ton gouvernement et écrire ta déclaration de politique générale. » Qu'est-ce qu'il fait, Valls ? Parce qu'il a besoin d'eux, il fait des propositions sérieuses aux responsables des Verts et aux ministres Verts en place. Puisque ses interlocuteurs sont réticents, il se rend le samedi au Conseil fédéral des Verts et emporte la mise en convainquant ledit Conseil d'accepter ce qu'il a proposé à la délégation. Du même coup, il dégage une place formidable pour Ségolène Royal, qui devient ministre de l'Intérieur. Fort de cctte structure gouvernementale cohérente, il a le temps avec ses ministres de préparer sa déclaration de politique générale.

Ça ne s'est pas passé comme ça.

Avec le calendrier dont je parle, Valls n'aurait pu présenter son gouvernement que dans le milieu de la semaine prochaine. Mais Valls croit qu'il n'a pas le temps d'attendre. La situation exige d'agir vite. Les électeurs ont demandé des réponses rapides dans les urnes.

Valls fonce et il a tort.

Souvent, les réponses trop rapides sont des effets d'annonce, des promesses qu'on ne pourra pas tenir. Prendre un peu de temps, c'est peut-être gagner beaucoup de temps parce qu'on n'aura pas à remettre en ordre ce qu'on a mis en désordre, parce qu'on l'a fait trop rapidement.

La presse a suivi Valls.

On pourrait croire que c'est le premier temps de la théorie à trois temps élaborée par Sarkozy : « On lèche, on lâche, on lynche. » Je crois plutôt que les commentateurs ont envie que ça marche. Ils en ont marre de la déprime. Donc ils se disent que peut-être ce jeune Valls va faire valser la politique et que ça va avancer en France. C'est pour ça qu'ils disent : « On est tous derrière Valls, et si ça ne marche pas, on va le coincer et on va le démonter. »

Comme eux, je pense qu'il faut laisser du temps à Valls.

À lui, et surtout à son gouvernement.

L'élection présidentielle algérienne

Lundi 14 avril 2014

Jeudi, les Algériens vont réélire Bouteflika président de la République.

C'est digne des Marx Brothers ou de Charlie Chaplin.

Voilà un candidat qui n'existe pas, qu'on connaît parce qu'on l'a vu il y a un an ou deux, quand il pouvait encore apparaître à la télévision. Depuis, il a été victime d'un accident vasculaire cérébral et on ne l'a plus jamais vu.

Voilà un candidat dont on ne sait s'il peut encore parler, s'il peut encore bouger et dont personne ne peut dire s'il est en mesure de prendre la moindre décision. Et tandis que des ministres arpentent l'Algérie pour défendre ce candidat fantôme, tout le monde sait que Bouteflika va être réélu avec 75 ou 80 % des voix, comme c'est toujours le cas en Algérie.

C'est incroyable.

C'est inimaginable.

Nous savons aussi que ce n'est pas Bouteflika qui sera réélu mais les mêmes généraux, les mêmes hommes d'affaires qui ont profité de la privatisation du pétrole et du gaz et qui, après s'être rempli les poches, dirigent aujourd'hui le pays.

Que ces gens n'aient pas trouvé un successeur à Bouteflika est très surprenant.

Le candidat contre Bouteflika, Ali Benflis, est le candidat des services secrets algériens qui voudraient mettre la main sur la manne pétrolière et sur les grandes entreprises pétrolières. Voilà ce qui se joue derrière cette tragi-comédie. Voilà pourquoi vous aurez en Algérie un président momie.

Et la France, l'Union européenne, les dirigeants du monde entier vont féliciter la momie. La momie va recevoir des télégrammes qu'elle ne pourra lire, des coups de téléphone qu'elle ne pourra entendre. Et tout le monde sera content parce qu'on dira qu'il existe une stabilité politique en Algérie.

C'est invraiscmblable.

Je connais Ali Benflis. Il est du sérail. Il a été secrétaire général du FLN, il a été Premier ministre. C'est d'ailleurs en tant que Premier ministre qu'il nous avait reçus avec une délégation de parlementaires européens quand je suis allé en Algérie. C'est un homme très fin, un vrai technicien du pouvoir.

Quel a été vraiment le divorce avec ceux qui ont gagné, ceux derrière Bouteflika ? Je crois que Benflis voulait limiter les pouvoirs de ces généraux, de ces familles qui profitent de la manne pétrolière. Et c'est pour cela qu'il a été éjecté.

Benflis est-il un véritable concurrent ou est-ce un faux lièvre chargé de crédibiliser une élection qui est tout sauf une élection démocratique ?

L'avenir nous le dira.

Le GIEC

Mardi 15 avril 2014

Les experts du GIEC (le Groupe intergouvernemental d'experts sur l'évolution du climat) proclame encore une fois qu'il urge de réduire les émissions de gaz à effet de serre de 40 à 70 % d'ici 2050 si nous voulons contenir l'augmentation de la température au-dessous de 2 %.

C'est possible en théorie, mais cela nécessitera une mobilisation sans commune mesure avec les initiatives poussives que nous avons connues jusqu'à présent.

Rappelons-le :

1. Il est prouvé que l'accélération du réchauffement climatique est liée à l'activité productive humaine.

2. Sept ans après le précédent rapport, l'échec des politiques mises en œuvre est patent. Le niveau mondial des émissions de gaz à effet de serre atteint des sommets sans précédent.

3. Il faut sortir du train-train habituel pour arriver à limiter la casse.

4. Combien sommes-nous prêts à payer pour ne pas laisser le fardeau aux générations futures ? Les poussées climatiques que nous connaissons aujourd'hui résultent de notre inaction depuis une trentaine d'années.

Ségolène va prendre le dossier à bras-le-corps. Prévue l'année prochaine à Paris, une conférence sur le climat va coûter une fortune et débouchera sur un très beau communiqué publié en quatre couleurs.

Et après ? On fera quoi ?

La question est posée aux nations industrielles et celles en voie de développement qui devront investir dans les économies d'énergie et réorienter la consommation de l'énergie. Ce qui ne peut se faire qu'en introduisant une fiscalité écologique, des économies d'énergie et en développant les énergies renouvelables, non fossiles. Si Ségolène Royal ne s'engage pas résolument dans cette voie, elle prendra les spécialistes du GIEC en pleine tête.

Plus bizarre : dans le discours de M. Valls, avez-vous entendu quelque chose sur le réchauffement climatique ? Vous a-t-il expliqué que la France est plus particulièrement concernée, puisque nous sommes chargés d'organiser, en 2015, cette conférence intergouvernementale internationale sur le climat ?

Quelle sera à cette occasion la stratégie de la France ?

Est-ce que M. le Premier ministre vous en a dit un mot ?

Peut-être que je suis écologiquement sourd, et qu'il n'y a que moi qui ne l'ai pas entendu.

C'est pourtant simple : ou il y a une prise de conscience, ou les générations futures paieront le prix fort notre incapacité à faire.

Jean-Christophe Cambadélis

Mercredi 16 avril 2014

Depuis hier soir, Jean-Christophe Cambadélis est officiellement premier secrétaire du Parti socialiste.

Quelle idée !

Quelle idée de prendre la tête du parti du président au pouvoir.

Dans la Ve République, le président décide seul, enfermé avec son cercle de conseillers et le Parti doit répercuter, voire populariser la politique impopulaire du Château.

À partir d'aujourd'hui, Jean-Christophe Cambadélis (Camba pour les copains) occupe un siège éjectable dont la commande est à l'Élysée.

Dans l'opposition, le premier secrétaire doit organiser le Parti, le mettre en formation pour conquérir le pouvoir. Il peut même se permettre d'organiser des débats, de mobiliser la société, de s'imprégner de l'opinion publique, d'essayer de comprendre les contradictions de la société. Dans la structure pyramidale de la Ve République, le parti du président n'est qu'une vulgaire courroie de transmission de la volonté suprême du président au Château. C'est une machine.

Une forte personnalité pourrait tenter d'exister, mais donnez-moi le nom d'un premier secrétaire ou d'un responsable de l'UMP qui a pu s'exprimer quand le président de la République était un homme de son camp.

Ça ne marche pas.

Lionel Jospin ?

Là, il y a quelque chose d'intéressant. Lionel Jospin savait organiser grâce, entre autres, à son passé trotskiste. Cambadélis a eu le même parcours (d'ailleurs, ils faisaient partie du même groupe) et c'est là-dessus que compte François Hollande.

Il est vrai que Cambadélis a une forte personnalité et un nez pour la politique. Organisateur de la campagne de DSK, il n'était pas pour Hollande. Il croyait que DSK était le meilleur candidat... il n'avait peut-être pas tort. Mais dans la vie, des événements surviennent qui vous empêchent de mener vos projets jusqu'au bout.

Cambadélis a déclaré qu'il allait organiser des états généraux des socialistes pour reformuler le projet du Parti. L'ambition serait viable s'il était dans l'opposition, mais je vois mal le Parti socialiste tenter de corriger le pacte de responsabilité ou de discuter de l'austérité ! Ce serait un jeu de massacre. Ça ne peut pas fonctionner, cette histoire.

En se positionnant aujourd'hui comme le chef et l'organisateur d'un parti d'opposition, c'est, pour Cambadélis, la meilleure garantie de pouvoir reconquérir un jour le pouvoir.

On verra bien s'il arrive à rallumer la lumière au PS.

Ça ne sera pas facile.

Départ du Parlement européen

Jeudi 17 avril 2014

Hier, arrivé au terme de mon quatrième et dernier mandat de député européen, j'ai tourné une page importante de ma vie.

Mon ami Yannick Jadot m'avait prévenu : « Tu verras, avant la fin de la journée, tu vas pleurer. » C'est arrivé le soir, lors de la dernière réunion du groupe des Verts européens. Au milieu de tous ces gens avec qui je travaille depuis des années, j'ai pris conscience que vingt ans de ma vie se terminaient à cet instant. Une porte se fermait. Je ne reviendrais plus à Strasbourg ni à Bruxelles. C'était émouvant.

Et puis surtout vingt ans, c'est beaucoup.

En me projetant dans l'avenir, je me suis dit : « Dans vingt ans, est-ce qu'il y aura encore vingt ans ? » Ça aussi, c'est un peu angoissant.

On me dit que je ne suis pas fait pour la retraite, que j'aurais pu assurer un dernier mandat, que je n'avais pas à être aussi radical.

Ce n'est pas radical. Je l'ai dit il y a trois ans. Quand j'ai eu un nodule cancéreux dans la thyroïde, ça m'a choqué. J'ai compris que mon corps commençait à souffrir parce que le travail de député européen, ces voyages incessants, pas seulement Strasbourg-Bruxelles, ou Francfort-Bruxelles, mais de se balader dans toute l'Europe, d'intervenir dans toute l'Europe, c'est éprouvant.

L'autre raison est simple. Je dis toujours que les politiques doivent savoir passer la main, qu'il faut laisser de la place à de nouvelles générations. On me dit que j'ai raison, mais que ça ne s'applique pas à moi. Et ça, ça ne fonctionne pas.

Je suis absolument persuadé aujourd'hui qu'il y a des générations montantes qui sont capables de défendre l'Europe, de penser l'Europe. Je dois leur laisser la place. C'est nécessaire. J'ai soixante-neuf ans. En France, on se bat pour la retraite à soixante ans. Je n'ai pas dit que je partais à la retraite sans rien faire. Mais simplement, j'arrête d'être député européen.

Il faut dire une chose : le métier de député européen n'est pas facile. C'est un espace politique où l'opinion publique européenne n'existe pas. Il est très rare de réussir à percer le mur de ce bateau, qui parfois est ivre et parfois sait parfaitement où il va.

Quand un coup de gueule réussit à percer les murailles, je suis toujours étonné.

Les médias devraient s'interroger sur la manière dont ils parlent de l'Europe. J'ai le sentiment qu'on ne parle de l'Europe que lorsque les nouvelles sont mauvaises.

On dit que l'Europe est bureaucratique. Mais la France aussi est bureaucratique. L'Allemagne aussi. Les régions sont bureaucratiques, les municipalités. On fait comme si toutes les tares de la terre en politique, c'était l'Europe. Ce n'est pas vrai. Je crois qu'il y a une méfiance des politiques qui touche aussi l'Europe. Cette méfiance existe aussi bien au niveau municipal qu'au niveau régional. Il y a une méfiance générale face aux politiques. Et c'est ça qu'il faut changer.

Si je devais exprimer un regret, ce serait évidemment d'avoir si mal fonctionné au moment du traité constitutionnel. On a perdu. Ça a été une baffe incroyable. J'en discute assez souvent avec José. Parfois, on en rit, même. On reprend les erreurs qu'on a faites, les uns et les autres.

Dans le même temps, je suis fier de certaines interventions qui ont été reprises par Internet et qui touchent des Grecs ou des

Tunisiens. C'est quand même incroyable d'arriver à Athènes et que quelqu'un dans la rue vous dise : « Merci. » Ou même d'arriver à Istanbul et que quelqu'un vous dise : « C'était bien. »

J'aime qu'il y ait une écoute de ce qui se passe dans l'enceinte européenne.

Le cinéma d'auteur et le cinéma populaire

Vendredi 18 avril 2014

Le dernier film de Jean-Luc Godard sera présenté en sélection officielle au soixante-septième festival de Cannes.

À quatre-vingt-trois ans, Jean-Luc Godard est un monument du cinéma.

Je sais que son dernier film, *Film Socialisme*, traversé de fulgurances cinématographiques absolument éblouissantes, était difficile, qu'il cassait notre habitude de voir, de regarder au cinéma.

Les petits malins peuvent ricaner : « Arrête Dany, tu pourrais caser les spectateurs d'un film de Godard dans une cabine téléphonique. » Et alors ? *Lola Montès*, de Max Ophüls, considéré aujourd'hui comme un monument de l'histoire du cinéma, a fait un bide total à sa sortie.

Je me souviens d'un débat avec Godard lors de la sortie du film *For Ever Mozart*, qui parle de la Bosnie et au cours duquel les spectateurs qui n'avaient rien compris l'ont attaqué très violemment. J'ai dû intervenir : « Arrêtez, vous avez un des plus grands cinéastes devant vous. »

À bout de souffle, je l'ai vu trente-cinq fois. C'est un film extraordinaire. Vous savez ce qu'en dit Jean-Luc ? « C'est un film horrible. Je rêve qu'il n'y ait plus de copies, que personne ne puisse le voir. » C'est ça, Jean-Luc Godard. Un homme qui maltraite sa propre œuvre, toujours à la recherche de quelque chose d'inédit.

Godard est indispensable, n'en déplaise à la Cour des comptes qui se plaint qu'une partie du cinéma français coûte cher et n'attire pas les foules.

Les fonctionnaires de la Cour des comptes ne comprennent que les comptes. Il faut arrêter. La culture cinématographique, c'est *Intouchables* avec ses millions d'entrées, ou *Bienvenue chez les Ch'tis*, mais aussi des œuvres plus difficiles, ça fait un tout.

Et si vous réduisez la culture du cinéma à Jean-Luc Godard, ça ne va pas. Si vous la réduisez à *Bienvenue chez les Ch'tis*, ça ne va pas non plus. C'est ça, qu'il faut comprendre. C'est ça, la richesse du cinéma.

Si on veut détruire la richesse du cinéma par la Cour des comptes, allez-y !

Mais alors là, pitié, pitié, pitié...

François Hollande, pas candidat en 2017

Lundi 21 avril 2014

« Si le chômage ne baisse pas d'ici 2017, je n'ai aucune raison d'être candidat ou aucune chance d'être réélu », a dit François Hollande, vendredi à Clermont-Ferrand.

De deux choses l'une. Ou sa petite phrase ne mange pas de pain parce que tout le monde sait que les cycles économiques étant ce qu'ils sont, la courbe du chômage un jour ou l'autre va s'inverser et le chômage va reculer de manière significative. Ou ça sera une petite amélioration que personne ne sentira et, dans ce cas, François Hollande dit une chose très simple : « Je ne vais pas me représenter, je vais consacrer toute mon énergie à faire sortir la France de la crise et non à réorganiser ma réélection. »

Et il a raison, parce que si cette fameuse courbe ne s'inverse pas, il n'a aucune chance d'être réélu.

Je l'ai déjà dit, ces présidentielles sont un poison pour les politiques qui ne pensent qu'à être élus ou réélus.

Que François pense à faire ce qu'il doit faire, qu'il organise vraiment son gouvernement, qu'il organise l'Élysée de telle manière que ça avance. Sinon, il s'enlisera dans des tractations incessantes parce que le problème de la réélection de 2017 commence aujourd'hui, ou a commencé hier, d'ailleurs.

Il faut que ça s'arrête.

Que François Hollande vienne à la télévision dire aux Français : « Je ne me représenterai pas. Je suis là pour sortir la France de la crise. Le moment venu, le Parti socialiste organisera sans moi le processus qui conduira à l'élection présidentielle. »

Vive le parlementarisme !

Mardi 22 avril 2014

Des députés socialistes sont venus dire qu'il y a un autre plan d'économie possible et ils comptent bien se faire entendre de Manuel Valls et du gouvernement.

Enfin, voilà des députés qui ont l'air de prendre leur rôle au sérieux. Il y en a assez d'une Assemblée nationale qui n'est qu'une caisse d'enregistrement des desiderata du couple Hollande-Valls ou des présidents et Premiers ministres de toute la Ve. Oui, la France a besoin d'une véritable Assemblée nationale, d'un véritable Parlement, d'un retour du parlementarisme. Alors, quand j'entends Antonin André se plaindre de l'arrogance des conseillers de Matignon qui accueillent d'un sourire condescendant ces suggestions, je dis qu'ils sont vraiment très mal conseillés, ces conseillers qui ont pris le melon.

Ils prétendent que Manuel Valls ne lâchera absolument rien du tout. Ce n'est pas très malin. Parce que, même dans une entreprise moderne, la concertation est de mise. L'efficacité, c'est de savoir trouver des compromis dans une entreprise, comme dans une assemblée parlementaire.

Il ne suffit pas de proclamer : « J'ai raison. »

Qui peut prétendre avoir raison ? Pourquoi Bercy détiendrait-il toute la vérité ? Pourquoi quelques conseillers auraient-ils toute la vérité, alors que, pendant deux ans, ils ne l'ont pas trouvée ?

Peut-être que certaines des propositions des socialistes et même, ô diable, certaines propositions de l'UDI qui veut être une opposition constructive, sont intéressantes. Si Manuel Valls est aussi intelligent qu'il le prétend, il devrait écouter ce qu'on lui propose.

On me dira que face à une crise comme celle qu'on affronte, c'est bien aussi d'avoir un chef qui tranche, qui sait où il veut aller. Mais un Manuel Valls qui souhaite trancher sur tout en huit jours, c'est du baratin, un chef comme ça.

Oui, à la fin, il devra trancher. Mais un chef, aujourd'hui, c'est un leader qui sait entraîner non seulement ses troupes et le Parlement mais aussi les citoyens. Et les citoyens ne croient plus au chef suprême qui a toute la vérité. C'est contraire au monde d'aujourd'hui.

Encore une fois, cette idée du chef, du leader magique qui sait tout, je n'y crois pas. Et ça ne fonctionnera pas.

Ça fonctionnera mal et la deuxième partie du mandat de Hollande se terminera mal.

Espoirs de paix au Proche-Orient

Mercredi 23 avril 2014

Depuis juillet dernier, pour la énième fois, Israéliens et Palestiniens se parlent sans s'entendre, sans se comprendre. Le secrétaire américain, John Kerry, qui a mis tout son poids dans la balance, en a vraiment marre de jouer les bons offices et d'organiser un dialogue de sourds entre Israéliens et Palestiniens.

Le Premier ministre israélien, Netanyahou, qui n'en a rien à cirer des Palestiniens et veut continuer la colonisation, oscille entre cette intime conviction et un reste de rationalité qui lui souffle qu'aucune chance de paix dans la région n'est possible sans la création d'un État palestinien.

En menaçant de dissoudre l'autorité palestinienne, les Palestiniens jouent peut-être leur dernière carte. Ça veut dire quoi ?

Ça veut dire qu'ils mettent les clés sous la porte, que Mahmoud Abbas dit : «*Ciao*, les enfants. À vous, Israéliens, d'organiser la vie quotidienne dans les territoires palestiniens. Il n'y a plus qu'un État, Israël, qui va jusqu'au Jourdain.»

Ça serait dramatique pour Israël car les Palestiniens commenceront à se battre pour leurs droits de citoyens. «*One man, one vote*», «Une personne, un droit de vote». Ça veut dire qu'avec les Israéliens arabes, tôt ou tard, même très tôt, les Palestiniens auront la majorité en Israël. Impossible alors de protéger l'État hébreux.

Que pourront faire les Israëliens? Instaurer l'apartheid? Ce serait dramatique et isolerait totalement Israël du reste du monde.

Aujourd'hui, on voit bien qu'il n'existe aucun pont pour arriver vers un règlement. Doit-on en conclure qu'aucune des deux parties ne veut vraïment la paix ?

Rappelons quand même qu'il y a eu un Yitzhak Rabin, à un moment où tout semblait possible. L'assassinat de Rabin par l'extrême droite israélienne a été le crime politique le plus « efficace » qui ait jamais existé.

Il ne faut pas désespérer parce qu'il y aura fatalement un moment où un responsable ou des responsables politiques auront le courage de dire les choses très simplement aux Israéliens pour les Israéliens et aux Palestiniens pour les Palestiniens et sauront les convaincre de réduire l'étendue de leurs rêves.

J'ignore ce que sera la situation dans dix ans, mais je suis un optimiste. À un moment, il y aura une rupture, un électrochoc.

Moi, j'y crois.

Simplement, il faudra, d'un côté comme de l'autre, des responsables politiques plus courageux que ceux qui sont aux manettes aujourd'hui.

La Turquie et le génocide arménien

Jeudi 24 avril 2014

Hier, un peu à la surprise générale, le Premier ministre turc, Recep Tayyip Erdoğan, a présenté ses condoléances aux descendants des Arméniens tués par les troupes de l'Empire ottoman en 1915 sans prononcer le mot de « génocide ».

Les choses avancent lentement, très lentement.

Je me rappelle qu'en 1999, alors que j'étais président de la commission parlementaire mixte UE-Turquie, j'ai prononcé le mot « génocide » en évoquant le massacre des Arméniens. J'ai cru que j'allais me faire lyncher par les médias.

Depuis 2002, les choses bougent. Il y a eu la fameuse diplomatie du football, quand le président turc, Abdullah Gül, à l'époque ministre des Affaires étrangères, a profité d'un match de football à Erevan pour dire : « Il faut qu'on se parle. »

C'était le début.

Il a commencé à parler de la mort des Arméniens. Et puis en décembre dernier, le ministre des Affaires étrangères turc, Ahmet Davutoğlu, s'est rendu à Erevan. Il a parlé de l'erreur mortelle qu'a été le massacre des Arméniens et il a commencé à évoquer des condoléances.

Aujourd'hui, Erdoğan prend les devants car il sait que la position traditionnelle de son pays ne pourra pas tenir en 2015, quand sera commémoré le centenaire du génocide.

En véritable homme d'État, il joue une partie de politique intérieure. Il enfonce un peu le kémalisme nationaliste qui est quand même la pierre angulaire du négationnisme turc, mais qui est aussi son ennemi. Il fait d'une pierre deux coups. Et c'est ça qui est très intelligent.

S'il a toujours été fourbe, Erdoğan sait rester un homme politique responsable, car il sait que, l'année prochaine, la Turquie devra se mettre à jour avec cette histoire.

Il devra composer avec son opinion publique qui reste divisée. Des universités organisent des colloques. Après l'assassinat en 2007 du journaliste arménien turc, Hrant Dink, qui voulait que ce problème mémoriel soit clairement posé, des centaines de milliers de personnes sont descendues dans la rue à Istanbul et à Ankara.

Toute une partie de la société turque bouge en ce moment et s'estime prête à avancer sur ce dossier du génocide arménien.

Le best-seller américain *Le Capital au XXIe siècle*, de Thomas Piketty

Vendredi 25 avril 2014

Le Capital au XXIe siècle, l'ouvrage que l'économiste français Thomas Piketty vient de consacrer à la montée des inégalités, se retrouve en tête des ventes aux États-Unis.

C'est une sacrée surprise.

Et j'ai même mieux.

Qu'ont en commun MM. Barack Obama, Jean-Luc Mélenchon, le pape François, et Mmes Cécile Duflot, Marine Le Pen, Christine Lagarde ? Ils ont tous lu Thomas Piketty.

Tout le monde veut savoir pourquoi et comment le capitalisme part en vrille.

Thomas Piketty nous le démontre, chiffres à l'appui.

En 1978, un Américain de classe moyenne gagnait 48 078 dollars contre 390 000 dollars pour les plus riches, lesquels représentaient 1 % de la population.

Aujourd'hui, un ouvrier gagne 33 000 dollars par an et les plus riches, 1,1 million de dollars. Ce qui veut dire que l'ensemble de l'argent distribué aux 150 millions d'Américains en bas de l'échelle est inférieur aux sommes que s'octroient les 400 Américains les plus riches.

Voilà pourquoi la thèse de Thomas Piketty impressionne.

Parce que, chiffres à l'appui, il nous explique que nos sociétés occidentales, la France, l'Allemagne, les États-Unis, sont de plus en plus inégales et que ça ne va pas pouvoir durer.

Un tel constat peut faire bouger les lignes, même si les solutions que proposent Piketty sont difficiles à digérer.

Il nous dit : Instaurons un impôt progressif sur le patrimoine, 1 % jusqu'à 200 000 euros, 2 % au-delà et à partir d'un milliard, 10 %. Et pour l'imposition sur les revenus, il propose un impôt progressif pouvant aller jusqu'à 80 % pour les plus riches.

Une telle proposition n'effraie pas les économistes qui savent que, pendant quelques années après la dernière guerre mondiale, l'impôt aux États-Unis atteignait jusqu'à 90 % pour les plus grosses fortunes.

En même temps, une telle rupture de nos habitudes effraie. Ce serait une révolution dans tous les pays où le capitalisme devient de plus en plus inégal.

Il peut paraître curieux que les Américains qui considèrent le moindre centriste comme un dangereux communiste soient séduits pas les thèses de Piketty, mais les Américains ont toujours été très égalitaires. Paul Krugman, Prix Nobel d'économie, dit que le livre de Thomas Piketty est le livre le plus important depuis celui du vieux Karl Marx.

Le PSG

Lundi 28 avril 2014

Le PSG n'était pas champion, dimanche, mais il le sera la semaine prochaine.

Tout le monde le sait, le PSG sera champion de France. Mais c'est vrai qu'il y a un arrière-goût désagréable. Pourquoi ?

Hier, le PSG a joué contre Sochaux. Le budget du PSG, pour l'année 2013-2014, était de 400 millions d'euros. Le budget de Sochaux, dix fois moins élevé, 40 millions d'euros. Regardez les équipes qui vont descendre : Ajaccio, avec un budget de 20 millions d'euros. Valenciennes, budget 32 millions d'euros. Il y a de l'inégalité dans l'air. Et c'est ça qui est désagréable.

Nous avons tous en tête cette idée du sport où pendant la durée d'un match tout le monde est sur le même pied.

Ce n'est plus vrai. Aujourd'hui, le football est victime d'une forme de dopage. Le dopage par l'argent.

Les clubs se dopent à l'argent. Et comme dans tous les cas de dopage, ils introduisent une inégalité qui fausse ce sport magnifique qu'est le football.

Vous me direz que nous ne sommes jamais contents. On râle parce que, faute d'argent, les clubs français sont incapables de rivaliser avec les plus grands clubs d'Espagne et d'Angleterre, et quand un club trouve un financement conséquent, on n'est pas contents non plus.

Cela dit, on peut être contents quand même.

Je suis un fan de Michel Platini. Michel Platini est un homme de droite qui parle et pense football en homme de gauche.

Il veut faire entrer la notion de fair-play dans l'économie du football. Il veut imposer un équilibre financier entre les dépenses et les recettes des clubs.

Mais voilà, au PSG, aux 200 millions d'euros de recettes générés par l'activité normale d'un club de football viennent s'ajouter 200 millions d'euros que lui donne la Qatar Tourism Authority pour assurer la promotion du Qatar. Moi, je ne savais pas qu'un club de foot était là pour faire la promotion d'un pays. Si ces 200 millions d'euros ne sont pas acceptés par l'UFA, ce qui est vraisemblable, le PSG va exploser. Platini n'est pas au bout de ses peines.

Il n'empêche qu'il a raison.

Il faut introduire une répartition équitable de l'argent qui vient des retransmissions télévisées entre les grands clubs et les petits.

J'adore le foot, j'adore la compétition, mais il faut moins d'inégalités dans ce milieu et moins de dopage par l'argent.

Mahmoud Abbas et la Shoah

Mardi 29 avril 2014

« Ce qui est arrivé aux Juifs durant l'Holocauste est le crime le plus odieux qui soit survenu contre l'Humanité pendant l'ère moderne. »

Cette déclaration publique du président palestinien, Mahmoud Abbas, a une importance historique.

Parce que le président de l'Autorité palestinienne, qui a déjà reconnu l'État d'Israël depuis son discours devant l'Assemblée générale de l'ONU où il a dit : « Il n'y a pas un État en trop dans la région, mais il manque un État », reconnaît explicitement la justification morale de l'existence de l'État d'Israël.

Le Premier ministre israélien, Benyamin Netanyahou, se trompe totalement en voulant minimiser la portée du geste. Parce que ce communiqué lu en arabe et en anglais par la radio palestinienne amène la parole de Mahmoud Abbas partout et contredit la vague d'antisémitisme qui existe dans le monde musulman, non seulement au Moyen-Orient, mais aussi en Europe.

Benyamin Netanyahou veut empêcher Mahmoud Abbas de faire un gouvernement de consensus national du côté palestinien. Ce qui ne peut se faire sans un accord entre l'OLP et le Hamas qui, pour Israël, est une organisation terroriste.

Il faut surmonter ce problème du Hamas. Le Hamas a le dos au mur et ne peut plus administrer ni gérer Gaza. Lâché par l'Égypte, le Hamas est obligé aujourd'hui de se rapprocher du Fatah. Et le

Fatah a reconnu Israël. En fait, il y a eu un processus de domestication. Le Fatah domestique le Hamas. Par exemple, l'administration américaine a dit : « Ce n'est peut-être pas une mauvaise chose, cette unification ou ce rapprochement entre le Fatah et le Hamas, parce que ça donne une voix et ça donne la possibilité de gagner les prochaines élections à Gaza, et d'être le seul représentant des Palestiniens. »

La communauté internationale a toujours un rôle à jouer.

Si Israël faisait un geste, la communauté internationale pourrait aider à la reprise du dialogue que les Israéliens et les Palestiniens savent absolument nécessaire s'ils veulent la paix dans la région.

Gerhard Schröder fête son anniversaire avec Vladimir Poutine

Mercredi 30 avril 2014

Trop, c'est trop.

Qu'en pleine crise ukrainienne, Gerhard Schröder donne publiquement l'accolade à son vieil ami Vladimir Poutine le jour de son anniversaire est indécent.

Pour comprendre, il faut savoir qu'en septembre 2005, Schröder a perdu les élections. Pendant toute la durée de son mandat de chancelier, il a défendu l'existence d'un pipeline qui amène directement le gaz de Russie en Allemagne. Comme par hasard, trois mois après les élections, Gerhard Schröder, ex-chancelier, est devenu un des responsables de la société qui gère ce pipeline qui appartient à 51 % à la Gazprom. En 2006, il reprend un deuxième poste de responsabilité au sein d'un consortium de pipelines, lui aussi totalement aux mains de Gazprom. Et là, Schröder empoche 250 000 euros.

En 2004, à la télévision allemande, Schröder déclarait tout de go que M. Poutine était un démocrate exemplaire. Aujourd'hui, on s'embrasse, on est copains. Tout va bien. On se partage les postes et le fric.

L'affaire fait du bruit en Allemagne. On peut lire dans un édito du *Spiegel* : « Si l'ex-chancelier pense qu'il pourrait faire comme si de rien n'était, il commet une erreur. Dans un tel moment, on attend qu'il soutienne la politique étrangère de son pays et qu'il ne la sape pas et même la ridiculise. » C'est exactement la situation.

Schröder est devenu le porte-parole de Poutine pour sa politique ukrainienne. Il a publié un édito où il accusait l'Union européenne d'être responsable de la crise ukrainienne. Si Poutine décide de tout arrêter, il utilisera Schröder qui deviendra l'homme qui a ramené la paix après avoir empoché le fric de Poutine.

Je connais bien Schröder. Il vient d'une famille très pauvre et il s'en est sorti au forceps. C'est une bête électorale. Et en même temps, il n'a vraiment aucune retenue. Je me rappelle que nous avons débattu au moment de l'introduction de l'euro. Il était contre. Après le débat, je lui ai dit : « Mais enfin, Gerhard, qu'est-ce qui te prend ? » Il m'a répondu : « Dany, ne t'en fais pas. Tant que je suis candidat, je serai contre l'euro pour ramasser toutes les voix qui sont contre. Dès que je suis chancelier, je serai pour. Évidemment, il nous faut l'euro. » Voilà Schröder.

Pour gagner, il est capable de tout et de n'importe quoi.

Syndicats divisés

Jeudi 1er mai 2014

En France, le syndicalisme pose problème.

Aux élections prud'homales en 2008, il y a eu 75 % d'abstention. (À côté de ça, les élections européennes, c'est une participation record !) Le taux de syndicalisation est passé de 30 % des salariés syndiqués après 1945 à 8 % aujourd'hui, dont 5 % seulement dans le privé. 18 % en Allemagne, c'est quand même mieux. Sans compter les pays du Nord : 74 % de syndicalisation en Finlande, 70 % en Suède. Au total, la syndicalisation moyenne dans l'Union européenne est de 23 %.

Donc la France a un taux très bas de syndicalisation.

Pourtant, nous n'avons jamais eu autant besoin d'un pouvoir syndical. La démocratie sociale dépend justement de la capacité de négociation des syndicats. Mais comme les syndicats sont divisés, ils font de la surenchère. Surenchère réformiste de la CFDT, surenchère du « non, non, non » de la CGT, surenchères croisées des uns avec les autres. Le patronat, qui n'est pas toujours très malin, a beaucoup de facilité à diviser les salariés en prenant les syndicats un par un.

On pourrait croire que ce trop grand nombre de syndicats est un gage de pluralisme, mais un pluralisme sans démocratie ne fonctionne pas. En Allemagne, par exemple, les débats font rage à l'intérieur des grands syndicats des métallos, mais quand arrive le temps de la négociation avec le patronat, la ligne du syndicat est celle de tous les salariés et le rapport de force est bien plus profitable aux salariés.

En France, ce n'est pas le cas.

La disparition des grandes figures charismatiques comme Krasucki ou Blondel n'aide pas, bien qu'aujourd'hui la qualité indispensable d'un leader syndical reste sa capacité à faire des compromis. Et Blondel comme Krasucki n'étaient pas de grands maîtres en la matière.

La division syndicale est un malheur pour la démocratie sociale en France.

Les syndicats ont besoin d'une capacité de formuler ensemble des contre-propositions contre le patronat. En ce moment, ce n'est pas le cas.

Unissez-vous, faites un syndicat fort et démocratique, où les débats internes seront vifs et féconds. Débattez à l'intérieur pour être ensuite une force efficace quand vous irez affronter le patronat.

Le débat sur les européennes

Vendredi 2 mai 2014

Le 15 mai prochain, les têtes de liste européennes pour la présidence de la Commission vont croiser le fer.

Ils sont cinq : Jean-Claude Juncker pour les conservateurs européens, Martin Schulz pour les socialistes européens, Guy Verhofstadt pour les libéraux européens, José Bové et Ska Keller pour les Verts européens et Aléxis Tsípras pour la gauche de la gauche européenne.

Ils vont débattre de leur vision pour l'Europe de demain, du programme qu'ils souhaitent voir appliquer par la Commission.

Je trouve étrange que ce débat ne soit retransmis ni par une chaîne nationale ni par les grandes radios.

En France, on croit que l'élection européenne est un troisième tour des élections nationales. Un débat de plus entre l'UMP, le PS, le Front national, Europe Écologie Les Verts.

Non ! C'est un débat sur l'Europe, pour l'Europe.

Il est indispensable que les citoyens européens entendent, en traduction simultanée, les candidats en découdre, comme les entendront les députés européens au Parlement.

Ce n'est pas difficile. Faites confiance à la technologie moderne. Traduit instantanément, vous entendez dans votre langue ce que disent les candidats dans leur propre langue. C'est une pédagogie européenne.

Deux sénateurs français (Verts, évidemment) ont demandé au président du CSA pourquoi ce débat n'était pas retransmis à la télévision. M. Schrameck a dit : « Vous avez raison » et a posé la question à M. Pflimlin, président de France Télévisions. Mme Filippetti, ministre de la Culture, se pose également la question.

Une chance existe d'avoir droit à cette retransmission.

Il est important que les citoyens apprennent que le Parlement européen n'est pas le Parlement national. De comprendre que ce sont des coalitions de partis issus de tous les pays qui mettront en place le prochain président de la Commission.

L'idée d'une telle retransmission vient se heurter à la sacro-sainte peur de l'audimat. Mais quand la télévision n'a rien d'autre à offrir qu'une énième confrontation entre Mme Marine Le Pen et Trucmuche, et de Trucmuche contre Machin... vous n'avez plus d'audimat parce que c'est mortellement ennuyeux.

Il faut faire preuve d'imagination, oser pousser la pédagogie sur l'Europe. Un récent sondage faisait apparaître que 80 % des gens ne savent pas exactement quel est l'enjeu des élections européennes.

Chaque jour de la semaine prochaine, je parlerai d'un des enjeux des élections européennes. Je ne serai pas le porte-parole d'une force politique (tout le monde sait pour qui mon cœur bat). Mais celui de l'importance des enjeux des débats européens.

Il est important pour nous tous que le Parlement européen ait la possibilité d'intervenir et de légiférer, qu'on le veuille ou qu'on ne le veuille pas. Et quelle que soit la manière.

Plus sociale, plus écologique, plus libérale, comme on veut.

La peine de mort

Lundi 5 mai 2014

Après l'agonie d'un condamné à mort pendant quarante-trois minutes, l'opinion américaine crie à l'exécution inhumaine.

Une exécution humaine, ça n'existe pas, c'est un parfait oxymore.

Tenter de minimiser le problème en cherchant des manières de tuer plus rapides ou indolores n'arrange rien. En Biélorussie, on exécute le condamné d'un coup de revolver dans la nuque. C'est peut-être la manière la plus efficace, en ce moment. Et tandis que nous parlons, les grandes entreprises pharmaceutiques cherchent le poison idéal pour mieux tuer.

Une société qui base sa conception de la justice sur la vengeance ne peut que mal fonctionner.

Barack Obama a trouvé cette exécution profondément dérangeante mais il ne sera pas le président qui abrogera la peine capitale aux États-Unis. Il lui faudrait changer la Constitution américaine. Et il n'arrive déjà pas à réguler la vente d'armes qui fait des tas de victimes chaque année.

Si la peine de mort en Amérique est abrogée un jour, ce sera grâce à la Cour suprême qui appliquera ce paragraphe de la Constitution qui déclare : « La peine de mort ne doit pas être un supplice. » C'est la seule solution que je vois car tous les présidents américains élus – Obama et Clinton compris – l'ont toujours défendue.

Les États-Unis aujourd'hui ne pourraient pas rentrer dans l'Union européenne puisque sa Charte des droits fondamentaux, adoptée le 7 décembre 2000, interdit à tout jamais la peine de mort. Donc qui veut intégrer l'Union européenne doit d'abord bannir de sa justice la peine capitale.

Mais il n'y a pas que les États-Unis qui pratiquent la peine de mort. Il y a la Chine, l'Irak, l'Iran, l'Arabie saoudite, l'Inde, le Vietnam et même le Japon qui fait partie du G8.

On pourrait tenter d'introduire sa suppression dans le cadre des droits fondamentaux appliqués par les membres du G8. C'est peut-être une idée à suivre. Ce genre de débat serait intéressant.

Mais ce jour-là, vous n'aurez à la table du G8 ni le Japon ni les États-Unis.

Et, probablement, vous n'aurez pas la Russie non plus.

En Russie, la peine capitale existe toujours mais elle n'a pas été appliquée depuis belle lurette.

Ce n'est pas Poutine qui la bannira ni l'interdira complètement.

L'anniversaire du président Hollande

Mardi 6 mai 2014

Il y a deux ans, François Hollande était élu président de la République.

Si je devais lui envoyer une carte d'anniversaire, je lui dirais la vérité.

« Salut François. Dans ces moments difficiles, le plus simple reste d'expliquer aux Français pourquoi tu n'es plus le François de cette campagne électorale qui en a bluffé plus d'un, dont moi. Aujourd'hui, tu te trouves à devoir faire une autre politique que celle claironnée pendant tes campagnes. Confronté à la réalité de la France, de l'Europe, de la planète, qui visiblement t'a pris un peu de court, tu as décidé d'une autre politique, d'une autre méthode, d'un autre comportement. Loin de devenir un président citoyen normal, te voilà coulé dans le moule de la Ve République. Comme tous les présidents de la Ve, tu vis retranché dans ce Fort Knox qu'est l'Élysée. Explique-nous, François, pourquoi tu as changé. Dis-nous tout ! Tes électeurs, et les Français en général, ont droit à la vérité, toute la vérité, rien que la vérité. »

Et je l'assurerai de mon affection parce qu'il est incontestable que ça ne doit pas être marrant tous les jours d'être président de la République.

Les hommes politiques européens ressentent la même chose. Joschka Fischer, l'ancien ministre des Affaires étrangères allemand, me disait, il y a peu : « Explique-moi l'évolution de ce type. Pourquoi François Hollande est tombé dans ce trou ? »

Ses chances de réélection en 2017 paraissent minces. J'ai déjà dit qu'il devrait tenter un coup de poker en annonçant dès aujourd'hui qu'il ne se représentera pas et qu'il se consacrera durant le reste de son mandat à sortir la France de cette crise. Parce que la France et les Français (comme les médias, d'ailleurs) sont enfermés dans leurs certitudes idéologiques, personne ne veut bouger.

Il faut vraiment bouger.

Il faut que la France change.

Il faut que la France évolue.

Si François Hollande dit : « Voilà, je fais ça, je ne pense pas à ma réélection, je ne veux pas être réélu, je ne pense qu'à faire une politique qui sorte la France de la crise », ça serait un bien.

Et aussi un message pour le Parti socialiste, toujours obnubilé par la question de savoir qui sera le prochain président.

C'est ça qui tue la politique : on ne pense qu'à soi, et on ne pense pas à tout le monde.

La libération de Gerry Adams

Mercredi 7 mai 2014

Gerry Adams, l'homme du processus de paix en Irlande du Nord, a été interrogé pendant quatre-vingt-quatorze heures au sujet d'un meurtre commis il y a quarante-deux ans.

L'homme qui a effectivement permis d'arrêter les années noires en Irlande est suspecté par la justice irlandaise d'avoir ordonné un crime.

S'ils sont avérés, les faits se sont déroulés dans une période de conflits intenses et un climat de guerre civile. Par ailleurs, Gerry Adams a été le premier à dire : « Il faut arrêter la lutte armée à l'intérieur de l'IRA », et il a été l'un de ceux qui ont permis l'ouverture de négociations avec l'Angleterre.

Faut-il pour autant effacer la faute éventuelle et bafouer les droits des familles des victimes ?

En France, en 1963, les accords d'Évian ont prévu une amnistie pour tous les crimes commis pendant la guerre d'Algérie par le FLN, par l'OAS, par l'armée française et par tous ceux qui ont commis des crimes liés au conflit.

C'est le prix d'un processus de paix.

Aujourd'hui, je n'ai pas le droit de dire ce qu'a fait ou ce que n'a pas fait Jean-Marie Le Pen quand il était soldat officier en Algérie. Les faits de torture ou d'autres faits sont amnistiés et ne font plus partie de l'espace public. C'est ainsi. Et je crois qu'il n'y a pas d'autres solutions. Après 68, même les soldats de l'OAS qui s'étaient révoltés, qui avaient fait preuve de sécession contre l'État français, ont été réintégrés dans l'armée française.

Il faut être conscient qu'après ces moments de crise majeure, il faut amnistier.

Imaginez que les Israéliens et les Palestiniens arrivent à un accord de paix, il y aura une amnistie pour tous les crimes commis par les uns et les autres pendant ce conflit interminable. Et c'est nécessaire, et ça sera comme ça.

Et si demain, me direz-vous, Bachar al-Assad devient le pacificateur du Moyen-Orient, devra-t-on oublier les horreurs qu'il a commises ?

Non. On n'oublie pas tout.

Les crimes contre l'Humanité ne sont pas amnistiables.

Il faut distinguer les crimes contre l'Humanité et les crimes politiques.

Ce n'est pas la même chose.

Même si, pour les victimes, c'est la même chose.

Il y a des moments dans l'Histoire où la paix est très difficile à atteindre. Ce sont ces moments qui exigent que le principe de l'amnistie s'applique.

Les commémorations du 8 Mai

Jeudi 8 mai 2014

Faut-il cesser de célébrer le 11 novembre 1918 et le 8 mai 1945, dates de la fin des deux grandes guerre du XXe siècle ?

Je propose un autre choix.

Le 11 Novembre, c'est la victoire sur l'Allemagne, donc la défaite de l'Allemagne. Le 8 Mai, c'est aussi la victoire sur l'Allemagne, donc la défaite de l'Allemagne. Le 9 mai 1950, par contre, c'est le jour de la déclaration de Maurice Schumann, qui, en 1950, a proposé aux pays qui se sont combattus en 14-18, en 39-45, de créer la Communauté du charbon et de l'acier. C'est l'acte de naissance de l'Union européenne.

Faisons du tout quelque chose de significatif.

Faisons du 9 mai la fête de la paix et de la liberté.

Je vous raconte mon histoire : je suis né en 1945, j'ai été un des tout premiers bébés conçus après le débarquement des Alliés en Normandie. Si, en 1945, j'avais dit à mes parents que, cinquante ans plus tard, il n'y aurait plus de frontières entre la France et l'Allemagne, que le Rhin ne serait plus ce fleuve qui sépare une armée allemande et une armée française, mais serait un fleuve commun, mes parents auraient soupiré : « Ce bébé parle trop tôt et, en plus, il dit n'importe quoi. »

Nous avons quelque chose de formidable à fêter le 9 mai, la capacité qu'ont eue nos aînés à construire l'Europe.

Soyons fiers de cette construction.

Il ne s'agit pas d'oublier le 11 Novembre ni le 8 Mai. Nous avons besoin d'un récit historique pour comprendre d'où l'on vient et savoir où l'on va.

Qu'il y ait des journées où on essaie de mobiliser la mémoire des citoyens, j'en suis d'accord et, surtout à l'école où il est indispensable de structurer la mémoire des enfants. Mais commémorons quelque chose de positif. Y en a marre de commémorer des événements abominables.

Je voudrais qu'enfin on se mobilise pour quelque chose de fantastique, quelque chose de positif.

Boko Haram

Jeudi 9 mai

Boko Haram veut imposer au Nigeria la charia.

Cette loi, qui consiste à appliquer la lecture la plus stricte, la plus radicale possible des règles de l'islam, vient d'être imposée à ses compatriotes par le sultanat de Brunei.

Le milliardaire Richard Branson a interdit à tous les salariés de Virgin de mettre un pied dans les très chics hôtels Dorcester qui appartiennent au sultan de Brunei. Une telle décision m'a un peu déconcerté, mais il est vrai que l'intégrisme religieux en général et l'intégrisme de l'islam radical en particulier commencent à me gonfler. Et je trouve que ça devrait gonfler tout le monde.

Seulement voilà, l'administration Obama a mollement réagi. Et pour cause.

La charia ne semble pas gêner les États occidentaux ni d'ailleurs les sociétés occidentales.

Prenons l'exemple du Qatar où des formes d'esclavage ont été dénoncées depuis des années par les organisations humanitaires. Ça ne dérange aucun supporter du PSG.

Connaissez-vous Raif Badawi ? Responsable d'un réseau libéral saoudien, il a été condamné à mille coups de fouet. Il a publiquement dénoncé les excès de la police religieuse et de certaines fatwas. Il a immédiatement été accusé d'injures à l'islam et condamné sans hésitation. S'il survit aux mille coups de fouet, il fera dix ans de prison et devra payer 190 000 euros d'amende.

Ce régime est notre ami, puisqu'il est pro-occidental.

Vous connaissez la différence entre un pays pro-occidental comme l'Arabie saoudite et celui qui ne l'est pas ? Dans les pays qui n'aiment pas les Occidentaux, on coupe les deux mains des voleurs, en Arabie, on ne leur coupe qu'une seule main.

Comment lutter contre de telles pratiques ? Comment changer les mentalités ?

Au niveau européen, nous devons faciliter l'émergence d'un islam européen, soutenir le processus de sécularisation de l'islam, rester tolérants mais fermes.

Et au niveau mondial, se battre, que les pays concernés soient nos alliés ou pas, pour que, partout et tout le temps, les droits de l'homme soient respectés.

Il faut dénoncer chaque fois que c'est nécessaire, ne pas fermer les yeux, car je crois que ce n'est que comme ça qu'on arrivera, petit à petit, à faire évoluer les choses.

Les premiers à réagir ont été quelques stars américaines, comme le comédien Jay Leno ou Richard Bronson, qui interdit à tous les salariés de Virgin de mettre un pied dans les très chics hôtels Dorcester, une chaîne qui appartient au sultan de Brunei. On en trouve à Londres ou à Beverly Hills. Est-ce que c'est la bonne réponse ? C'est une réponse, mais il faut avouer que je ne suis pas un habitué des Dorcester, donc ce n'est pas une idée qui me serait venue. Mais c'est vrai, l'intégrisme religieux en général et l'intégrisme de l'islam radical en particulier commencent à me gonfler. Et, je trouve, devraient gonfler tout le monde. Seulement voilà, déjà l'administration Obama a mollement réagi en disant qu'elle ne suivrait pas la chose et cette initiative. Et pour cause. La charia en soi ne semble pas gêner les États occidentaux ni d'ailleurs nous, les sociétés occidentales. Prenons l'exemple du Qatar où des formes d'esclavage ont été dénoncées depuis des années par les organisations humanitaires et sur les chantiers du Mondial de 2022. Mais ça ne dérange aucun supporter du PSG, ni quand ils investissent de l'argent. Et, est-ce que vous connaissez Raif Badawi ? C'est le responsable d'un réseau libéral saoudien qui a été condamné à mille coups de fouet. Mille coups de fouet ! Parce qu'il a dénoncé la police religieuse et certaines fatwas, donc il a été dénoncé pour injures à l'islam. Et s'il survit aux mille coups de fouet, il fera dix ans de prison, et il est condamné à 190 000 euros d'amende. Tout ça pour avoir parlé. Et c'est nos copains, ils sont pro-Occidentaux. Vous savez la différence entre un pays qui n'est pas pro-occidental et un pays pro-occidental comme l'Arabie saoudite ? Dans un pays qui n'est pas pro-occidental, quand on vole on vous coupe les deux mains, et en Arabie on ne vous coupe qu'une main.

Sans tomber dans l'idéologie ou les grands principes faciles, en tenant compte de la real politique, et de la real économie, quelle peut être la bonne réponse ?

Il y a deux réponses : au niveau européen, faciliter l'émergence d'un islam européen. Il faut que le processus de sécularisation de l'islam, nous le soutenions. Il faut être tolérant mais ferme. Et d'ailleurs, c'est un processus qui a été difficile pour toutes les religions. Ce n'est pas un problème lié simplement à la religion de l'islam, mais à toutes les religions. Et deuxièmement, au niveau mondial, se battre, dénoncer, ne pas fermer les yeux, car je crois que ce n'est que comme ça qu'on arrivera, petit à petit, à faire évoluer les choses.

Conchita, vainqueur de l'Eurovision

Lundi 12 mai 2014

Samedi soir, Conchita Wurst, le candidat autrichien, a remporté le concours de l'Eurovision, déguisé en femme.

La soirée fut réussie et l'histoire est belle.

Conchita, alias Thomas Neuwirth, vingt-cinq ans, est un jeune homme qui, à quatorze ans, a découvert qu'il aimait mieux les habits de fille que d'homme. Au fil des années, il s'est inventé une identité, a prétendu être né en Amérique latine, et a pris le nom de Conchita Wurst. (Wurst, en allemand, ça veut dire « saucisse » ou « je m'en fous »). C'était un défi qu'il lançait à la société, défi auquel, malgré des hauts et des bas, il n'a jamais renoncé.

Ne voilà-t-il pas que l'ORF, le service public de la télévision autrichienne, décide de ne pas se dérober devant sa mission de défense des minorités et accepte que Conchita défende les chances de l'Autriche au concours de l'Eurovision. Sachant que 79 % de la population est catholique, que les homosexuels ne sont pas acceptés partout, et les drag-queens comme Conchita encore moins, saluons l'ORF !

Scandale dans les chaumières.

Christine Boutin s'étrangle : « Je suis malade devant l'image d'une société en perte de repères, niant la réalité de la nature humaine. Non à cette Europe-là. »

Le nationaliste russe Jirinovski éructe : « On a libéré l'Autriche il y a cinquante ans, quand on voit Conchita, on aurait dû y rester. »

Le vice-Premier ministre russe, Rogozine, surenchérit : « Les partisans d'une intégration européenne savent ce qui les attend, une femme à barbe. »

Face à l'union des réactionnaires de tous les pays, les jurys de l'Irlande (pays majoritairement catholique), du Portugal, d'Israël ont plébiscité Conchita. Oui, c'était vraiment quelque chose de très bien.

Je ne prétends pas que le concours de l'Eurovision soit d'une utilité musicale incontestable, mais le niveau général de la compétition n'était pas si mal.

La victoire de Conchita n'en est que plus belle.

Et je rêve d'un concours de la Mondovision retransmis en Arabie saoudite, dans les pays du Maghreb.

Conchita a déclaré : « Nous sommes inarrêtables ! Personne ne peut nous arrêter ! »

Conchita a raison, le monde de la tolérance finira par s'imposer.

C'est quand même une bonne nouvelle.

Christiane Taubira et *La Marseillaise*

Mardi 13 mai 2014

Pendant la cérémonie de commémoration de l'abolition de l'esclavage à Paris, Christiane Taubira s'est recueillie, mais n'a pas chanté *La Marseillaise*.

Le petit monde politique s'indigne.

On ne peut s'empêcher de renifler une sale odeur de racisme dans cette critique systématique des moindres faits de Christiane Taubira.

Contrairement à Mme Le Pen et à M. Copé, Christiane Taubira est profondément touchée par l'abolition de l'esclavage. On peut raisonnablement penser que beaucoup de Juifs ne chanteraient pas *La Marseillaise* au cours d'une commémoration de la Rafle du Vél' d'Hiv.

Cette obsession des hymnes nationaux devient ridicule.

Rappelons-nous le scandale provoqué par Serge Gainsbourg quand il a osé une *Marseillaise* reggae. Ou quand Johnny Hallyday, le bon Français, a tenté une *Marseillaise* rock.

Y en a marre.

Autre exemple, le texte de l'hymne allemand, écrit en 1841 sur une musique de Haydn, a été détourné par Hitler. La première strophe est interdite en Allemagne car elle est jugée trop conquérante. Reste que, même sans la première strophe, quand j'entends *Deutschland über alles*, j'ai peur. Même chose quand j'entends : « qu'un sang impur abreuve nos sillons ».

MAI 2014

L'hymne national n'est pas un tabou.

Je vais vous raconter une petite histoire : 2006, mon fils a seize ans et m'accompagne à un match France-Brésil. Il a les cheveux bleu, blanc, rouge, le visage bleu, blanc, rouge, le maillot français et quand le moment vient des hymnes nationaux, il se lève et chante *La Marseillaise*. Et c'est très bien. Les footballeurs veulent chanter *La Marseillaise*, qu'ils la chantent. Ils ne veulent pas, qu'ils ne la chantent pas. Mon fils veut chanter *La Marseillaise*, qu'il la chante, mais de grâce, de grâce, laissez les gens vivre comme ils veulent.

Christiane Taubira s'est recueillie et sa sincérité était totale.

C'est tout. C'est bien.

Le reste n'est que du blablabla politique.

Le livre *Comment les médias nous parlent mal* de Mariette Darrigrand

Mercredi 14 mai 2014

Je viens de lire *Comment les médias nous parlent mal* de Mariette Darrigrand.

Mariette Darrigrand est une sémiologue spécialisée dans l'analyse du discours médiatique. Pour faire simple, elle relève l'usage de mots qui reviennent en permanence dans le discours médiatique. Exemple : le mot « fragile ». Oui, nous sommes tous fragiles face à la mondialisation. On est fragilisés par les « tempêtes », tempête financière, après Lehman Brothers nous étions tous sur le *Titanic*. On est menacés par un avis de tempête industriel, c'était Raffarin. Sans parler des vraies tempêtes qui ravagent le littoral. C'est la tempête. On est fragilisés. On dit que ça va mal et on est en colère. Une colère fragile, impuissante, dans la tempête et les médias surfent sur notre indignation impuissante.

On peut dire que ce ne sont pas les médias qui choisissent les sujets d'actualité.

Quoique.

Prenons les élections européennes. On nous rabâche que Marine Le Pen sera probablement en tête. Et alors ? Les vraies questions qui devraient être posées à l'occasion de ces européennes sont multiples : Quelle place va-t-on laisser à la démocratie ? Qui sera le président de la Commission ? Qu'est-ce qu'il va faire et comment va-t-il être nommé ? Que sera l'Europe de l'énergie ? Comment va-t-on financer l'Europe de la solidarité par l'investissement ?

Comment régler le problème de l'immigration en ne sacrifiant ni les besoins économiques, ni les préoccupations humanistes ni le poids des réalités ? Voilà les questions.

Nos médias continuent inlassablement à poser la question de Marine Le Pen.

Certes, les politiques ne sont guère mieux inspirés.

Pour ma part, j'ai répondu aux propositions de débat avec Marine Le Pen que je n'étais pas intéressé. D'une part parce que je ne suis pas candidat et d'autre part parce que les députés du Front national élus au Parlement européen ne traiteront jamais des problèmes de l'Europe de demain.

La suppression des départements ?

Jeudi 15 mai 2014

Depuis hier et jusqu'à demain, François Hollande consulte à tout-va. Il veut convaincre les partis, de droite comme de gauche, de soutenir sa réforme territoriale, celle qui doit en principe réduire le désormais fameux et coûteux millefeuille.

Je suis pour, mais c'est mal barré, puisqu'on vient d'apprendre que ni François Hollande ni Valls ne veulent changer la Constitution.

Cette peur de changer la Constitution les paralyse.

Pourtant, cette réforme territoriale, tout le monde la veut. Elle est nécessaire pour moderniser la France et aussi la rendre plus efficace. Donc, que Hollande aille au référendum, qu'il consulte, qu'il nomme quatre rapporteurs, droite, gauche, centre, écologistes qui lui présenteront une proposition qu'ensuite il arrangera et mettra au vote.

Mieux, il en profite pour organiser des référendums sur d'autres sujets.

Un référendum pour demander que soit désormais inscrite dans la Constitution l'obligation pour l'État de garantir la parité.

Un référendum pour que soit inscrit dans la Constitution le droit de vote des émigrés.

Un référendum sur le nucléaire.

Le résultat de chaque référendum est calculé séparément.

Et ça donnerait à Hollande la possibilité de dire aux Français : « Vous avez le choix de société pour l'avenir. » Il gagne sur une, deux, trois ou quatre de ces questions et il peut dire : « Je ne mets pas ma présidence en question, mais Français, Françaises, décidez. »

Je sais qu'André Vallini, le secrétaire d'État à la Réforme territoriale, a rappelé que les Français, à l'occasion des référendums, ont la fâcheuse habitude de ne pas répondre à la question mais à l'auteur de la question. Il craint qu'à n'importe quelle question posée par référendum, les Français se contentent de répondre : « Non, monsieur Hollande. »

Ce n'est pas sûr.

Il faut tenter le coup.

Parfois, quand tout va mal, au lieu de rester chez soi à se morfondre, il faut sortir, il faut prendre des risques.

Le patriotisme économique

Vendredi 16 mai 2014

Drapeau du patriotisme économique à la main, Arnaud Montebourg a sorti son veto pour bloquer les visées américaines sur Alstom et se répand dans les médias pour faire admirer sa détermination.

Il n'y a pas de quoi pavoiser.

C'est Sancho Panza et rien de plus.

Dire non à la reprise d'Alstom par General Electric, pourquoi pas ? Mais pourquoi faire ?

Où est le projet économique ?

Dix ans, après que Sarkozy a renfloué Alstom, pourquoi Alstom se casse encore la figure ?

Il faut qu'on me dise quel est le projet industriel.

L'Europe a besoin d'un projet industriel de l'énergie.

Siemens vient de signer hier un contrat d'un milliard et demi de turbines pour des éoliennes. Donc il y a une perspective d'énergie avec Siemens qu'Alstom pourrait venir renforcer.

Par ailleurs, on a besoin d'un pôle européen des transports. Mais pas seulement pour construire des TGV. Vous savez combien de TGV sont construits par mois ? Un. Vous savez combien d'ICE (le TGV allemand) sont construits par mois ? Un.

Si vous voulez une perspective économique riche d'avenir, il faut construire des tramways pour l'Europe et pas seulement pour l'Europe. Il faut aussi s'appuyer sur une forte capacité à vendre à l'international, ce que Siemens sait faire et pas Alstom.

Comme pour Airbus, il faut créer un consortium européen de l'énergie et des transports, mettre la Commission européenne dans le coup et se faire financer par la Banque européenne d'investissement.

Vous dessinez un avenir industriel.

Ce n'est pas le patriotisme économique.

Montebourg croit pouvoir sauver des emplois en France, mais je ne crois plus à ce genre de remède. Qui va mettre de l'argent dans Alstom ? Qui et comment ?

Pour sauver des emplois, il faut que l'entreprise Alstom puisse évoluer positivement.

On peut aujourd'hui demander à la Banque européenne d'investissement d'investir et de sauver des emplois en créant une perspective industrielle.

C'est ça, l'avenir, et non pas le patriotisme économique d'une France qui n'a pas d'argent pour investir dans Alstom.

Les élections législatives en Inde

Lundi 19 mai 2014

Oublions Gérard Depardieu et ce film navrant sur DSK et parlons de choses sérieuses.

En Inde, les élections législatives ont été gagnées par Narendra Modi.

Cette victoire du parti des nationalistes dans un pays multiculturel comme l'Inde me fait peur.

Les Indiens n'ont pas eu de pot. Ils ont eu à choisir entre le parti au pouvoir complètement corrompu, et le parti de Modi, ultranationaliste, issu de l'extrême droite. Ce même parti qui, en 2002, a été responsable d'un pogrom qui a fait près de 1 000 morts musulmans.

M. Modi, le nouveau président, est assez spécial. Il est célibataire, végétarien et ne touche ni à l'alcool ni au tabac. Il n'a que deux vices : il hait les musulmans et les laïcs. Les musulmans et les laïcs sont minoritaires. La grande majorité de la population est hindoue. Le programme de M. Modi est simple : créer des emplois, créer encore des emplois, développer les infrastructures, lutter contre la corruption et l'hyperbureaucratie de l'administration.

Derrière M. Modi se cache M. Bhagwat, le président du RSS, la branche armée du parti de M. Modi.

C'est lui, le guide spirituel. C'est ce partisan des solutions musclées qui a M. Modi entre les mains.

Aujourd'hui, Modi nous dit qu'il veut régler le problème du Pakistan et ramener le Cachemire dans le giron de l'Inde.

Il a deux possibilités : ou il devient le de Gaulle indien et réussit à faire la paix avec le Pakistan, comme de Gaulle a fait la paix avec l'Algérie, ou alors il choisit de se montrer très agressif et ce sera M. Bhagwat qui mènera les opérations à la tête de sa branche armée. Cette même branche armée qui a assassiné Gandhi en 1948.

La Chine et le Vietnam

Mardi 20 mai 2014

Des milliers de Chinois évacuent en urgence le Vietnam où les émeutes antichinoises se multiplient ces derniers jours car les Vietnamiens ne supportent pas que Pékin revendique une souveraineté inaliénable sur la quasi-totalité de la mer de Chine méridionale.

C'est la raison invoquée même si la situation est plus complexe.

D'un côté, la Chine. Un pays communiste, autoritaire, en pleine expansion, en proie à d'énormes vagues de révolte liées à une croissance économique incontrôlée et destructrice.

De l'autre, le Vietnam. Idem. Pays communiste, nationaliste, etc.

Depuis des décennies, des milliers de Chinois ont émigré dans les pays limitrophes, au Cambodge et au Vietnam. Ils sont bien organisés, laborieux et efficaces. Face à la Chine, les 90 millions de Vietnamiens ne pèsent pas lourd, mais c'est un peuple qui n'a jamais hésité à affronter des empires.

Donc deux pays communistes furieusement nationalistes qui ont un besoin vital d'énergie. Ce sont eux, et surtout la Chine, qui dévorent le plus d'énergie aujourd'hui.

Au fond de la mer de Chine du Sud sont enfouies d'énormes réserves de gaz et de pétrole. Quand les Chinois y installent une plateforme pétrolière, protégée par une armada de navires de guerre, le mouvement se déclenche. L'ultranationalisme communiste vietnamien s'oppose à l'ultranationalisme communiste impérialiste chinois.

Les Occidentaux semblent gênés par les investissements chinois à travers le monde. Gênés par les investissements tous azimuts du Qatar. Il est vrai que je me suis posé des questions quand j'ai appris que le Qatar allait devenir le premier actionnaire de la Deutsche Bank. Mais passons...

Le problème se pose quand l'investisseur est un État souverain dont l'impérialisme agressif n'a rien à voir avec les stratégies des entreprises privées. En d'autres temps, les pays européens se sont fait la guerre à cause de l'acier et du charbon.

C'est la même situation maintenant en mer de Chine. Les Chinois disent aux Philippins, aux Indiens, aux Japonais : « Touchez pas à ce pétrole, ça m'appartient. »

C'est une forme d'impérialisme agressif appuyée sur d'énormes possibilités financières, incontrôlées et incontrôlables.

Pendant ce temps-là, en Syrie, la guerre s'éternise

Mercredi 21 mai 2014

Alors qu'une telle barbarie devrait mobiliser l'indignation de tous, les massacres en Syrie continuent dans l'indifférence générale.

19,8 millions de réfugiés dans le monde en 1998, 28 millions en 2012, 35 millions cette année. La croissance, elle est là.

En Syrie, 6,5 millions de personnes ont fui leurs lieux d'habitation. Des enfants, des bébés, des personnes âgées, des veuves, des patrons, des mendiants, des combattants, des blessés, des familles brisées, des vies brisées...

Pire, imaginez la Syrie comme un parallélogramme. Au nord, en Turquie, 743 000 réfugiés s'entassent dans des camps le long de la frontière syrienne. À l'ouest, au Liban, 1,7 million de réfugiés syriens dans un pays qui compte 4,7 millions d'habitants. Au sud, la Jordanie, 575 000 réfugiés. Et à l'est, l'Irak, où personne ne veut aller.

On peut reprocher à l'Europe de ne pas agir, mais ce sont les nations qui décident d'accueillir des réfugiés. L'Allemagne a décidé d'en prendre 10 000, c'est pas mal. La Suède, 1 200, ça va. Mais alors l'Autriche, la France et la Finlande, 500. 500 ! Cinq, zéro, zéro. Ce n'est pas l'Europe, c'est la France qui décide : 500, pas un de plus.

En Syrie, on a perdu. Bachar al-Assad a gagné.

On peut dénoncer l'élection de juin avec raison, mais c'est lui qui a gagné.

C'est terrible, mais maintenant il faut s'y faire.

Si Bachar al-Assad a gagné, il faut au moins aider à reconstruire ce pays pour que ses réfugiés puissent revenir ; parce qu'ils ne vont pas vivre vingt, trente ans, comme les Palestiniens dans des camps autour de la Syrie.

Évidemment, on ne va pas accueillir 7 millions de personnes dans toute l'Europe, même si l'Europe pourrait faire plus.

Ce qu'il faut, maintenant, c'est investir.

Je ne sais pas comment, je n'ai pas réponse à tout, mais une chose est sûre, on ne va pas laisser des millions de personnes crever dans des camps, sous des tentes, simplement parce que nous sommes incapables politiquement de contrer Bachar al-Assad.

Il faut faire avec.

Les élections européennes

Jeudi 22 mai 2014

Il faut aller voter dimanche.

Pour l'Europe.

D'abord, parce que, grâce à elle, un risque horrible a disparu : une guerre en Europe n'est plus possible. Et ne me dites pas que c'est une vieille histoire. Quand on voit l'état du monde. Quand on voit que les Chinois et les Vietnamiens vont se taper dessus prochainement pour des histoires d'énergie, on doit se féliciter d'avoir réussi ce tour de force.

C'est formidable, l'Europe.

Il faut défendre l'Europe.

On me dira : « Que faites-vous des gens qui souffrent, des inégalités, du chômage ? » C'est pour lutter contre ces carences qu'il faut continuer avec acharnement à construire l'Europe sociale, à construire l'Europe solidaire, à construire l'Europe écologique.

On n'en voit pas assez les résultats ?

Vous avez l'impression qu'on est en train de construire une France solidaire, écologique et sociale ? Vous avez l'impression qu'on construit une Allemagne solidaire, écologique et sociale ? Non et non.

La mondialisation aujourd'hui nous oblige à changer.

Non seulement vous devez voter, mais si vous faites le choix de voter contre l'Europe, vous sortez du champ de l'Histoire.

Votez pour ceux qui font des propositions, ceux qui veulent voir l'Europe évoluer.

Prenez votre vie en main.

L'Europe, c'est notre liberté de demain.

L'Europe c'est notre souveraineté dans la mondialisation.

On m'accuse parfois de vendre du rêve. C'est faux. Le rêve et l'espoir, je les ai incarnés. Ce n'est pas la même chose.

Si vous avez envie de rêver, si vous avez besoin de rêver, intéressez-vous à l'Europe, occupez-vous de l'Europe, bousculez l'Europe.

Avec votre bulletin, accomplissez un acte de liberté.

Si vous n'allez pas voter ou si vous votez pour les eurosceptiques, vous abandonnez l'Europe, mais l'Europe va s'occuper de vous.

Dans sa tribune publiée dans *Le Point*, Nicolas Sarkozy déclare : « Européens de tous les pays, unissez-vous. » Il a raison.

Et Manuel Valls a tort quand il dit : « L'Europe de droite a échoué. »

L'Europe, elle n'est ni de droite ni de gauche.

Elle a été construite par les uns et les autres, mais aussi par les uns et les autres contre les uns et les autres.

Situation Rooms

Vendredi 23 mai 2014

J'étais hier soir à la Grande Halle de la Villette où j'ai assisté – participé serait plus exact – à une représentation de *Situation Rooms*.

Situation Rooms n'est ni un spectacle ni une pièce de théâtre. C'est un événement auquel le spectateur participe. À chaque séance, seuls une vingtaine de participants sont admis.

Vous arrivez, vous déposez tout ce que vous avez dans vos poches dans un casier, surtout votre portable. On vous donne un iPad, un casque, et vous pénétrez dans un labyrinthe où, guidé par les instructions de la tablette numérique, vous suivez une histoire d'armes.

Vous êtes dans une chambre ou une allée où quelqu'un s'exerce à la carabine et on vous dit comment vous pouvez tuer en même temps quatre personnes en haut, en bas, à droite, à gauche. Plus loin, vous êtes un soldat israélien. Puis vous êtes un soldat palestinien. À un moment, vous vendez des armes, à un autre, vous êtes la cible. À la fin, les vingt personnes arrivent dans la même salle où ils deviennent les marchands d'armes. Ils deviennent les acteurs d'une vente d'armes, avec un cynisme incroyable.

C'est extraordinaire parce que, pendant ce parcours, vous entendez des explications historiques et géographiques et que vous êtes en même temps spectateur et acteur.

En sortant de cette expérience fascinante, j'ai d'abord eu le sentiment que j'étais plus malin qu'avant.

Et puis j'ai été touché.

Je me suis dit : « Quand on parle de croissance, on parle de la croissance de vente d'armes. Ce monde qui n'arrête pas de vendre des armes à n'importe qui et n'importe comment pose vraiment problème. »

Inscrivez-vous. C'est un moment rare.

Allez-y, c'est vraiment très bien.

Debrief des élections européennes

Lundi 26 mai 2014

J'ai mal vécu cette soirée électorale.

C'est vraiment dur. Je n'en ai pas dormi de la nuit.

Et je retourne dans ma tête toujours la même question : mais pourquoi ?

Je sais qu'on peut donner des réponses faciles. Il y a la crise et beaucoup de Français ont peur de cette crise. Mais en Autriche, qui compte moins de 5 % de chômeurs, l'extrême droite est devant. La crise n'est pas simplement l'explication. En fait, quand un pays va bien, il a peur, quand un pays va mal, il a peur. Donc il y a une profonde crise morale et c'est ça, l'échec de l'Europe, de l'Europe que moi, je défends.

L'Europe ne donne pas le sentiment de pouvoir protéger. Elle ne protège pas ceux qui ont quelque chose à perdre. Elle ne protège pas davantage ceux qui n'ont rien. Et tous en concluent que c'est l'Europe qui aggrave notre situation.

Les commentateurs prétendent aujourd'hui que l'Europe déçoit.

Qu'est-ce que ça veut dire ?

On parle de l'Europe trois semaines avant les élections européennes. Tous les jours du reste de l'année, on commente la politique française.

On ne parle pratiquement jamais de l'Europe. On n'explique jamais. Donc les gens ne savent pas. Ils ont une vague idée de cette Europe lointaine qui décide des choses. On ne sait pas trop lesquelles. Combien de fois des journalistes, a priori informés, m'ont demandé . « C'est la Commission qui décide ? » Non !

La responsabilité des hommes politiques, la responsabilité des partis politiques, y compris le mien, est engagée. On ne peut pas s'occuper de l'Europe simplement trois semaines avant les élections. Si on ne fait pas ça au quotidien, si on n'a pas une autre explication de ce qui se passe au niveau européen, on n'y arrivera jamais.

Les réactions des politiques à ces résultats calamiteux sont désolantes. Chacun a l'explication, tout le monde sait. Moi, je pense que le comportement des politiques, le comportement des médias et le comportement de la société, en général, n'ont plus de cohérence.

Exemple : dans le village où j'ai une maison, Europe Écologie est en tête avec 31 % des voix. À 10 kilomètres à côté, c'est le Front national qui est devant. C'est la même France, c'est la même société, c'est la même crise.

L'explication est ailleurs, dans un effondrement moral qui touche tous les pays d'Europe.

L'Europe a perdu parce qu'on n'a pas compris qu'on n'y arrivera pas sans l'Europe. Et l'Europe est aujourd'hui un problème parce que l'Europe fonctionne mal.

Cette victoire du Front national aux européennes n'a aucune influence au niveau du Parlement européen. C'est le signe pour Marine Le Pen qu'elle est déjà dans l'engrenage des présidentielles de 2017. Néanmoins, c'est aussi le signe d'un rejet dans l'opinion de la construction européenne.

L'Europe aujourd'hui ne semble pas pouvoir protéger les gens qui rêvent désormais d'une protection qui se réduirait au niveau national.

Ça ne marchera pas.

L'Europe n'est pas morte, elle est en crise. Mais nous n'y arriverons pas sans l'Europe.

Il ne faut pas enterrer les vivants.

Les proportionnelles aux législatives

Mardi 27 mai 2014

Le résultat des élections européennes remet sur la table le vieux débat sur la représentation des partis politiques à l'Assemblée nationale.

Le Front national, qui vient de rallier à ses idées 4 millions d'électeurs aux européennes, a deux députés à l'Assemblée nationale. En 2007, François Bayrou obtient 6 820 000 suffrages au premier tour des présidentielles. Combien de députés de son parti entrent ensuite à l'Assemblée nationale ? Deux. Mélenchon, qui a rassemblé près de 3,5 millions d'électeurs fait entrer trois ou quatre députés de son parti du Front de gauche.

Ça veut dire quoi ?

Qu'aujourd'hui les Français ne sont pas démocratiquement représentés à l'Assemblée nationale.

Quelle que soit ma sensibilité personnelle sur ce parti, je trouverais normal que les millions de gens qui ont voté pour le Front national soient représentés à l'Assemblée nationale. Même chose pour les centristes. Même chose pour les Verts.

Le scrutin majoritaire crée une frustration qui donne aux électeurs le sentiment qu'au plus haut niveau de la vie politique, on refuse de les entendre.

Le scrutin majoritaire est légitimé par le souci de dégager une majorité stable, seule capable, soi-disant, d'offrir à un gouvernement la possibilité de gouverner efficacement.

Je constate que, depuis 1945, l'Allemagne est le pays politiquement le plus stable. L'Allemagne qui a introduit une dose de proportionnelle avec une barre de 5 % au minimum.

Et si 50 ou 60 députés du Front national entraient à l'Assemblée nationale (comme ce fut le cas pour le Parti communiste en d'autres temps), les partis réformistes seraient obligés d'organiser une coalition, comme c'est le cas aujourd'hui en Allemagne.

Lorsque dans certaines situations historiques très spéciales, les électrices et les électeurs ne donnent pas une majorité claire à l'Assemblée, il faut innover. Il faut savoir s'adapter à la réalité politique.

Par contre, il est stupide d'en appeler à la dissolution.

Il faut conserver le rythme et le calendrier des élections.

Gagner une élection ne suffit pas. Si le Front national a fait une percée aux élections européennes, les députés élus doivent désormais faire leurs preuves au Parlement européen.

En revanche, la majorité d'aujourd'hui doit tirer les leçons de ce scrutin et les enseignements qu'ils en tireront et les décisions qu'ils prendront permettront aux citoyens de se prononcer quand viendra le temps des échéances électorales.

Dîner à Bruxelles

Mercredi 28 mai 2014

Les 28 chefs d'État et de gouvernement de l'Union ont dîné à Bruxelles, hier soir, pour faire le bilan des européennes, et accessoirement pour préparer la suite.

Le menu était bizarre avec, en hors-d'œuvre, un gros os qu'avait déposé dans les assiettes le Parlement européen. Le matin, les présidents des groupes avaient dit : « C'est à Jean-Claude Juncker d'essayer de trouver une majorité au Parlement européen. » Les chefs d'État ont immédiatement rétorqué : « Non, non, attendez, il faut d'abord qu'on cherche, nous, parce qu'il y a des problèmes. »

Quels problèmes ?

Les conservateurs ont un problème avec leur champion, Jean-Claude Juncker. M. Cameron n'en veut pas. Les Suédois n'en veulent pas non plus. Donc il y a conflit.

Plus grave, si le Parlement européen maintient sa décision et si Jean-Claude Juncker est capable de structurer une majorité, la position sera difficile à tenir pour le Conseil européen et on risque une crise institutionnelle.

Il serait injuste d'accuser les délires technocratiques de l'Europe de cet état de fait car ce sont des délires des gouvernements qu'il s'agit. Il ne s'agit pas de l'Europe technocratique, mais bien d'une conception de la démocratie en Europe qui est en jeu.

Comme David Cameron, François Hollande veut réorienter l'Europe.

Il peut le faire. Il a perdu des élections, mais il garde un poids politique et il peut s'allier à Renzi, qui a gagné les élections en Italie et qui veut la même chose.

Évidemment, ça ne mange pas de pain, ce qu'ils ont dit sur la réorientation de la politique européenne : croissance, compétitivité, emplois, union monétaire mieux structurée, union sur l'énergie et lutte contre l'immigration illégale.

Ils veulent le soleil et pas la pluie.

Mais le comment ? Comment trouver une réorientation, puisque quand Cameron dit qu'il faut que l'Europe change, il pense exactement le contraire de ce que pourrait et devrait penser François Hollande ?

L'augmentation du nombre de députés antieuropéens au Parlement n'aide pas, mais ils ne peuvent pas jouer un rôle dans la constitution d'une majorité. En Angleterre ou en France, ils posent problème mais pas au Parlement européen.

L'enjeu est très simple : ou les parlementaires européens sont intelligents et ils gagnent une bataille démocratique ; ou ils se laissent avoir et il n'y a pas de majorité pour Juncker. Dans ce cas, le Conseil européen et les chefs d'État passeront en force et trouveront un autre candidat.

Une telle solution redonnerait le pouvoir au Conseil. Ça serait incroyablement bête et ça serait terrible pour la démocratie européenne.

Mais rien n'est impossible en Europe.

La Pakistanaise Farzana, symbole de la violence faite aux femmes dans le monde

Jeudi 29 mai 2014

Elle s'appelait Farzana, elle avait vingt-cinq ans, et avant-hier, parce qu'elle voulait un mariage d'amour dans un pays où les mariages forcés demeurent la norme, elle a été battue à mort par sa famille.

Cette jeune femme a épousé l'homme (d'ailleurs déjà marié, mais ça, c'est comme ça là-bas) qu'elle aimait. Sa famille ayant dénoncé l'homme pour kidnapping, Farzana a tenu à témoigner en faveur de son mari. Sa famille l'a poursuivie, et en tentant de leur échapper, elle est tombée, ils l'ont battue jusqu'à la mort.

Marre ! Marre des viols en Inde, des lapidations au Pakistan, des jeunes filles enlevées par Boko Haram. Y en a marre !

Les femmes ne sont pas des esclaves. Les femmes doivent et veulent être libres, comme sont, ou veulent être, ou ne sont pas les hommes, ça dépend des pays. Il ne faut pas non plus pointer du doigt les musulmans. Non, il n'y a pas que les musulmans. Toutes les religions essaient d'enfermer les femmes. Ils veulent les enfermer. Ils ne les laissent pas choisir. D'un côté ce sont les juifs intégristes qui disent qu'il est interdit de se marier avec un non-juif ou une non-juive. Ce sont les musulmans qui disent : « On n'a pas le droit de se marier avec un non-musulman. » Ce sont les hindous qui disent : « On n'a pas le droit... », etc. Aujourd'hui, l'un des combats les plus essentiels, c'est ce combat pour que les femmes soient libres et puissent vivre comme elles veulent, aimer comme elles veulent, ou ne pas aimer comme elles veulent.

Il existe à l'ONU une convention des droits de l'homme qui permet d'intervenir au niveau international. Il faut élargir le débat sur la liberté dans le cadre de l'ONU, par le biais des interventions diplomatiques. Il faut imposer un autre climat, là-bas et chez nous. Farzana, c'est une femme qui a été assassinée pour sa liberté.

C'est un symbole.

L'école et les écoliers

Vendredi 30 mai 2014

S'il est vrai que le niveau des élèves de CE2 a baissé ces quinze dernières années, il urge d'investir dans la pédagogie.

Dans son film, *Le Cercle des poètes disparus*, Peter Weir a raconté l'histoire de ce professeur qui grâce à son intelligence et son charisme a conduit des jeunes gens rétifs à aimer la poésie.

Ce n'est pas un doux rêve.

Par exemple, mon frère a créé un lycée autogéré avec l'aide de Savary, le premier ministre de l'Enseignement de François Mitterrand. Ils en ont créé quatre, et ça a marché. On peut créer des lieux où les jeunes se sentent bien. Vous allez me dire : « C'est pour les marginaux. » Non. Pourquoi ne pas faire de toutes les écoles, tous les collèges, des lieux où on met en avant une pédagogie innovante ? Une pédagogie, c'est parler, faire autrement. Essayer d'abord d'intégrer les jeunes du collège dans le collège. Et puis, avec eux, développer lentement mais sûrement l'apprentissage. Je crois qu'il y a des profs qui en ont envie, ils existent, mais il faut leur donner les moyens et leur laisser le temps de le faire. J'avais un jeune que je connaissais bien, qui m'avait aidé dans ma campagne en 1999. Il avait eu l'agrégation de français, il voulait enseigner en Seine-Saint-Denis, il était jeune, il en avait envie. Mais on ne lui avait rien appris sur la pédagogie. Au bout de six mois, il s'est barré, il a claqué la porte, il n'est plus revenu dans l'enseignement.

Je ne sais pas si le système scolaire allemand est meilleur.

Quand j'étais adjoint au maire de la ville de Francfort, nous recevions régulièrement des jeunes Français qui considéraient que les établissements allemands, c'était le paradis, c'était l'anarchie. Ils disaient : « Chez nous, c'est beaucoup plus autoritaire. »

Oui, je crois qu'il y a dans les collèges allemands une certaine liberté qui permet à beaucoup de jeunes, pas tous – il y a des tas de problèmes en Allemagne –, de mieux s'intégrer et de mieux s'adapter à l'enseignement.

Épilogue

Entre le 26 août 2013 et le 30 mai 2014, je me suis levé à l'aube pour commenter l'actualité du jour ou, plus exactement, pour commenter un des événements que charrie chaque jour la rumeur du monde et qui me semblait, ce matin-là, particulièrement parlant.

Un exercice prenant mais redoutable, même pour un habitué de la prise de parole qui a plaisir à improviser sans le secours d'un texte écrit. Les retours de mes proches étaient parfois acerbes : « C'est pas ta voix », « C'est pas ton style », « Pourquoi tu as parlé de ça ? », « Pourquoi tu n'as *pas* parlé de ça ? ». J'ai néanmoins été agréablement surpris par l'accueil du public. Partout, dans la rue, les restaurants, les transports en commun, des gens m'arrêtent pour me dire tout le bien qu'ils pensent de mes interventions. Ce qui est plutôt agréable.

D'autant que je suis payé (et bien payé) pour parler publiquement politique à des centaines de milliers de gens (disons des millions pour faire plaisir à Europe 1). Bref, pour faire quelque chose qui me passionne et qui appartient à mon quotidien.

Évidemment, parler politique, ce n'est pas faire de la politique.

Dans ces moments-là, je ne suis plus le député européen qui cherche à construire des majorités et à convaincre ses partenaires. Je deviens un commentateur engagé qui s'adresse directement à celles et ceux qui veulent bien m'écouter. Ma créativité s'exerce dans un tout autre registre.

Parler politique et intéresser les gens, c'est aussi s'intéresser à leur vie. C'est vibrer, s'émouvoir, réagir à la manière dont l'humanité, dans son invraisemblable diversité, affronte à chaque minute son quotidien. Cette insatiable curiosité m'anime depuis toujours. Faire de la politique, c'est agir, tenter de modifier le cours des choses. S'engager dans le combat politique, c'est un travail, parler politique, c'est prendre du recul et communiquer au sens fort du terme. Ce n'est pas simplement prendre l'autre à témoin mais l'interpeller, autrement dit l'impliquer en l'amenant à réfléchir, à réagir, à partager, à refuser, à s'amuser ou même à rêver pendant la journée...

Quand je relis ces chroniques, je vois se dessiner une sorte d'autoportrait que refléterait un miroir brisé. Mes réactions aux événements, que je recompose en chroniques, révèlent des préoccupations profondes dont je n'ai pas toujours pleinement conscience.

« Au commencement était l'émotion », disait Céline.

C'est mon truc.

Tout part de là . la colère, le rire, l'exultation, le chagrin, la compassion, l'effroi. Il ne se passe pas une heure où le spectacle du monde ne provoque en moi une réaction de cette nature. L'effrayant et passionnant spectacle dont nous sommes en permanence les témoins autant que les acteurs est la source de toute mon énergie. Qui a dit : « L'Histoire, ce chaos d'hommes et de femmes » ? Face à un tel désordre, on ne peut pas rester muet et sourd, il faut réagir, crier, agir.

Ce tableau de chroniques offre donc une sorte de décryptage de ma personnalité. Quand je parle d'événements qui me touchent, c'est mon identité que je fais parler. Une identité que j'ai toujours définie comme européenne et qui, à mon sens, transparaît dans mes prises de position.

Chacune d'elles renvoie à un ton, à une attitude... Celle de l'Européen que je suis et qui peut parfois paraître étrange à certains. Une attitude qui déstabilise la pensée politique traditionnelle pour interpeller. On entend souvent dire que l'Europe, c'est abstrait, que le langage européen est inaudible. Pourtant, mon expérience, y compris grâce à ces chroniques, me dit le contraire. Que l'on soit d'accord ou non, quand je parle, j'ai le sentiment que le courant passe... Sans doute parce que j'y crois, parce que mon mode d'être est effectivement européen.

Comme je le dis souvent, ma biographie fait de moi un authentique « bâtard européen ». Ou pour le dire plus joliment : « Je suis un enfant naturel de l'Europe. » Une identité qui me colle à la peau, que j'assume et revendique haut et fort.

L'Europe est mon territoire, l'Europe est mon histoire. L'Europe est ma culture. Les mots de l'Europe sont les miens, puisque je parle le français, l'allemand, l'anglais, l'italien, l'espagnol (et pour la Coupe du monde, j'ai appris des rudiments de portugais). L'Europe façonne mon imaginaire.

Ma compréhension du monde, mon vécu sont donc d'emblée structurés, animés par cet imaginaire européen. Et si mes interventions détonnent par rapport à celles des autres ténors de la politique, ce n'est pas simplement dû à mon penchant pour la provocation, mais bien grâce à cette singularité qui explique l'empathie que l'on me témoigne quand je parle d'Europe.

Me savoir européen ne m'empêche pas d'être français, ni d'être allemand.

Je n'ai jamais sous-estimé la dimension nationale des citoyens européens. Elle est incontournable.

Chaque Européen est attaché à son quartier, son agglomération, son département, sa région, son pays. Et nos sociétés ont prévu intelligemment d'élire des représentants à chacun de ces niveaux. Représentants qui ont pour tâche d'assurer la fluidité entre ces différents espaces et de concilier les intérêts particuliers et l'intérêt général qui souvent divergent et s'affrontent. Ça s'appelle faire de la politique. Et il n'existe pas de plus exigeant défi que de vouloir concilier l'indispensable construction européenne et les imparables réalités nationales. Rares sont les leaders politiques qui envisagent leur action politique en se disant que ce qui vaut pour les ressortissants de leur État devrait également valoir pour tous les autres Européens. Autrement dit que l'élu, par exemple, allemand, arrive à imaginer que l'intervention politique qu'il estime bénéfique pour les Allemands le soit également pour les Français, les Italiens, les Polonais, les Roumains ou les Grecs. Au cours des innombrables débats auxquels j'ai participé, j'ai toujours ressenti combien les participants et les auditeurs étaient rapidement convaincus que dans un monde globalisé où l'économie et la finance fonctionnent à l'échelle planétaire, il n'y a pas d'intérêt national réalisable sans une réponse politique au niveau européen. Où qu'ils soient et quels que soient leurs niveaux de vie, les Européens ne sont pas dupes. Ils mesurent l'impuissance des dirigeants des États à maîtriser le cours des choses. C'est évident à chaque délocalisation, à chaque fermeture d'entreprise non compétitive – ou simplement jugée insuffisamment rentable par les investisseurs internationaux. C'est criant quand ces mêmes pays doivent recourir aux capitaux étrangers – notamment chinois ou russes –, y compris dans des secteurs aussi sensibles que les infrastructures énergétiques. C'est accablant quand on voit les faibles taux d'emploi, l'augmentation de la pauvreté et de la précarité, la déflation salariale, la réduction des budgets de santé et d'éducation et, plus généralement, l'absence de réponse crédible à la crise que nous vivons. Une réalité qui dérange et qui contraste violemment avec les intentions « de liberté, de progrès économique et social, d'Europe puissance, etc. » clamées par les leaders nationaux, tous partis confondus. Nul besoin d'être un Prix Nobel pour comprendre que l'Union européenne ne pourra jamais devenir un acteur de pointe dans la compétition mondiale ni réaliser des miracles pour ses 28 États membres sans revoir de fond en comble le scénario européen, sans admettre ni assumer la longue marche qui conduira à la démocratie européenne.

Dans chacune de mes chroniques, je tente de convaincre mes auditeurs de l'impérieuse nécessité d'étendre le champ de l'action politique au niveau européen. Je m'efforce inlassablement de leur faire admettre qu'ils *sont* – qu'ils le veuillent ou non – européens. Et que c'est leur chance. Non, l'Europe n'est pas une utopie ! Non, l'Europe n'est pas aux mains de bureaucrates tatillons ni de prédateurs financiers ! L'Europe est vivante. L'Europe existe. Elle existe par sa géographie, son histoire, sa culture qui nous sont communes. Elle l'est tout autant par les écoles et les universités des pays qui la composent, par leurs hôpitaux, leurs armées, leurs systèmes judiciaires conçus sur les mêmes principes. L'Europe est un inépuisable vivier d'intelligences, d'innovations, de créations, d'enthousiasmes, de forces de travail. Ces énergies si fécondes sont quotidiennement bâillonnées, étouffées, par des politiques nationales inefficaces. Toute une jeunesse se retrouve en déshérence, victime des ambitions mesquines, des cupidités indécentes, des paresses, des lâchetés, des tentations mortifères de repli sur soi. Dans chacune de mes chroniques, je fais preuve d'« irrévérence » à l'égard du conservatisme intellectuel car l'irrévérence est un acte de liberté. Elle force l'imagination politique ; l'oblige à être à la hauteur de ce rêve de raison et d'autonomie que constitue à mon sens l'idée politique de démocratie européenne. Les hommes politiques sont responsables de la crise du sens qui frappe le continent européen. Par manque d'audace, ils doutent de la pertinence d'un vrai projet européen et se servent de l'organisation européenne pour masquer et colmater les échecs de leur politique nationale. Le conservatisme de la classe politique européenne (droite et gauche confondues) n'est pas toujours mal intentionné mais cet immobilisme provoque des dégâts substantiels et laisse se diffuser dans les opinions publiques un sentiment d'impuissance pernicieux. L'Europe est de plus en plus vécue comme le lieu des promesses non tenues et entraîne dans l'opinion publique une crise de confiance envers la politique elle-même. Quand les peuples se découragent, qu'ils se désintéressent de la politique, qu'ils refusent d'user des droits que la démocratie leur donne et d'assumer les devoirs qui vont avec, ils se préparent, eux et leurs enfants, au pire.

Bien sûr, il sera difficile de créer un espace politique européen cohérent et efficace sans bousculer les certitudes nationales. Le chantier est immense et le combat sera long et périlleux.

Pour moi, une chose est sûre : il n'y a pas d'autre voie.

Être européen au sens existentiel du terme n'empêche ni d'être français ni d'être allemand. Depuis notre naissance, nos identités sont multiples, nos orientations politiques multiples et nos orientations sexuelles multiples. L'Europe rajoute de la complexité identitaire, mais, en même temps, se porte garante, dans l'avenir, de notre souveraineté. Oui, je suis un souverainiste européen. Balayée par la mondialisation, la souveraineté nationale n'est plus qu'un mirage que les camelots souverainistes nationaux font miroiter à une société qui se complaît dans la déprime.

Année 2013

Août

La photocomposition de cet ouvrage
a été réalisée par
GRAPHIC HAINAUT
59410 Anzin

Cet ouvrage a été imprimé
en septembre 2014 par

CPI

FIRMIN-DIDOT

27650 Mesnil-sur-l'Estrée
N° d'édition : 54043/01
N° d'impression : 123626
Dépôt légal : octobre 2014

Imprimé en France